Código de Defesa do Consumidor

NA RELAÇÃO ENTRE LOJISTAS E EMPREENDEDORES DE *SHOPPING CENTERS*

0744

G643c   Gonzalez, Cristiane Paulsen
      Código de Defesa do Consumidor na relação entre lojista e empreendedores de *shopping centers* / Cristiane Paulsen Gonzalez. — Porto Alegre: Livraria do Advogado, 2003.
      196p.; 16x23cm.

      ISBN 85-7348-253-2

      1. Código de Proteção e Defesa do Consumidor. 2. *Shopping Center*. 3. Centro comercial. 4. Estabelecimento comercial. I. Título.

CDU – 347.451.031

      Índices para o catálogo sistemático:

Código de Proteção e Defesa do Consumidor
Shopping center
Centro comercial
Estabelecimento comercial

(Bibliotecária responsável: Marta Roberto, CRB-10/652)

Cristiane Paulsen Gonzalez

Código de Defesa do Consumidor
NA RELAÇÃO ENTRE LOJISTAS E EMPREENDEDORES DE *SHOPPING CENTERS*

livraria
DO ADVOGADO
editora

Porto Alegre 2003

© Cristiane Paulsen Gonzalez, 2003

Projeto gráfico e diagramação de
Livraria do Advogado Editora

Capa de
N. S. Júnior e Lorenza Klein Wenzel - Obra Prima

Revisão de
Rosane Marques Borba

Direitos desta edição reservados por
Livraria do Advogado Ltda.
Rua Riachuelo, 1338
90010-273 Porto Alegre RS
Fone/fax: (51) 3225-3311
livraria@doadvogado.com.br
www.doadvogado.com.br

Impresso no Brasil / Printed in Brazil

Aos meus admiráveis pais, *Valmir* e *Silvia*, essenciais à realização desta obra, pelos ensinamentos de maior valor e preciosidade que já recebi e por terem sempre e incondicionalmente acreditado em mim.

Ao meu marido, *Darcy*, presença constante e querida na minha vida, que tanto contribuiu para esta conquista com incentivo e apoio imensuráveis.

Ao grande mestre Professor e Desembargador *Voltaire*, pelas brilhantes e sábias orientações.

Prefácio

A sociedade moderna, em razão do avanço tecnológico experimentado nos últimos anos, bem como fruto de uma nova visão mercadológica, preocupou-se em apresentar ao público em geral novos espaços de satisfação que, a um só tempo, estivessem voltados para o lazer, para as suas necessidades básicas e supérfluas, e que fossem realizadas em clima de segurança.

É o caso dos *shopping centers.*

Até hoje, contudo, esse novo espaço de lazer, de compras de produtos e de prestação de serviços tem sido visto sob o seu ângulo externo, que é visível de imediato, sem a necessidade de maiores investigações.

Avançando, até mesmo se poderia dizer que a relação consumidor-comerciante passou a merecer estudos mais aprofundados a partir do advento do Código de Defesa do Consumidor.

Contudo, é imperioso convir, existe uma outra relação, até aqui não estudada minuciosamente: a estabelecida entre os lojistas de *shopping centers* e os seus empreendedores, tema central desta abordagem.

O presente estudo, de autoria da destacada e jovem Advogada Cristiane Paulsen Gonzalez, tem origem em seu trabalho de conclusão no curso de pós-graduação da PUCRS, em nível de especialização, em Direito Empresarial, coordenado pelo Prof. Dr. Peter Walter Ashton, onde tive oportunidade de ser seu orientador, o qual propiciou sua aprovação com a nota máxima, razão por que foi incentivada a sua publicação.

Esta obra, escrita em português acessível, mas técnico, porque versa questão jurídica relevante, até então não enfrentada na doutrina, principalmente com o enfoque investigativo e científico aqui tratado, destina-se não somente aos operadores do Direito, mas igualmente a todos aqueles que, de uma forma ou de outra, estão engajados nessa nova relação: lojistas de *shopping centers*-empreendedores.

A temática desenvolvida é ampla; vai desde o aspecto histórico do comércio lojista, passando pela análise acurada das estruturas dos *shopping centers*, o exame do contrato firmado entre lojistas e empreendedores, a investigação da aplicabilidade do Código de Defesa do Consumidor a essa novel relação, com conclusões arrojadas, mas muito bem fundamentadas, o que torna este trabalho um expoente de proa a enaltecer as letras jurídicas.

Desde o início desse curso de pós-graduação em Direito Empresarial pude constatar o denodo permanente da autora em investigar com profundidade e acuidade jurídica o tema aqui abordado.

Isso, por si só, já torna obrigatória a leitura deste livro, que tenho a honra de prefaciar, não somente por ter orientado a autora na sua pesquisa, mas porque fiquei vivamente gratificado com os diversos ângulos de abordagens feitas e pelo elevado nível das suas observações.

Nesse ponto, merece destaque a conclusão de que essa relação aqui tratada seja de consumo e, por conseguinte, receba a incidência das normas do Código de Defesa do Consumidor.

Estou certo de que esta obra vai propiciar, no mínimo, um novo debate jurídico sobre a relação lojistas de *shopping centers*-empreendedores; tenho a convicção, todavia, de que este trabalho, pela sua excelência, vai ensejar vôos interpretativos até então não realizados e, ainda, levar a novos questionamentos até agora não enfrentados pelos tribunais.

Por tudo isso, a leitura deste livro mostra-se altamente recomendável e interessante.

Voltaire de Lima Moraes

Professor na PUCRS e na Escola Superior
da Magistratura-RS e Desembargador do TJRS

Sumário

Introdução 11

Parte I – A relação entre lojistas e empreendedores
de *shopping centers*

1. Iniciação ao estudo dos *shopping centers* 15
2. Evolução histórica do comércio lojista – *shopping centers* 16
3. Conceito de *shopping center* 18
4. A estruturação dos *shopping centers* sob o aspecto econômico 21
   4.1. A escolha do local 21
   4.2. A arquitetura 22
   4.3. A destinação de espaços 22
   4.4. Elementos agregados e o resultado 25
5. A *Res sperata* 27
6. A adesão e a utilização de espaço em *shopping center* 39
   6.1. Das normas 39
   6.1.1. A composição da remuneração ou aluguel 39
   6.1.2. O direito de auditoria 42
   6.1.3. A instituição do 13º aluguel ou remuneração 43
   6.1.4. A aprovação do projeto da loja 46
   6.1.5. A impossibilidade de cessão da locação ou uso de espaço 47
   6.1.6. A proibição de mudança de ramo de comércio 49
   6.1.7. A expressa concordância do lojista com as normas gerais 49
   6.1.8. A obrigatoriedade de filiação à associação de lojistas 49
   6.1.9. Considerações gerais 49
   6.2. Da documentação 50
   6.2.1. Normas gerais complementares 51
   6.2.2. Regimento interno 52
   6.2.3. Associação de lojistas e seu estatuto 53
   6.2.4. Contrato entre lojista e empreendedor 57
   6.2.4.1. Natureza jurídica 57
   6.2.4.2. Disposições legislativas 67
7. Constatações finais da Parte I 83

Parte II – A aplicabilidade do Código de Proteção e Defesa do Consumidor à relação entre lojistas e empreendedores de *shopping centers*

8. Código de Defesa do Consumidor: um novo regime jurídico 87
9. Conceito de consumidor 91
    9.1. A adoção da técnica conceitual 91
    9.2. O conceito de consumidor *stricto sensu* 92
    9.2.1. A natureza jurídica e o direito comparado 96
    9.2.2. O significado da expressão "destinatário final" e interpretações correlatas 98
10. Dos equiparados a consumidor 131
    10.1. Breves comentários sobre o parágrafo único do art. 2º do CDC 132
    10.2. Breves comentários sobre o art. 17 do CDC 136
    10.3. A interpretação do art. 29 do CDC 139
11. Das cláusulas abusivas 156
    11.1. Conceito de cláusulas abusivas 156
    11.1.1. Sob o enfoque doutrinário 156
    11.1.2. Sob o enfoque legislativo 160
    11.2. A proteção contra as cláusulas abusivas – normas de ordem pública 163
    11.3. A nulidade das cláusulas abusivas 164
    11.3.1. Da regra geral 164
    11.3.2. Da exceção 170
    11.4. O caráter exemplificativo da lista trazida pelo CDC 173
    11.5. Constatações finais do tema 175
12. Conceito de fornecedor 178
13. Da analogia 183

Conclusões 189

Bibliografia 195

Introdução

A presente obra contempla uma proposta inusitada: traçar um paralelo entre a relação dos lojistas de *shopping center* com os empreendedores e a aplicabilidade do Código de Proteção e Defesa do Consumidor – CDC.

Queremos conhecer o que não nos é apresentado, o que se passa por detrás da cortina, mas também faz parte do espetáculo. Que as faces ocultas relativas a ambos os pólos em interligação sejam desvendadas para que o direito possa estender seu manto de justiça.

Como um sopro, abriram-se as chancelas à criatividade. O processo gradual evolutivo da sociedade foi modificado por um brusco despertar, a partir do qual, o número e a diversidade de relações assumiram proporções imensuráveis. O homem experimentou a liberdade na arte de inventar e deliciou-se com ela. Também pudera; alcançou êxitos que, apesar de alguns anos de existência, conservam a êxtase inicial, os *shopping centers*, por exemplo, que são pura fascinação social. Os freqüentadores desses monumentos, sensíveis aos seus encantamentos, que proporcionam tantos prazeres, observam apenas o resultado final. Efetivamente os leigos têm a falsa impressão de que os *shopping centers* se tratam de um mar de rosas; todavia, a nós, estudiosos da ciência jurídica, não é dada a prerrogativa da percepção restrita ao que propositadamente resta estampado. Devemos transpor a barreira da aparência e enfrentar a realidade, o que acontece nas bases.

Nesse sentido, a primeira parte da nossa abordagem é dedicada ao contexto que envolve a relação entre lojistas e empreendedores de *shopping* center, com vistas à plena caracterização da mesma, especialmente no que tange a sua natureza jurídica e particularidades. Seria inútil submetermos uma incógnita ao CDC.

Feita esta análise, o tipo que dela for obtido seguirá conosco para uma segunda etapa, onde realizaremos um verdadeiro laboratório de provas.

Se por um lado a liberdade dá margem a grandes expansões, de outro, conquista sérios problemas. Não ocorreu de forma diversa quanto ao assunto em questão. A conjuntura e a massificação nas relações vieram reforçar, cada vez mais, a diferença entre os contratantes. A par destes fatos, em matéria de consumo, o legislador não foi omisso: instituiu um código de defesa do consumidor em busca do restabelecimento do equilíbrio notoriamente perdido.

Dito ordenamento gerou impacto na doutrina, na jurisprudência e, principalmente, na mídia, que o fez a primeira notícia. Tudo isso se desenvolveu com um único enfoque: o consumidor pessoa física na qualidade de não-profissional. Sobre ele se comenta, se especula, se firmam teorias, mas, quanto às demais pessoas também protegidas pelo microssistema, o descaso impera. Eis, portanto, a nossa missão: povoar terrenos pouco populosos, abrir horizontes escondidos.

Considerando que o CDC não condensa em um único artigo ou capítulo as normas concernentes a sua abrangência, com a "relação entre lojistas de *shopping* e empreendedores" a tiracolo faremos uma longa caminhada, visitando as moradas que, independente do caso em concreto, oferecem possibilidade de amparo pelo ordenamento em menção. Far-se-á mister, no início de cada visita, arrecadarmos o respectivo saber teórico para, quando da despedida, averiguarmos o enquadramento objeto deste estudo.

Se a relação entre lojistas de *shopping* e empreendedores é suscetível à aplicação do CDC somente os experimentos, realizados com isenção, poderão nos indicar; contudo; seja qual for o resultado, teremos cumprido nosso papel: procurar o direito para quem dele está a precisar.

Parte I

A relação entre lojistas e empreendedores de *shopping centers*

1. Iniciação ao estudo dos *shopping centers*

Na esfera do direito empresarial, em especial, um tema atraiu nossa atenção. Não que pouco interessante fosse o estudo de assuntos outros, igualmente atuais, ocorre que, com supremacia, a curiosidade foi deveras palpitante acerca da dita oitava maravilha do mundo – os *shopping centers*.

Ao longo da história, "profetizaram" os magos os mais mirabolantes avanços; os criativos cineastas surpreenderam os quatro cantos do mundo com extravagantes suposições evolutivas para o ano 2000, mas, no entanto, ninguém conseguiu prever este extraordinário fenômeno.

O *shopping* é fruto da mais absoluta perspicácia humana, que foi capaz de compor uma equação matematicamente vantajosa, onde a força do conjunto, estrategicamente composto, não é o resultado da soma da força de cada um dos seus elementos, mas sim, uma progressão geométrica economicamente tendente ao infinito. Resta-nos saber a favor de quem.

Com o objetivo de avistarmos o que não se encontra exposto nas vitrinas, tampouco na majestosa praça de alimentação, teceremos uma abordagem com início nos aspectos econômicos e sociais, visando à compreensão do contexto, para, em um segundo momento, concentrarmos a atenção nas particularidades jurídicas. Somente estas, por adentrarem no âmago das relações que, em virtude do empreendimento, se estabelecem, é que poderão transparecer se a dita maravilha o é exclusivamente à sociedade como um todo ou se alcança também aqueles que contribuem para promovê-la: os lojistas de *shopping*.

2. Evolução histórica do comércio lojista – *shopping centers*

Em um passado não muito distante, existiam apenas as chamadas "lojas de rua", sendo que o comerciante escolhia o local mais adequado para o seu estabelecimento individual, visando à clientela. Representando um avanço, algumas cidades passaram a contar com ruas e bairros onde se instalavam vários comerciantes de um mesmo ramo, objetivando, com a proximidade, uma participação mais efetiva no mercado; a exemplo, Rubens Requião cita a "rua dos ferreiros", "rua dos padeiros" e a "rua dos latoeiros".[1] Em seqüência, foram criados os mercados municipais, que concentravam, em um único local, lojas de alimentos e utilidades domésticas. E, a título de modernidade máxima, antes do surgimento dos *shopping centers*, apresentaram-se as galerias e as lojas de departamentos, caracterizando-se, aquelas, por um conjunto de lojas com um pátio em comum, geralmente entregues para locação a terceiros que as exploravam livremente, e estas, por um empreendimento de grande porte, destinado à venda de produtos bem diversificados.

Cabe observarmos que, tanto nas ruas especializadas, como nos mercados, galerias e lojas de departamentos, o comerciante conserva a autonomia da vontade, o livre poder decisório no espaço físico em que explora sua atividade, seja como locatário ou proprietário, e a independência. A proximidade física estabelecida entre lojistas, até então, fora advinda de critério de conveniência e oportunidade, qual seja, consistir alvo de atração dos consumidores, não implicando obrigações outras além do respeito ao direito alheio para o bom convívio social.

É-nos possível apreender, do exposto, o elemento responsável pela evolução do comércio, presente em cada etapa precursora de um avanço mercadológico, qual seja, o aspecto econômico, que não raramente interfere na ciência jurídica e que, muito provavelmente, seja o determinante para institutos jurídicos futuros ainda inimagináveis. E foi justamente este

---

[1] V. *Considerações jurídicas sobre os centros comerciais (shopping centers) no Brasil*, RT 571/12.

elemento, aliado a vantagens outras, e em fiel parceria com os anseios propugnados pela vida moderna, que acabou por impulsionar uma proposta distinta daquilo que era peculiar aos agrupamentos existentes de lojistas: a criação dos *shopping centers*.

Os *shopping centers* surgiram nos Estados Unidos, na década de 1950, após o encerramento da II Guerra, principalmente, pelo aumento do poder aquisitivo da população e a descentralização desta rumo a zonas periféricas.

Consubstanciando-se em uma verdadeira revolução tecnológica americana na área do *marketing*, a bem-sucedida criação foi importada pelo Brasil, mais precisamente pela cidade de São Paulo, em meados de 1966, sendo que, a partir de então, tem-se multiplicado em inúmeras cidades brasileiras, inclusive interioranas.

3. Conceito de *shopping center*

Embora haja certa divergência sobre a tradução literal da expressão inglesa "*shopping*", esta foi incorporada ao nosso vocabulário no sentido de "centro de compras" ou "centro comercial". Mas a população brasileira, como de costume, preferiu adotar a utilização da "requintada" terminologia estrangeira, tanto que a mesma já consta no Novo Dicionário Aurélio, com o significado seguinte:

"*shopping* – reunião de lojas comerciais, serviços de utilidade pública, casas de espetáculos, etc., em um só conjunto arquitetônico."

A definição supra foi mencionada com a pretensão única de demonstrar a popularidade da expressão, a ponto de ser incluída em renomado dicionário brasileiro, no entanto, quanto à juridicidade, deixa a desejar, por não referenciar características elementares.

Um pouco mais abrangente é o conceito, do ponto de vista econômico, fornecido pela entidade americana que congrega *shopping centers*, a *International Council of Shopping Centers*, vejamos:[2]

"é um grupo de estabelecimentos comerciais unificados arquitetonicamente e construídos em terreno planejado e desenvolvido. O *shopping* deverá ser administrado como uma unidade operacional, sendo o tamanho e o tipo de lojas existentes relacionados diretamente com a área de influência comercial a que esta unidade serve. O *shopping* também deverá oferecer estacionamento compatível com todas as lojas existentes no projeto."

A Associação Brasileira de *Shopping Centers*, abreviadamente ABRACE, por sua vez, define o instituto com elogiável detalhamento, conforme passamos a reproduzir:[3]

---

[2] Citado por Dinah Sonia Renault Pinto, in *Shopping Center – Uma Nova Era Empresarial*, p. 1.

[3] Citado por Caio Mário da Silva Pereira, v. *Shopping Centers – Organização econômica e disciplina jurídica*, RT 580/17.

"É um centro comercial planejado, sob administração única e centralizada, composto de lojas destinadas à exploração de ramos diversificados de comércio, e que permaneçam, na sua maior parte, objeto de locação, ficando os locatários sujeitos a normas contratuais padronizadas que visam à conservação do equilíbrio da oferta e da funcionalidade, para assegurar, como objetivo básico, a convivência integrada e que varie o preço da locação, ao menos em parte, de acordo com o faturamento dos locatários – centro que ofereça aos usuários estacionamento permanente e tecnicamente bastante."

Não menos brilhante é a exposição do jurista Caio Mário da Silva Pereira que, apropriadamente, traz uma série de peculiaridades do empreendimento, abaixo transcritas:[4]

"O *shopping* não é uma loja qualquer; não é um conjunto de lojas dispostas num centro comercial qualquer; não se confunde com uma loja de departamentos (*store magazine*), já inteiramente implantada em nossas práticas mercantis há algumas dezenas de anos.
Na sua aparência externa é um edifício de grandes proporções, composto de confortáveis salões para instalação de numerosas lojas, arranjadas com gosto e até com certo luxo, distribuídas ao longo de vários andares, selecionadas em razão de ordenamento especial que atende a estudos destinados a distribuir os ramos de atividades segundo uma preferência técnica (*mix*) e levando em consideração que é necessário fixar a atenção dos consumidores sobre certas marcas ou denominações de maior atração (lojas-âncora). A situação topográfica é da maior relevância, porque pretende livrar a clientela dos inconvenientes impostos pela concentração urbana em bairros de elevado índice demográfico. Levando ainda em consideração que a freguesia mais numerosa é composta de pessoas de classe média, que usam para sua locomoção o carro unipessoal ou unifamiliar, o *shopping* tem de oferecer amplo estacionamento para veículos. Atendendo a que, além do cliente certo que vai à procura de determinado produto, o *shopping* não descura a clientela potencial, oferecendo atrativos (cinema, *playground*, *rink* de patinação, centro de diversões) distribuídos com tal arte que alia o centro comercial a local de lazer."

Sem prejuízo de tantas outras definições bem-sucedidas, também merece ser evidenciada a feliz comparação realizada por Pinto Ferreira, em razão de traduzir a exata dimensão do negócio:[5]

---

[4] V. *Shopping Centers – Organização econômica e disciplina jurídica*, RT 580/17.
[5] In *Comentários a Lei do Inquilinato*, p. 220.

"O *shopping* é assim uma cidade em miniatura, onde também se encontram as praças, os corredores, as praças de alimentação, os centos de lazer, que atraem o consumidor, estimulando motivos psicossociais de comodidade da compra, que se transforma em um ato de alegria e de prazer."

Apesar de, em algumas frases, os habilidosos juristas conseguirem conceituar *shopping*, o instituto se reveste de extrema complexidade, ensejando uma análise mais minuciosa e aprofundada da real abrangência das definições, que será iniciada a seguir, quando em pauta a estruturação.

4. A estruturação dos *shopping centers* sob o aspecto econômico

Muitas etapas são percorridas até que reste disponível, aos consumidores em potencial, o vultuoso empreendimento denominado *shopping*, sendo que, a implementação de todas elas está estritamente condicionada à existência de uma "célula-mãe", uma figura absolutamente imprescindível em todo este processo, denominada empreendedor: pessoa física ou jurídica que detém grandioso capital e intenciona investi-lo num *shopping*. É o empreendedor que vai planejar e construir o *shopping* e, através de administrador de sua escolha, ou por esforços próprios, organizá-lo, administrá-lo e conservá-lo.

A tarefa não é nada simplória, exigindo que cada passo seja estrategicamente avaliado para a obtenção do sucesso.

4.1. A ESCOLHA DO LOCAL

Bem, havendo vontade e recursos financeiros, é chegado o momento da seleção do local visando à instalação do empreendimento. Para tal, via de regra, ocorre a contratação de empresa especializada, a fim de que elabore um estudo viário da cidade. *A priori*, dá-se preferência a zonas mais afastadas, porque além de não apresentarem o estressante tráfego intenso, comum aos centros, são as que ainda disponibilizam grandes áreas de terra, necessárias para uma vultosa construção. Vale lembrar, no que diz respeito às dimensões do terreno objeto de escolha, que considerável parte do mesmo deverá ser destinada ao estacionamento de veículos, uma comodidade elementar.

Também importam as condições econômicas da região. As zonas periféricas, referidas acima, não devem coincidir com aquelas de difícil acesso, tampouco com as habitadas por pessoas que não viriam a ser abarcadas pelos encantamentos de um *shopping*, em razão da precária situação financeira. Em contrapartida, não necessariamente precisam já estar inseridas em meio às classes média e alta, futura clientela.

Como exemplo prático, podemos citar o Shopping Center Iguatemi, da cidade de Porto Alegre/RS, que foi instalado, na década de 80, em uma região alta, livre dos problemas de constantes alagamentos, porém pouco habitada e bastante afastada do centro. O efeito produzido foi por demais positivo: acabou o *shopping* sendo um chamariz populacional, desencadeando inúmeras construções de prédios e residências em suas redondezas. Hoje, o bairro onde se localiza o Iguatemi é um dos mais nobres da cidade e extremamente valorizado.

4.2. A ARQUITETURA

Outro aspecto relevante é o arquitetônico. Ora, tenhamos em mente que a meta é conquistar o consumidor e isso somente se tornará possível se lhe for ofertado o melhor, o impressionante. Conseqüentemente, a construção deve ser monumental, de qualidade, com cores atrativas; o interior deve oferecer espaços amplos e acolhedores, bem iluminados, devidamente decorados, com meios de locomoção, entre andares, aptos a recepcionar crianças e idosos; os corredores necessitam ser espaçosos, permitindo a boa circulação até mesmo em dias de grande movimento; o estacionamento precisa de amplitude suficiente para acolher todos os visitantes; enfim, tudo o que contribui para o bem-estar e prazer do consumidor é indispensável. Na composição desta estrutura física, o empreendedor poderá contar com o auxílio financeiro de lojistas, por meio da *res sperata*, que será oportunamente abordada, na seqüência.

4.3. A DESTINAÇÃO DE ESPAÇOS

Fator não menos relevante consiste no planejamento de ocupação do *shopping*. Aqueles leigos na matéria logo imaginarão um procedimento muito simples, similar à habitação de galerias, qual seja, o lojista interessado escolhe o "ponto" que, a seu ver, mais convém, negocia um locativo com o proprietário e se instala, utilizando o espaço físico locado ao seu "bel-prazer"; se montar uma vitrina que fique de extremo mau gosto, chocando e espantando clientes, será visto como o único alvo dos prejuízos.

Tratando-se de *shopping*, esta corriqueira prática comercial, de visão limitada e pouco organizacional, resta totalmente afastada. No instituto em apreciação, utiliza-se tecnologia "de ponta": uma técnica apurada de *marketing* denominada *"tenant mix"*, abreviadamente *"mix"*.

Conforme Pinto Ferreira:[6]

"O *tenant mix* é uma locução de origem inglesa consistente na denominação das lojas por ramo e dos ramos de comércio dentro do *shopping*."

"O *tenant mix* é assim um agrupamento variado de diversos setores e ramos mercantis para permanente atração da clientela."

O jurista ainda esclarece, no que se refere ao *mix*, que:[7]

"Tem seu fundamento na teoria da 'atração cumulativa' exposta e desenvolvida por Richard L. Nelson, segundo o qual, dado certo número de lojas atuando em um mesmo campo de negócio, elas atrairão mais vendas quando localizadas perto umas das outras."

Entendemos o *mix* como uma filosofia ocupacional de espaços, através da seleção, pelo empreendedor e/ou administrador, de comerciantes de ramos e produtos diversificados, mas todos de aceitação no mercado, e do planejamento da disposição destes de forma estratégica, que acarrete a circulação uniforme dos consumidores no *shopping* e que o conjunto constituído resulte atrativo e satisfatório às aspirações da clientela.

De acordo com os ensinamentos do Prof. Langoni, o *mix* deve ser definido com base em uma avaliação das preferências mercadológicas.[8]

Neste mesmo sentido, Rubens Requião destaca a importância de o empreendedor concentrar, no *shopping*, uma grande gama de atividades comerciais, de interesse do consumidor; contudo, atenta para um pecado capital que não pode ser cometido: a instalação, com proximidade, de duas lojas atuantes no mesmo ramo, ensejando a concorrência. Comenta que:[9]

"Não se impede, geralmente, que o mesmo ramo de negócio coincida, mas haverá sempre dispersão estratégica."

Também compõe a técnica do *mix*, conforme supracitado, uma equilibrada distribuição das lojas nos espaços, por meio de uma fórmula certeira de organização.

---

[6] In *Comentários a Lei do Inquilinato*, p. 221.

[7] Idem, p. 223.

[8] Citado por Rubens Requião, v. *Considerações jurídicas sobre os centros comerciais (shopping centers) no Brasil*, RT 571/13.

[9] V. *Considerações jurídicas sobre os centros comerciais (shopping centers) no Brasil*, RT 571/13.

Primeiramente, são eleitas as "lojas-âncoras" ou "chamariz", lojas de departamentos, grandes magazines ou supermercados que se caracterizam pelo prestígio e reconhecimento já conquistados junto ao mercado. São lojas que possuem uma clientela cativa e vão exercer a função de atraí-la ao *shopping* para que todos os comerciantes tirem proveito. Propositadamente, às "lojas-âncoras", serão designados os espaços nobres do empreendimento, próximo às entradas, mas uns distantes dos outros, para motivar a circulação intensa.

Entre as "âncoras" deverão ser instaladas as "lojas-satélites", chamadas de "magnéticas" ou "miniâncoras" que, apesar de apresentarem um porte médio, inferior às "âncoras", são especializadas em ramo determinado e normalmente já conhecidas pelos consumidores.

Complementando, o STJ ensina que:

"RESP – Comercial – Locação Predial – *Shopping Center* – Fundo de Comércio – O fundo de comércio, instituto judicial do Direito Comercial, representa o produto da atividade do comerciante, que com o passar do tempo, atrai para o local, onde são praticados atos de mercancia, expressão econômica; com isso, o – ponto – para usar *nomen iuris* nascido informalmente nas relações do comércio, confere valor próprio ao local. Evidente, ingressa no patrimônio do comerciante. Aliás, mostram as máximas da experiência, a locação e o valor de venda sofrem alterações conforme a respectiva expressão. Daí, como se repete, há locais nobres e locais de menor expressão econômica. *Em regra não sofre exceção quando se passa nas locações em 'Shopping Center'. Sem dúvida, a proximidade do estabelecimento com outro*, conforme a vizinhança, repercutirá no respectivo valor..." (RESP 189380/SP, T6 do STJ, 02/08/1999) (grifo nosso)

De menor porte, existem os estandes ou pontos, espalhados pelas áreas de circulação do *shopping* em conformidade com orientação de conveniência, os quais são destinados à venda de um único tipo de produto, como, por exemplo, bijuterias, guloseimas, perfumes, artesanato, ou a prestação de determinado serviço.

Incrementando mais ainda esta "obra divina", na condição de peças fundamentais, temos irresistíveis restaurantes e lanchonetes, que estão inseridos em uma moderna praça de alimentação; os cinemas, com direito a pipoca diferenciada, doçuras múltiplas e poltronas de última geração; a área de brinquedos: eletrônicos, mecânicos, do tipo instrutivo, que seduzem desde um bebê até o adulto aparentemente inatingível; afora todos os locais intencionalmente preparados para desenvolvimentos temáticos como desfiles, exposições, decorações natalinas, etc.

Concomitantemente, os *shopping centers* devem contar com agências bancárias, de visitação não tão agradável, mas, na maioria das vezes, indispensável, e que por fim, passam a representar uma comodidade em virtude do ambiente adjunto.

Bem, uma vez que estamos a tratar da distribuição das "lojas" (expressão esta que vem sendo empregada no sentido genérico, para designar desde os prestadores de serviço até os vendedores de mercadorias), é chegada a hora de apresentarmos aqueles de participação meritória neste contexto: os comerciantes ou lojistas.

Não obstante serem providos, em maioria, de invejável traquejo comercial para com seus clientes, em um *shopping* não poderão atuar como absolutos senhores de si, à semelhança do gerenciamento de uma "loja de rua", mesmo que de sucesso. Obrigatoriamente, adequar-se-ão aos rígidos princípios e regras, inteligentemente impostos, a bem de não desdourarem o empreendimento.

Na sucessão das exposições, deter-nos-emos nas relações extravagantes advindas da participação dos lojistas nos *shopping centers*.

4.4. ELEMENTOS AGREGADOS E O RESULTADO

Muito provavelmente, grande parte dos consumidores já tenha enfrentado aquelas cansativas e longínquas caminhadas, pelas ruas sujas da cidade, abaixo de sol forte ou chuva e sob a constante tensão de assaltos, em busca de um produto ou serviço que parece ter desaparecido do mercado, afora os preciosos minutos perdidos até o encontro de uma vaga de estacionamento e o problema do "restrito" horário de funcionamento do comércio, praticamente coincidente com o da jornada habitual de trabalho.

Em contrapartida, a simples alusão às facilidades relacionadas nos itens acima, presentes em um *shopping*, mesmo não beneficiada por uma descrição detalhada, já é mais do que suficiente para desencadear a recordação de momentos da mais pura descontração e alegria, bem como o ímpeto de repetição do passeio.

Imaginemos agora, o efeito, se a toda esta estrutura exposta, por si só desejável, forem acrescidas vantagens outras, como estacionamento não subordinado a "pedintes", segurança, horário de funcionamento mais dilatado, climatização, limpeza acirrada, etc.

Com toda a certeza, o consumidor só pode mesmo elevar este empreendimento ao patamar dos sonhos. O *shopping* reuniu tudo o que era esperado e, como se não bastasse, surpreendeu positivamente, desempenhando inclusive um relevante papel social: além de proporcionar a otimização do tempo, tão escasso diante das inúmeras atividades que o homem moderno tem sob seu encargo, resgatou o esquecido lazer em família. Nada como unir o útil ao agradável.

O resultado é este na prática comprovado: o êxito total.

Sobre a importância do estacionamento no *shopping*:

"Responsabilidade Civil. Furto de veículo em estacionamento de centro comercial. Embora não existente pagamento direto, *a empresa mantenedora de 'shopping center' ostenta manifesto interesse econômico em dispor de local para estacionamento de veículos, pois atualmente este é o fator mais ponderável para angariar e atrair clientela.* Não se trata de contrato de depósito tal como regulado no Código Civil, mas sim de assunção tácita do dever jurídico de guarda e vigilância dos carros. Precedentes do STJ. Recurso especial conhecido e provido." (RESP 29198/SP, T4 do STJ, Min. Athos Carneiro, 23/03/1993) (Grifo nosso)

No entanto, é prudente salientar que não basta o cumprimento de todas as etapas comentadas. Se até as mais caras e famosas obras de arte requerem conservação e cuidados, sob pena de desvalorização e ruína, por que os *shopping centers* os dispensariam?

É condição *sine qua non* para a mantença da viabilidade econômica deste empreendimento, tão detalhadamente traçado, sua contínua organização, administração e manutenção, em especial, a constante fiscalização da fiel obediência aos correspondentes ditames. Estas responsabilidades, de *per si,* incumbem ao empreendedor, porém, não raramente, o mesmo as outorga, no todo ou em parte, para terceiro, denominado Administrador, que pode ser uma pessoa física ou jurídica.

Dentre inúmeros exemplos pertinentes à função de administrador, destacamos: a contratação de pessoal para serviços de limpeza e segurança e a inspeção da qualidade desses serviços; a adoção de providências para o perfeito funcionamento da área de lazer; o controle sobre o fornecimento de água, luz, gás, bem como sobre o recolhimento de lixo; a disciplina relativa à carga e descarga de mercadorias; a representação judicial e/ou extrajudicial do empreendedor e a promoção de um bom relacionamento entre os partícipes da estrutura. Por obviedade, a interferência do administrador no *shopping* está contida nos poderes que lhe tiverem sido confiados, mas vale lembrar que uma gota, neste oceano de equilíbrio preciso, faz a diferença, quer dizer, mesmo que detentor de ínfimos atributos, se mal exercê-los, muito provavelmente provocará repercussão desastrosa no todo.

O êxito, acima referido, não deve figurar somente como resultado do processo de implementação do *shopping*, requer ser logrado todo o dia, ou melhor, a todos os instantes.

5. A *res sperata*

Enfrentado o momento inicial, objeto de apreciação à luz da economia que, focando a excelência, enfatizou a adequação da localização, os destinatários (clientela), os partícipes (lojas/lojistas e empreendedor/administrador) e a construção e decoração do *shopping*, tudo em favor da viabilidade, passemos às particularidades jurídicas, que, por sinal, o instituto em comento tem a propriedade de esbanjar, iniciando pela *res sperata*.

Constitui-se raridade o empreendedor que dispõe de capital suficiente para arcar, individualmente, com todos os custos, deveras gigantescos, de construção de um *shopping*. Em razão disso, o habitual é a busca pela captação de recursos, sendo que o meio para tal está diretamente relacionado à "modalidade jurídica", relativa à construção, que vier a ser adotada. Eis o problema: definir quais modalidades são factíveis, são harmoniosas com este fenômeno, novo, e recentemente reconhecido pela legislação de forma indiscutivelmente superficial.

De percepção restrita seria aquele que, em rol taxativo, relacionasse as modalidades jurídicas que vislumbra. Ora, o *shopping*, de pouca idade, acabou de provar o quão criativa é a mentalidade humana; também não poderia sê-la em pró de uma articulação atípica?

Isto posto, sem prejuízo de outras modalidades que sejam compatíveis, optamos pela abordagem de duas já experimentadas em *shopping*: uma delas é de escolha pouco comum, e, portanto, apenas mencionada, como ilustração; a restante, por ser utilizada em larga escala em face da perfeita identificação com as características do empreendimento, demanda uma análise mais aprofundada e servirá de base para o estudo que desenvolveremos no capítulo subseqüente.

Vamos primeiro à exceção, qual seja, a incorporação imobiliária, também denominada "condomínio especial". Regida pela Lei 4.591, de 16/12/1964, traduz-se pela venda, em um todo, de unidades ou andares, acarretando, por fim, a coexistência de partes autônomas e partes de uso comum. Reproduzindo para a estrutura de um *shopping*, teremos os investidores e/ou lojistas proprietários dos respectivos espaços adquiridos junto ao empreendedor-incorporador e, simultaneamente, de fração ideal das partes de uso comum, tais como corredores, praças e terreno. No entanto, há uma ressalva no exercício da propriedade, que é o dever de respeito à organização, em sentido amplo, do empreendimento. Desta feita, em sendo o adquirente apenas investidor, ou até mesmo lojista não mais interessado em explorar o negócio, somente poderá ceder, locar ou alienar a sua porção se isso não prejudicar o conjunto.

Ora, se em um prédio residencial, construído sob a modalidade de incorporação, onde inexiste a obrigação de conservar um *mix* ideal, a convivência já não se mostra pacífica, o que devemos esperar para um *shopping* com diversos lojistas proprietários? Quais idéias prevalecerão? Será possível a manutenção daqueles princípios elementares, que sustentam o empreendimento, e aos quais todos devem submissão? Acreditamos que, no mínimo, é bastante complicado.

A jurista Maria Elisa Gualandi Verri, a respeito do assunto, comenta que:[10]

> "Essa forma só alcança a eficiência em *shopping centers* se a grande maioria das unidades pertencerem a uma só pessoa, que se encarrega de aplicar-lhes o perfil de um *shopping*. No entanto, convenhamos que referida situação não é comum."

Na seqüência, em sincronia com Priscila M. P. Corrêa da Fonseca, a qual faz menção, aponta como únicas vantagens de adoção desta estrutura jurídica a duração perpétua e a liquidez do investimento, e acaba concluindo ser uma modalidade não apropriada aos *shopping centers*.

Analisemos agora, a modalidade jurídica "modelo-padrão"; de acordo com nosso entendimento, preferida em função de respaldar, com supremacia e elegância, os interesses lucrativos do empreendedor. Trata-se da *res sperata* ou coisa esperada.

Antônio César Lima da Fonseca entende que a *res sperata* "está ligada à venda de coisa futura"[11] já prevista no ordenamento jurídico brasileiro, mais precisamente, no art. 1.119 do Código Civil (Lei nº 3.071/1916), que reza:

> "Art. 1.119. Se for aleatório, por serem objeto dele coisas futuras, tomando o adquirente a si o risco de virem a existir em qualquer quantidade, terá também direito o alienante a todo o preço, desde que de sua parte não tiver concorrido culpa, ainda que a coisa venha a existir em quantidade inferior à esperada.

---

[10] In *Shopping Centers – Aspectos jurídicos e suas origens*, p. 41.

[11] V. A *"Res Speratae" e o "Shopping Center"*, in Revista do Ministério Público do Rio Grande do Sul, p. 211.

Parágrafo único. Mas, se da coisa nada vier a existir, alienação não haverá, e o *adquirente* restituirá o preço recebido." (Grifo nosso)

Observamos que, por equívoco, consta no Parágrafo Único a expressão "adquirente", quando o correto seria "alienante", equívoco este não repetido no novo Código Civil (Lei nº 10.406/2002), onde a matéria está, exceto a ressalva em comento, igualmente regulada no art. 459.

Do texto legal supra, apura o jurista que a eficácia da alienação está condicionada à existência da coisa, sendo irrelevante, no entanto, se em maior ou menor quantidade do que o aguardado, uma vez que o adquirente assume o risco.

O fato é que o empreendedor, de posse de um planejamento, inclusive de composição do *mix,* lança-o ao mercado, com o propósito de que os lojistas, selecionados para integrar o *shopping*, alcancem quantias em dinheiro já durante a fase de construção do empreendimento.

Este pagamento dá-se pela *res sperata.*

Nesta direção:

"Locação. Ação de Despejo. Benfeitorias. Renúncia. *Shopping Center*. Remuneração. Direito de Reserva. Cessão da Fruição do Fundo de Comércio do Empreendedor. *Res Sperata*. Licitude. Legalidade. Prazo de Duração. 1. A lei n. 8245, de 18 de outubro de 1991, admite a renúncia ao direito de retenção ou indenização por benfeitorias. Art. 35. Hipótese em que no contrato de locação acordaram as partes que a locatária não faria jus à indenização pelas benfeitorias. 2. *Imperando no contrato de locação de espaço em* shopping center *a liberdade de contratar, é lícito as partes, a par do aluguel, ajustar remuneração do fundo de comércio do* center *ou preço de adesão ao empreendimento ou, ainda, pela* res sperata. *Hipótese em que, antes da conclusão do empreendimento, acordam as partes a obrigação de o locatário pagar por conta das despesas de montagem do empreendimento e suas instalações especiais quantia certa fixada em razão do prazo determinado do contrato de locação.* 3. Extinta a relação *ex locato* antes do advento do termo final, a participação nas despesas do empreendimento inicialmente prevista a de ser reduzida de modo a guardar proporção com o período de vigência do contrato. Recurso provido em parte." (APC 197029622, 9ª Câm. C. – TJRS, Relator Maria Isabel de Azevedo Souza, 06/05/97) (Grifo nosso)

E enfatizando a diferença entre *res sperata* e incorporação:

"... É improcedente o pedido declaratório de que um contrato de integração à estrutura técnica de centro comercial seja transmudado para participação em incorporação da construção do mesmo, pois, na forma clara, a manifestação da vontade foi no sentido de haver o exercício do direito de reserva para utilização de determinada loja do mencionado *shopping*, constituindo-se em uma *res sperata*, e não em aquisição do imóvel..." (AGI 241985/MG, T5 do STJ, Min. Gilson Dipp, 21/02/2000)

De acordo com Caio Mário da Silva Pereira, cuja afirmação é citada em diversas obras renomadas, fazendo-nos presumir que em decorrência da consideração dos autores, a *res sperata* é devida "até o momento em que a edificação se completa e é aberta à utilização efetiva."[12]

Em direção oposta, Antonio César Lima da Fonseca faz a ressalva:[13]

"No entanto, admite-se que esse pagamento persista até depois da construção do empreendimento como forma de compensação, ou seja, para compensar essa vantagem de o lojista não precisar formar, com suas próprias forças, a clientela, seu fundo de empresa."

Maria Elisa Gualandi Verri apresenta-nos uma circunstância indicativa de que o pagamento da *res sperata* ultrapassa a fase de construção do *shopping*. Comenta que:[14]

"No entanto, é também bastante comum a situação onde a *res sperata* é contratada concomitantemente com a assinatura do instrumento firmado entre empreendedor e lojista para a utilização da unidade do *shopping*, o que normalmente ocorre quando este último instrumento é firmado antes da inauguração do *shopping*."

Como curiosidade, transcrevemos, abaixo, um exemplo citado por Verri de cláusula constante em contratos celebrados entre lojista e empreendedor para a utilização de espaço, onde está prevista a *res sperata*. Segue:[15]

"Em razão das vantagens que a locação no interior do *shopping* proporcionará ao lojista, e como forma de usufruir do direito de participar da estrutura organizacional do *shopping*, com desfrute constante de seus benefícios, durante o prazo de locação previsto, como contraprestação pela fruição de seus bens imateriais durante este período, o lojista assume a obrigação de pagar à proprietária, além das parcelas convencionadas neste contrato e nas Normas Gerais Declaratórias, a título de remuneração, a quantia referente ao acerto da *res sperata*, de

---

[12] V. *Shopping Centers – Organização econômica e disciplina jurídica*, RT 580/19.

[13] V. A *"Res Speratae" e o "Shopping Center"*, in Revista do Ministério Público do Rio Grande do Sul, p. 212.

[14] In *Shopping Centers – Aspectos jurídicos e suas origens*, p. 80.

[15] Idem.

acordo com o disposto em Instrumento Particular de Reserva de Uso de Área, que passa a fazer parte integrante deste contrato, sendo que a rescisão de um deles acarretará automaticamente a rescisão do outro. A entrega da posse da loja ao lojista está condicionada ao adimplemento das obrigações previstas no *caput* desta cláusula."

Para que possamos melhor compreender o assunto, cabe averiguarmos qual o fundamento deste pagamento, o que é a *res sperata*?

Álvaro Villaça Azevedo responde que a coisa esperada é o lucro, "é a vantagem que advirá do exercício da atividade negocial, na área do *shopping*, e que é quase certa".[16] Outros juristas, tal como Antônio de Pádua Ferraz Nogueira, posicionam-se no sentido de que é a reserva de um espaço, tão cobiçado.[17]

Embora tangentes em determinados pontos, nos é possível, ainda assim, identificar teorias diversas sobre a natureza jurídica da *res sperata*. Faremos uma breve avaliação daquelas corriqueiramente relacionadas, algumas até já mencionadas nas citações acima.

Uma das correntes difundidas é a que toma a *res sperata* como "luvas".

O Decreto 24.150, de 20/04/1934, famosa Lei de Luvas, em seu art. 29, assim dispunha:

"São nulas de pleno direito as cláusulas do contrato de locação que, a partir da data da presente lei, estabeleceram o pagamento antecipado de aluguéis, por qualquer forma que seja, benefícios especiais ou extraordinários, e nomeadamente 'luvas' e impostos sobre a renda, bem como a rescisão dos contratos pelo só fato de fazer o locatário concordata preventiva ou ter decretada a sua falência."

Os dicionários da língua portuguesa agregaram, aos demais sentidos da expressão "luvas", aquele trazido pelo Decreto supra. Vejamos:

Na Enciclopédia e Dicionário Ilustrado Koogan/Houaiss, "luvas" consta também como sendo:

"Quantia que o inquilino paga ao senhorio para fazer ou renovar um contrato de locação."

O Novo Dicionário Aurélio contempla a seguinte conceituação:

---

[16] V. *Atipicidade mista dos contratos de utilização de unidade em centros comerciais e seus aspectos fundamentais*, in Shopping Centers – Questões Jurídicas, p. 30.

[17] V. *"Shopping Center" – Características do contrato de "direito de reserva" da localização (res sperata)*, RT 648/14.

"Soma paga pelo inquilino ao senhorio na ocasião da assinatura do contrato de locação dum prédio, independentemente do aluguel mensal que terá de pagar."

Ensina-nos o Prof. Alfredo Buzaid que a clara intenção do Decreto foi proibir as luvas e não somente a previsão das mesmas em um contrato de locação, tendo em vista serem consideradas ilícitas por consistirem pagamento fora do contrato.[18]

Antônio Cesar Lima da Fonseca cita:[19] "Para Ladislau Karpat e outros, a *res sperata* são luvas, pois, via de regra, já se garante um prazo mínimo da futura locação, no mais das vezes cinco anos...". Reproduz as palavras de Karpat: "Não seria de uma outra forma tolerável que um determinado comerciante, ao aderir a um empreendimento, despendesse elevadas quantias, e passados apenas dois ou três anos, vencido o contrato de locação, estivesse às voltas com o locador.", corroborando com esta posição. Lembra, o digníssimo promotor, que a proibição de cobrança de luvas deixou de existir em razão do Dec. 24.150, que a impunha, ter sido revogado pela Lei do Inquilinato (Lei 8.245/91). Esta última nada dispôs acerca de luvas, não restando, portanto, ilicitude no tocante às mesmas. E, finalizando, argumenta que a entrega de recursos pelos lojistas, na fase de construção, além de fazer surgir o empreendimento, também lhes concede o direito de integrar, através da locação, o *shopping*, e, em conseqüência, usufruir as inúmeras vantagens dele advindas. Diz ainda que "luvas tem o sentido histórico de prêmio, de recompensa" e que "é um prêmio para certos lojistas ingressarem em tão importante empreendimento."

Todavia, vários juristas contestam esta teoria.

A exemplo, o Des. Luís Antônio de Andrade diz que as luvas são destinadas à renovação de aluguel e, como no caso, sequer há ainda contrato, não se trata de luvas.[20] O Des. J. A. Penalva Santos já entende que a *res sperata* não é correspondente a luvas "em vista do fato de que o seu objetivo não é o da percepção de determinada quantia com a finalidade de compensar o aluguel baixo, por meio de adiantamento das parcelas do aluguel, para fraudar impostos".[21]

Também negando a teoria, Caio Mário da Silva Pereira alega não se configurar a *res sperata* pagamento antecipado de aluguel, nem benefício

---

[18] Vide referência de Antônio de Pádua Ferraz Nogueira, *"Shopping Center"* – *Características do contrato de "direito de reserva" da localização (res sperata)*, RT 648/14.

[19] V. *A "Res Speratae" e o "Shopping Center"*, in Revista do Ministério Público do Rio Grande do Sul, p. 213.

[20] Citado por Antônio Cesar Lima da Fonseca, *A "Res Speratae" e o "Shopping Center"*, in Revista do Ministério Público do Rio Grande do Sul, p. 213.

[21] V. *Regulamentação jurídica do "shopping center"*, in *Shopping Centers* – *Questões Jurídicas*, p. 105.

especial ou extraordinário, já que ocorre em uma etapa "pré-locatícia". Na opinião do iminente jurista, que merece ser respeitada, o pagamento da *res sperata* é devido, mas não a título de "luvas". Esclarece ele que coube ao empreendedor a elaboração de toda uma avaliação técnica, envolvendo pesquisas minuciosas para a escolha do local, composição do *mix*, etc., e que, para tal, este despendeu um grande volume de recursos financeiros, fazendo jus a que receba, em contrapartida, periodicamente, em geral mensal, durante a construção do *shopping*, uma contribuição dos lojistas candidatos, que serão brindados com o trabalho efetuado, tendo como causa a reserva de um espaço, "a segurança de uma localização no conjunto e as vantagens que a realização do *shopping* lhes proporcionará".[22]

Eis a segunda teoria, em nossa ordem de apreciação, concernente à natureza jurídica da *res sperata*, qual seja, a do "direito de reserva de localização".

Salienta Caio Mário:

"Legítimo o pagamento, não importa o nome que se lhe dê. Contabilizado por certa empresa como contribuição pela *res sperata*, eu preferi designá-lo como 'direito de reserva' de localização ou 'garantia' de entrega do local, como contraprestação pelos benefícios do futuro *shopping*.
Com esta ou com aquela denominação, é um contrato que se perfecciona na etapa de construção e aparelhamento do *shopping*, com todas as características de negócio jurídico contratual, e que não se confunde com o contrato que vigorará, após a conclusão da obra, para a utilização dos salões."

Outra teoria é a fundamentada no "sobrefundo comercial" ou "superfundo", propugnada, em especial, pelo Prof. Ives Gandra da Silva Martins. Identifica o respeitável Professor majestade do poder atrativo do *shopping* em relação ao poder particular dos estabelecimentos que nele se encontram, ao dispor que: "É, pois, o *shopping* que o usuário procura em primeiro lugar".[23]

Na seqüência desta linha de pensamento, complementa:

"E é exatamente tal característica fundamental que torna o *shopping* entidade com fundo de comércio próprio, diverso daquele que diz respeito aos demais estabelecimentos que lá se instalam. Ao destes unese, para viabilização de uso ou de vendas, aquele 'sobrefundo de

---

[22] V. *Shopping Centers – Organização econômica e disciplina jurídica*, RT 580/19.
[23] V. *A natureza jurídica das locações comerciais dos Shopping Centers*, JTACiv.SP – Lex 112/8.

comércio', que pertine ao *shopping* e que adiciona potencialidade mercantil ao complexo de lojas nele situadas. Sem essa estrutura, os estabelecimentos comerciais não teriam a dimensão que têm, razão pela qual se deve entender que o *shopping* adiciona seu próprio fundo de comércio ao dos estabelecimentos lá instalados para valorizá-los."

Por esta interpretação, cada loja de um *shopping* tem a seu favor dois fundos de comércio: o próprio e o "tutelador dos fundos particulares", qual seja, o relativo ao *shopping*, maior de todos. Este último, em virtude de sua magnitude, já marca presença quando da construção do empreendimento: cria, para o lojista, obrigação de pagamento a título de *res sperata* ou "reserva de um espaço a ser ocupado", enfim, pela "cessão/uso do sobrefundo comercial".

Ressalta ainda Ives Gandra Martins que o sobrefundo em pauta não se mostra influente apenas na fase de implantação do *shopping*, muito pelo contrário, nas palavras do próprio mestre "... se valoriza na medida em que cresce a dimensão e a importância dos *shopping centers*, continua na fase de manutenção, de rigor, a mais importante, posto que a imagem do *shopping*, se não preservada, frustrará a expectativa geral de seus empreendedores e dos lojistas que lá se instalam."; por conseguinte, nesta fase mais avançada, também acarreta a contribuição do lojista, a qual considera justa e devida.

E por último, sem menosprezo de teorias outras, apresentamos a concepção arrojada de Antônio de Pádua Ferraz Nogueira. Este, ao comentar o posicionamento de Ives Gandra Martins, defende que o pagamento pela *res sperata* confere ao lojista mais do que direito de uso do sobrefundo comercial, confere patrimônio maior, próximo a direito real. Nas palavras de Nogueira:[24]

> "... a aquisição do 'direito de reserva' da localização (*res sperata*) não deixa de ser uma contribuição substancial, de modo a oferecer condições para a construção do *shopping*, assemelhando-se à aquisição da unidade em condomínio, quando o adquirente passa a ser titular de direito real."

> "Como se vê, sem prejuízo das características próprias da locação das lojas do *shopping*, só se pode concluir que o pagamento da importância anteriormente efetuada ao seu proprietário-locador para custear parte da edificação, a título de 'direito de reserva' da localização (*res sperata*), é patrimônio permanente ao lojista locatário, assemelhado a direito real, e, portanto, alienável."

---

[24] V. *"Shopping Center" – Características do contrato de "direito de reserva" da localização (res sperata)*, RT 648/16.

Independente da corrente a que se filiam os juristas, estes tomam por válida a cobrança a título de *res sperata*, cujo valor é determinado primordialmente de acordo com o vulto do empreendimento, posição e área da loja e duração do contrato. Impõe-se destacar, no entanto, que há casos em que ocorre a dispensa de contribuição desta ordem, pelo motivo da pretendente à vaga de lojista do *shopping* tratar-se de âncora com enorme poder sedutor, o que se mostra suficientemente interessante ao empreendedor.

Diante da exposição dos principais aspectos jurídicos tocantes à *res sperata*, abstraídos de uma coletânea de obras e artigos de ilustres estudiosos do direito, ousamos, a partir de então, efetuar uma análise crítica com alicerce na motivação seguinte.

Felizmente não sofremos da tendência ao enquadramento forçoso desta "contribuição" nas molduras jurídicas existentes, nominadas. Viemos de coração aberto, sabedores de que o *shopping* é uma novidade e, portanto, se novidades outras dele reluzirem, é preciso que, por nós, sejam recepcionadas. Assim, daremos preferência à insegurança dos primeiros passos à estagnação do direito; se houver quedas, pelo menos elas servirão à aprendizagem de futuros maratonistas.

Sem sombra de dúvidas que uma "obra faraônica" como um *shopping* requer uma boa monta em dinheiro. E, muito provavelmente, o precursor da idéia de instalar um desses empreendimentos não depreenda de todo o capital necessário. Para suprir esta deficiência, "inventou-se" a *res sperata*, ou seja, uma quantia, normalmente mensal, que é paga pelos lojistas, em um primeiro momento para auxílio ou subsídio à construção do *shopping*, do qual, é claro, tirarão proveito, ou pelo menos pretendem neste sentido. Depois da invenção, vieram as explicações e caracterizações jurídicas.

Mas observemos: na civilização em que vivemos, é bastante comum um investidor não dispor de todos os recursos que precisa para o seu investimento; como solução a este problema, dentre outras, obtém empréstimos, realiza financiamentos, compõe sociedade, condomínio, etc. No entanto, não foram estas as alternativas eleitas pelo empreendedor em comentário. Não quis ele compartilhar, como no exemplo da composição societária, a sua propriedade. Preferiu concentrar, a si, todo o poder de decisão, o *status* de único dono, e, ainda por cima, logrou o recebimento de recursos dos lojistas, que, "a tapas" disputam uma colocação no *shopping*.

Verdadeiramente a ilusão é inimiga da percepção. O lojista, de início, concebe como uma dádiva ter o privilégio de participar deste contexto, tão bem recomendado pelo empreendedor, e, incontestavelmente, paga.

Daí sobressai a questão: paga pelo que?

Concordamos com Antônio Cesar Lima da Fonseca que diz que é pela coisa futura; todavia, repudiamos tratar-se daquela prevista no art. 1.119 do Código Civil (Lei nº 3.071/1916), não condicionada à quantidade, mas sim, à existência.

Convenhamos, aquele que paga a *res sperata*, no mínimo, o faz para ter mais clientela e celebrar mais negócios do que se contasse somente com seus próprios esforços. Não nos é crível que o lojista participante do *shopping*, de sã consciência, admita obter como retorno, movimentação comercial inferior ou igual a que seria capaz de mobilizar sozinho. Ademais, seria um abuso, no caso em pauta, a assunção dos riscos pelo lojista enquanto o empreendedor é que optou por deter todo o controle do empreendimento em suas mãos.

Razoável ou não, a *res sperata,* na nossa modesta e principiante opinião, é paga com vistas à "coisa" certa e determinada no momento da oferta de participação no *shopping*, pelo menos em um mínimo.

Também são dignas de apontamentos as teorias sobre a natureza jurídica da *res sperata*, acima enunciadas.

Das sumárias considerações sobre as Luvas, já se depura a sua íntima ligação à locação, haja vista que mantém, com esta, o elo da dependência. Uma vez que se mostra controvertida a natureza jurídica do contrato entre lojista e empreendedor para ocupação de espaço em *shopping*, apesar de previsto na Lei do Inquilinato, ou seja, que é discutível se locação haverá, julgamos indevida a aplicação da Teoria das Luvas (típica das locações) à *res sperata,* própria de um invento recente – o *shopping* – de enquadramento discutível.

A Teoria do Direito de Reserva de Localização se prende à noção de justiça, que é um critério subjetivo. Difunde que, diante de todo o trabalho de planejamento do empreendedor, é correto que o mesmo receba dos lojistas uma contraprestação pela reserva de um espaço no empreendimento, tão promissor. Indagamos: em igual linha de pensamento, não seria justo o recebimento de contraprestação pelos lojistas que "emprestam" os respectivos nomes para constituir atrativo do *shopping*, mesmo que de pequena proporção, desencadeando vantagens ao conjunto, inclusive ao empreendedor?

Outro ponto que temos a salientar concerne à colocação de Caio Mário de que o contrato para firmar a *res sperata* "não se confunde com o contrato que vigorará, após a conclusão da obra". Afora as discussões doutrinárias a respeito da possibilidade de concomitância da *res sperata* com o contrato de ocupação, simultaneidade esta verificada na prática, pelo menos temos que admitir que a primeira tem por fim o segundo, pois não seria lógica a "reserva de um espaço" se não fosse para ocupá-lo.

De acordo com a ordem por nós proposta, a terceira teoria está assentada no fundo comercial do *shopping* ou sobrefundo comercial. De nada adiantaria fecharmos os olhos: a *res sperata* existe e é muito utilizada; desta feita, lhe é devida uma caracterização jurídica. Com importante ressalva, entendemos que a Teoria do Sobrefundo é a que mais se aproxima da realidade.

Suponhamos que todas as lojas que formam o *mix* de um determinado *shopping* fossem espalhadas pelas ruas da cidade. Uma das conseqüências, pelo menos na lógica, seria a diminuição da clientela. E assim ocorreria porque reunidas, em um local denominado *shopping*, com todas as particularidades pertinentes ao empreendimento, elas acabam sendo acrescidas, recebendo um *plus*, que é motivado pela equilibrada estrutura. É justamente este *plus*, que a todos os estabelecimentos contamina, que consiste no fundo comercial do *shopping*.

Por óbvio que o empreendedor não articulou um valoroso "Sobrefundo" para cortesia e, como necessita, quando da construção da obra, de recursos, encontrou a solução ideal, qual seja, "negociá-lo". Dita negociação, a nosso ver, não se desenvolve no patamar do direito real, como nos quer fazer crer o ilustre Antônio F. de Pádua Nogueira. Ao pagar pela *res sperata*, deseja o lojista tão-somente cumprir exigência elementar para ser integrante do *shopping*, não está a contratar propriedade. Compartilhamos da interpretação de que o empreendedor angaria numerário a título de remuneração pelo oferecimento de um conjunto muito promissor, concede, ao lojista, o direito de usufruir o sobrefundo comercial do *shopping* e cobra por esta cessão.

Contudo, também enxergamos o lado inverso – a participação do lojista – a respeito do qual a doutrina é geralmente omissa.

Sob determinado ângulo, é efetivamente positiva a influência do fenômeno *shopping* aos lojistas; em contrapartida, está sendo esquecida a imprescindibilidade dos lojistas para o fenômeno *shopping*. Se realizarmos, hoje, um passeio pelas ruas da cidade, encontraremos inúmeras lojas em funcionamento; umas com bons faturamentos, outras com dificuldades, não importa, o relevante é que elas sobrevivem mesmo com a chegada destes empreendimentos. De outra banda, alguém já ouviu falar de um *shopping* sem lojas? Formaria este empreendimento, desmembrado, o chamado sobrefundo comercial?

O ilustre Ives Gandra da Silva Martins, ao dissertar sobre a Teoria do Sobrefundo Comercial, nos fornece a resposta:[25]

---

[25] V. *A natureza jurídica das locações comerciais dos Shopping Centers*, JTACiv.SP – Lex 112/11.

"... a empresa ou os empresários que constroem, administram os *shopping centers* são detentores de um *'fundo de comércio'* que, *todavia, só pode existir na medida em que hospeda outros estabelecimentos.*" (Grifo nosso)

Percebamos as coisas como elas realmente são. O lojista é muito mais importante ao *shopping* do que o *shopping* ao lojista, e mesmo assim vamos continuar concebendo que caiba só a este último remunerar?

Não queremos, com estas ponderações, pregar todo um trabalho de caridade do empreendedor. Nossa sociedade é capitalista e assim deve ser entendida. O que achamos absurdo é a cobrança de uma remuneração pelo privilégio de contar com as vantagens do *shopping*, enquanto não seja uma contraprestação instituída, a favor do lojista, pelo privilégio de o empreendedor contar com a sua participação, acarretando, por fim, no mínimo, a compensação entre ambas.

Mas e quanto a todo o investimento do empreendedor em estudos, pesquisas e obras? Bem, ele já goza da prerrogativa de ser o proprietário e, além disso, lucra com os frutos de sua propriedade ao receber, como remuneração pela cessão de espaços – "lojas", parcela do faturamento dos lojistas. Isto sim é equilíbrio, o resto é extremamente abusivo.

6. A adesão e a utilização de espaço em *shopping center*

Considerando que a *res sperata* já se mostra complexa, não havemos de presumir simplicidade absoluta para a etapa a ela vinculada.

A cessão ao lojista de um espaço em *shopping* não se dá através de um único e singelo instrumento de ajustamento de direitos e obrigações; é revestida de especificidades tanto nos ditames que a regulamentam como na forma, visto que, além da celebração de um contrato para tal fim, se alimenta de documentos outros, complementares.

6.1. DAS NORMAS

Para o sincronizado funcionamento desta máquina que é o *shopping*, não se poderia esperar outra coisa a não ser uma série de normas. Se as mais antigas e rudimentares relações humanas/sociais requerem coordenação, o que se dizer de um instituto anômalo e de pouca idade, onde o sucesso está ligado ao rigor dos parâmetros?

Seguem sob enfoque exemplos de algumas regras que geralmente disciplinam a cessão de uso de espaço neste empreendimento.

6.1.1. A composição da remuneração ou aluguel

Previamente à abordagem, faz-se importante uma ressalva: a duplicidade da nomenclatura que intitula o presente item não traduz sinonímia, muito pelo contrário, resulta das discordâncias doutrinárias relativas à natureza jurídica do contrato entre lojista e empreendedor para ocupação de espaço no *shopping*, que serão objeto de estudo, oportunamente. No momento, apenas esclarecemos que os juristas que atribuem, ao contrato referido, o caráter de locação, falam em aluguel, enquanto os demais, em remuneração. Como até então não dispomos de elementos característicos suficientes para bem delinearmos a controvertida natureza jurídica, vamos considerar as duas hipóteses, adotando como terminologia para designar qualquer delas "aluguel", devidamente grifado.

Nestes contratos entre lojista e empreendedor, o "aluguel", mensal, é estabelecido em uma parte fixa e outra variável. A parte fixa corresponde a um "aluguel" mínimo, determinado em conformidade com a área da loja e reajustável de acordo com o índice e periodicidade pactuados; enquanto a parte variável é representada por um percentual "x" incidente sobre o faturamento bruto obtido pela loja. Sempre que o "aluguel" mínimo for inferior ao valor resultante da aplicação do percentual à receita bruta, este último prevalecerá, ou seja, corresponderá ao devido. No entanto, se as vendas não forem satisfatórias, quer dizer, a aplicação do percentual resultar em um valor inferior àquele fixo, terá o lojista que pagar o fixo, ou mínimo.

Em suma: dentre a parte fixa e a variável, o "aluguel" devido, em cada mês, corresponde ao maior valor.

Rubens Requião enfatiza:[26]

> "O empreendedor locador não pretende remunerar o seu investimento apenas com o aluguel fixo, mas com uma participação na percentagem do resultado das vendas da loja locada. Nisso reside a idéia original da organização."

Maria Elisa Gualandi Verri considera a composição do "aluguel", em fixo e variável, um estímulo, à medida que o empreendedor empenhará esforços para que o *shopping*, cada vez mais atrativo, propicie mais vendas, obtendo assim, maior remuneração e, paralelamente, o lojista buscará ter um bom faturamento a bem de não ter que pagar o mínimo, significando que seu desempenho foi insatisfatório.[27]

Neste sentido:

> "*Renovatória de Locação Comercial. Shopping Center. Aluguel em percentagem sobre as vendas. Aluguel mínimo. Devolução de caução.* Tratando-se de locação em centro comercial, em que fixado o preço em percentagem sobre as vendas da locatária, o preço mínimo há de ser inferior ao valor de mercado, sob pena de arcar apenas uma das partes com os riscos. Aluguel mínimo tem a única finalidade de desestimular a ineficiência do comerciante. A caução prestada deve ser devolvida, mormente quando a autora se vitoriou na ação. Apelo provido. Unânime." (APC192177962, 2ª Câm. C. – TJRS., Relator Paulo Heerdt, 11/02/93)

---

[26] V. *Considerações jurídicas sobre os centros comerciais (shopping centers) no Brasil*, RT 571/18.
[27] In *Shopping Centers – Aspectos jurídicos e suas origens*, p. 56.

Esta dupla composição do "aluguel" não é originada no *shopping*. Caio Mário da Silva Pereira já dizia que:[28]

"Muito antes de existir *shopping* no país já se avençava aluguel composto de dois fatores: uma quantia certa e líquida mensal e uma variante percentual sobre o faturamento. Eu mesmo, ao longo de 40 anos, já tive em mãos contratos desta natureza."

Os doutrinadores que propagam a natureza jurídica locatícia do contrato para ocupação de espaço em *shopping*, nas suas apreciações, justificam que a estipulação em fixo e variável não descaracteriza o aluguel, uma vez que o art. 1.188 do Código Civil (Lei nº 3.071/1916), abaixo reproduzido, nada dispõe em contrário.

Segue o artigo:

"Art. 1.188. Na locação de coisas, uma das partes se obriga a ceder à outra, por tempo determinado, ou não, o uso e gozo de coisa não fungível, mediante certa retribuição."

Luis Antonio de Andrade interpreta que:[29]

"O termo retribuição está, no texto, empregado em seu sentido mais amplo, podendo, pois, a prestação a cargo do locatário consistir em dinheiro 'ou em quaisquer outras unidades'...Não é necessário que o montante do aluguel seja conhecido *a priori*. O que importa é que o aluguel avençado seja determinável, através de critério ou critérios preestabelecidos."

Cumpre ressaltar que o novo Código Civil (Lei nº 10.406/2002), no seu artigo 565, adota a mesma redação do artigo 1.088 em voga, ou seja, também dá margem ao argumento de inexistir incompatibilidade entre o pagamento estipulado ao lojista e o conceito de aluguel.

Independentemente da corrente que sejamos adeptos, sobre a natureza jurídica do contrato, opinamos que o aluguel ou remuneração, pactuado em percentual, sob este aspecto, é lícito, pois determinável. O que não se poderia permitir é que ficasse ao alvedrio de uma das partes, o empreendedor, a sua fixação; mas, havendo critérios, é previsível, possibilitando um planejamento de despesas.

Contudo, deve ser questionada a motivação da circunstância em que o lojista obtém um faturamento aquém do esperado, tendo que pagar o "aluguel" mínimo. Dois fatores podem explicar dito insucesso: um trabalho mal desenvolvido, por parte do próprio lojista, recaindo sobre si toda

---

[28] V. *Shopping Centers – Organização econômica e disciplina jurídica*, RT 580/20.

[29] Vide referência de Maria Elisa Gualandi Verri, in *Shopping Centers – Aspectos jurídicos e suas origens*, p. 57.

a responsabilidade, ou, o decaimento do empreendimento, que não proporciona mais as vantagens divulgadas, seja por problemas de conservação ou outros.

É inaceitável que, na ocorrência desta segunda hipótese, tenha ainda o lojista, afora os prejuízos com seu negócio, que "bancar" a incompetência do empreendedor. A nosso ver, o caso configurado é propício a uma indenização, do empreendedor para o lojista, correspondente ao complemento do faturamento estimado pela média diminuído do "aluguel" que seria aplicável.

6.1.2. O direito de auditoria

Talvez desprovida de eficácia prática seria a cláusula determinante de aluguel variável, ou seja, em percentual, se não estivesse respaldada pelo direito do empreendedor de fiscalizar a receita bruta, que deve ser informada pelo lojista. Mesmo que queiramos confiar na "moral", somos conscientes que interesses outros podem estar envolvidos, uns, quem sabe, amparados pela ambição, outros, pela necessidade. De qualquer sorte, se faz justo permitir a transparência, quer dizer, tendo sido aceita a cláusula que estipula o aluguel em percentual, para viabilizar o estrito cumprimento da mesma, acessoriamente, é coerente a avença de dispositivo no sentido de averiguação da receita bruta do lojista, para fins de cálculo.

Sobre o dever do lojista informar seu faturamento:

"Locação Comercial. Despejo. Falta de Pagamento. Cobrança de Aluguel. *Shopping Center*. Cálculo discriminado do débito. Extinção sem julgamento de mérito. Impossibilidade. Mérito apreciado em primeiro grau. 1. Não é inepta a petição inicial de ação de despejo cumulada com cobrança de aluguel por inobservância da exigência constante do artigo 62, inciso I, da Lei nº 8.245/91 se contém a indicação, de forma discriminada, do valor do aluguel, encargos, multa e juros. *O fato de o valor do aluguel resultar da incidência de percentual sobre o faturamento bruto não obriga o locador a juntar o comprovante respectivo, porquanto se trata de informação fornecida pelo próprio locatário.* 2. Se não obstante a extinção sem julgamento de mérito a sentença examinou o mérito da ação, é cabível o julgamento deste pela instância superior sem violação ao princípio do duplo grau de jurisdição. 3. Reconhecendo a locatária a existência do débito, limitando-se a impugnar, de forma genérica, o valor reclamado na inicial, sem ter procedido ao depósito a que alude o artigo 62, inciso II, da Lei n. 8.245/91 do valor que entende devido, é de ser decretado o despejo. Recurso provido." (APC 196197628, 9ª Câm. C. – TJRS, Relatora Maria Isabel de Azevedo Souza, 12/11/96) (Grifo nosso)

O direito de averiguação da receita pode ser exercido de diversos modos; distinguimos o acesso à contabilidade do lojista e a verificação de operações através de fiscal junto ao caixa. Em suma, é válido qualquer método que impossibilite a sonegação desde que não venha a perturbar a atividade do lojista e que preserve o sigilo da informação fora do âmbito a qual se destina.

Salienta Ladislau Karpat que "o impedimento da fiscalização acertada no contrato, configura infração contratual".[30]

Neste sentido, decidiu o Tribunal de Alçada Cível de São Paulo:

"Constitui infração contratual ensejadora de rescisão do ajuste locatício a recusa do locatário em permitir a fiscalização do faturamento pelos locadores no interior do estabelecimento em face da presença de clientes se o aluguel foi fixado com base na aplicação de percentual sobre o faturamento bruto. Tal sistema de controle, além de estar previsto contratualmente, não fere as operações de venda, possibilitando ao locador apurar se o lojista, na realidade, registra os negócios que efetua." (APC 1966850 – TJACSP, Rel. Min. Quaglia Barbosa, 17/12/86)

Outro aspecto bastante interessante, enfrentado pela ilustre Dinah Sonia Renault Pinto, relaciona-se à hipótese de, em face da omissão do lojista, ficar obscura determinada receita, não incidindo o percentual de aluguel sobre ela. Ensina a jurista que o empreendedor, diante do conhecimento da sonegação, poderá reclamar a diferença entre o valor recebido e o valor devido, mesmo que já tenha dado a correspondente quitação mensal, tudo sem prejuízo das responsabilidades, contratual e civil, advindas da infração cometida pelo lojista.[31]

6.1.3. A instituição do 13º aluguel ou remuneração

É habitual, na regulamentação em questão, ser estipulada cláusula que obrigue o lojista ao pagamento do "aluguel" em dobro no mês de dezembro ou, excepcionalmente, em outro mês, quando o pico de suas vendas face ao ramo da atividade que exerce, ocorrer em outra época do ano, sob a denominação de "13º aluguel". A justificativa mais comum para tal exigência é a necessidade de pagamento do 13º salário dos funcionários da administração do *shopping*.

O cerne da questão encontra-se na validade ou não desta cláusula, estranha aos nossos costumes.

---

[30] In *Shopping Centers – Manual Jurídico*, p. 26.
[31] In *Shopping Center – Uma Nova Era Empresarial*, p. 67.

Ladislau Karpat faz uma retrospectiva histórica de extrema valia a nossa assimilação.[32] Conta o autor que, de início, o arrendamento de imóveis era livremente gerido pelas partes, num acordo de vontades. Com a I Guerra Mundial, houve radical mudança no perfil socioeconômico: as construções novas cessara, e muitos deslocamentos de massas ocorreram. Implantou-se, assim, uma angústia habitacional, à medida que os que estavam instalados temiam o despejo, enquanto os necessitados de moradia, ficavam à mercê das extrapolações dos locadores. Verificando que a "lei" da oferta e da procura não mais, *de per si*, oferecia o equilíbrio essencial à estabilidade social, como alternativa, o poder público decidiu interferir e ditar regras impositivas concernentes à locação. A partir de então, vem adotando esta postura e limitando a liberdade dos contraentes, em especial, no tocante às locações residenciais e, em menor proporção, nas locações comerciais e industriais. E o Estado tratou de impor sua vontade com soberania, pois revestiu ditas normas de caráter de ordem pública, aquelas que, se contrariadas em cláusulas contratuais, viciam as mesmas com a nulidade. Não há saída a não ser respeitar.

Façamos um parêntese, por inevitável. Não nos podemos furtar do comentário de que o comportamento intervencionista, acima descrito, é tal e qual o enraizado em um recente microssistema de mérito social, o Código de Defesa do Consumidor. Sob a égide de regular o que ficou insustentável, o legislador, neste, também se sobrepôs à "vontade" das partes.

Retornando a explanação do autor, este infere que, se na Lei Inquilinária, protecionista, não há proibição de fixação de um aluguel comercial em condições distintas daquelas de praxe, e considerando ainda se tratar de um estabelecimento em *shopping*, que além de metragem quadrada é servido por encantos/atrativos, para os quais o empreendedor teve que disponibilizar área específica, recursos, etc., óbice algum subsiste a imposição de um 13º "aluguel".

Nas palavras de Karpat:

> "Assim não é todo o espaço existente que pode ser utilizável para a renda do empreendedor-locador. Nada mais justo pois, no sistema capitalista, o raciocínio de uma retribuição adequada pelo capital ou investimento realizado. Tal conclusão não esbarra nas Leis Inquilinárias, que antes do advento da Lei 8.245 sequer mesmo chegaram a manifestar qualquer tipo de preocupação ante este tipo *sui generis* de empreendimento. Nas locações comerciais comuns, o locador não prepara toda uma infra-estrutura complementar de pesado investimento

---

[32] In *Shopping Centers – Manual Jurídico*, p. 26.

financeiro a justificar, ou mesmo a possibilitar este tipo de remuneração, adequada apenas nos esforços existentes nos *Shopping Centers*."

Por fim, conclui que o "aluguel em dobro" decorre do princípio da liberdade nas contratações, incidente sobre as locações não-residenciais, e manifesta sua opinião de que é legal e devido, suscitando inclusive, como argumentação adicional, o considerável aumento das vendas pelos lojistas no mês de dezembro.

Realmente, proibição, na Lei do Inquilinato, de instituir o "13º aluguel" não há; exatamente da mesma forma que não havia coibição legal a diversas práticas abusivas arroladas no Código de Defesa do Consumidor, até 11 de setembro de 1990, data do advento da Lei 8.078, quando passaram a ser veementemente reprimidas.

O que desejamos alertar é que a lei não obrigatoriamente é uma verdade absoluta. Pode e deve ser questionada ou complementada, atualizada, sempre que necessário for para se adequar ao justo, ao direito. Assim, o fato de a norma positiva não negar o duplo "aluguel", por si só, não consiste em argumento de defesa do mesmo, a não ser que admitamos que, no período de uma volta dos ponteiros do relógio, o que era correto (por não proibido expressamente) em matéria de consumo, deixou de sê-lo, em face da publicação da lei correspondente.

Dada a máxima vênia, o ponto de partida dos estudiosos dessa ciência tão adorável que é o direito deve antevir, em muito, a legislação, que é obra respeitável, mas de iguais, seres humanos.

Também não procede, na nossa opinião, a aplicação irrestrita do princípio da liberdade nas contratações para defesa do "13º aluguel".

O pertinente estudo da abrangência com que a Nova Lei do Inquilinato recepciona a "liberdade" nas contratações entre lojista e empreendedor de *shopping*, ficará reservado para o capítulo que trata das Disposições Legislativas, mais precisamente, à interpretação do art. 54, no qual está inserida a expressão "condições livremente pactuadas". Por ora, vamos nos limitar a tecer comentários sob o enfoque literal e prático do princípio.

De fato, é absolutamente impossível acreditar que o "13º aluguel" seja produto de elaboradas ponderações e tratativas entre lojista e empreendedor. A realidade é suficientemente clara para derrubar toda e qualquer construção que tentem fazer com o intuito de comprovar a existência de consenso. Acontece assim: ou o lojista aceita o pacote fechado, lacrado e imutável, de normas e condições para ocupar um espaço no *shopping*, dentre as quais está a obrigação de pagamento do "13º aluguel", ou não participa do empreendimento. Em outras palavras, a escolha do lojista fica entre mergulhar em um apanhado de obrigações ou deixar sua pretendida vaga para o concorrente. Pensamos não ser bem este o conceito de liberdade!

Sobre a visão de que se faz justa a cobrança do "13º aluguel" em virtude de todo o esplendoroso contexto proporcionado ao lojista, temos a revelar que nos induziu a uma descoberta: não existe investimento tão rentável como um *shopping*, que permite a imposição dos mais mirabolantes encargos sempre com escopo na estrutura do empreendimento. Desde o início do presente estudo, as obrigações de pagamento, por parte dos lojistas, são todas justificadas neste fundamento; o exagero é latente.

Atribuamos às coisas o valor que elas verdadeiramente possuem. Do modo como o "sobrefundo" ou fundo comercial do *shopping* tem sido deificado por alguns doutrinadores, há perigo iminente de o mesmo tornar-se impagável, de despropositada onerosidade, vindo a causar o perecimento de sua maior riqueza, o lojista, embora ainda despercebida.

6.1.4. A aprovação do projeto da loja

Geralmente constitui obrigação do lojista a sujeição, em um prazo pré-estipulado, do projeto arquitetônico e decorativo de sua loja, à aprovação do empreendedor.

Diferentemente do regramento que vigora para as locações destinadas a lojas de rua e de galerias, na ocupação de espaço em *shopping* há limitação da vontade. Pode o lojista dispor do local que lhe foi destinado, quanto à arquitetura e decoração, como bem quiser, desde que este querer vá ao encontro do programado para o conjunto. Caso a composição das coisas, mesmo que no interior da loja, não se mostre perfeitamente adequada à "alma" e ao estilo do empreendimento, a modificação será inevitável. Pouco interessa se o lojista planejou uma determinada disposição porque é a compatível com suas posses ou por julgar propícia ao desenvolvimento do seu ramo de negócio; acima de tudo está o bem comum, a preservação do fascínio do *shopping*.

Amparando, segue a decisão:

> "Contrato de locação de loja de *shopping*. Rescisão. Rescinde-se contrato de locação de loja de *shopping* quando o locatário não efetua na loja as devidas obras de embelezamento que lhe são imprescindíveis, de modo a que, ao tempo da inauguração do centro comercial, a loja não esteja estabelecida para funcionar, perdendo o locatário, como é do contrato, e a título de penalização, as importâncias que pagou. Apelo provido em parte." (APC 594161499, 7ª Câm. C. – TJRS, Relator Paulo Heerdt, 19/04/94)

Por mais revoltante que seja uma cláusula nestes termos para o lojista que projetou cuidadosamente o seu espaço e teve que alterá-lo, visivelmente ela compõe a essência do empreendimento. Impossível seria conservar a "poção mágica" do fenômeno *shopping*, se esta ficasse sujeita ao livre arbítrio de cada integrante. Isto posto, temos por válido e eficaz normativo de tal ordem, porém, desde que não extrapole limites que contratualmente devem ser exaustivamente especificados.

6.1.5. A impossibilidade de cessão da locação ou uso de espaço

Quase sempre utilizada é a cláusula que proíbe o lojista de ceder, transferir, a que título for, o direito de uso de determinado espaço a terceiros, sem prévia anuência do empreendedor.

Já vimos, anteriormente, que na formação de um *mix* ideal são observados diversos fatores, em absoluta conformidade entre si, dentre eles, por oportuno, destacamos a seleção criteriosa dos lojistas, que é procedida sob o prisma de questão personalíssima, onde são levados em conta os atributos característicos de cada um. Logo, não condicionar a substituição pretendida a uma prévia análise e concordância do empreendedor é correr o risco da instalação de uma loja sem aceitação mercadológica, destinada à venda de produtos já suficientemente disponibilizados pelas demais, enfim, é estar sujeito à decomposição do *mix* e, conseqüentemente, do *shopping*.

Diante das razões expostas, entendemos que esta cláusula não só é aceitável como muito importante para disciplinar a relação entre lojista e empreendedor. Se empregada sem qualquer ardil, revela extremo bom-senso ao ensejar a possibilidade de cessão desde que a cessionária se enquadre no espírito do empreendimento, se mostre uma perfeita candidata à partícipe do *shopping*, sob a ótica do organizador. Todavia, cabe uma ressalva: a única razão admissível para a negativa de cessão é o potencial prejuízo ao contexto. A utilização deste poder decisório para alcance de interesses outros do empreendedor é, pelo menos, abusiva. Em idêntica direção, também consideramos abusiva a cláusula citada na jurisprudência seguinte que contempla, como única opção de transferência, a locação do imóvel à administradora, quando provavelmente existam alternativas outras para o lojista que não representem infração ao *mix*.

Apesar de se referir a condomínio, apenas para exemplificar o tipo de cláusula em análise, invocamos a decisão abaixo:

"Processo Civil. Tutela antecipada. Propriedade condominial em *shopping*. Regulamento. Proibição de alugar a terceiro. Obrigação de locar à administradora. Em se tratando de propriedade condominial localizada em *shopping*, não é de ser sustada, em tutela antecipada, em ação de indenização, cláusula do regulamento que proíbe o condômino de locar o imóvel diretamente a terceiro, obrigando-o a alugar à administradora do empreendimento. Recurso desprovido." (AGI 198017444, 9ª Câm. C. – TARGS, Relatora Maria Isabel de Azevedo Souza 28/04/98).

Maria Elisa Gualandi Verri[33] suscita um ponto bastante curioso sobre o assunto, consubstanciado na interpretação do § 1º do art. 116 do Decreto-lei nº 7.661, de 21/06/1945, abaixo transcrito, levando em conta a falência de um lojista em *shopping*.

"Art. 116. A venda dos bens pode ser feita englobada ou separadamente.

§ 1º. Se o contrato de locação estiver protegido pelo Decreto nº 24.150, de 20 de abril de 1934, o estabelecimento comercial ou industrial do falido será vendido na sua integridade, incluindo-se na alienação a transferência do mesmo contrato.

§ 2º. Verificada, entretanto, a inconveniência dessa forma de venda, o síndico pode optar pela resolução do contrato e mandar vender separadamente os bens."

Embora o Decreto nº 24.150 tenha sido expressamente revogado pela Lei nº 8.245/91, a autora enfatiza que, a primeira vista, a loja falida deveria ser vendida na integridade, inclusive com a transferência do contrato celebrado junto ao empreendedor.

Pensamos que a venda nestes termos corporificaria uma espécie de "cessão", em amplo sentido, agora não proveniente da vontade do lojista usuário do espaço, como antes mencionado, mas certamente oferecendo o mesmo perigo de dano à meticulosa composição do *shopping*.

Contudo, por fim, apaziguando os ânimos, Maria Elisa G. Verri se posiciona:

"Acompanhamos o entendimento do Ministro Claudio Santos no sentido de este entendimento não ser aplicável aos contratos de *shopping centers*, pois o arrematante poderia não ter nenhuma afinidade com os fins do *shopping*. Outrossim, conforme afirma o ilustre Ministro, a transferência da loja a um arrematante envolveria a transferência do próprio fundo de comércio do empreendedor, o que configuraria transferência de bem de terceiro. O mais certo seria 'a venda parcelada dos bens componentes do fundo de comércio do falido e a devolução da loja ou espaço ao empreendedor do *shopping*, residindo-se o contrato'".

---

[33] In *Shopping Centers – Aspectos jurídicos e suas origens*, p. 62.

Esta solução encontra respaldo no § 2º do mesmo artigo da Lei de Falências (Dec.-Lei 7.661, de 1945), no qual o legislador abriu uma brecha para excepcionar o § 1º; entretanto, mesmo que a possibilidade da exceção não estivesse prevista, a aplicação pura e simples da regra que determina a venda integral, ditada em 1945, sobre um fenômeno moderno e de constituição, à época do preceito, inimaginável, seria totalmente inapropriada.

6.1.6. A proibição de mudança de ramo de comércio

Por força dos motivos no item supra já identificados, reputamos válida e fundamental a cláusula que impede a mudança de ramo, pelo lojista de *shopping*, sem a antecedente concordância do empreendedor. Contudo, a autorização para a referida troca, total ou parcial, não deve estar atrelada ao bom humor do empreendedor, mas sim, tão-somente a minuciosos estudos técnicos que subsidiam os organizadores de informações tipo a existência, ou não, de mercado à absorção da oferta pretendida, sempre visando ao afastamento da concorrência prejudicial.

Apenas para relembrar, não há impossibilidade de coexistirem, em um mesmo *shopping*, lojas destinadas à venda de um mesmo produto, desde que, neste sentido, tenha sido estruturado ou remodelado o empreendimento. O importante é a preservação do *mix* ideal.

6.1.7. A expressa concordância do lojista com as normas gerais

Trata-se de cláusula declaratória de que o lojista conhece e se compromete a cumprir rigorosamente as Normas Gerais Complementares ao contrato que está celebrando.

6.1.8. A obrigatoriedade de filiação à associação de lojistas

O lojista deve assumir a obrigação, através de cláusula específica para este fim, de se filiar e se manter filiado à Associação de Lojistas, bem como de respeitar todas as regras a esta correspondentes, que passam a integrar o conjunto de normas norteadoras de sua conduta, com ênfase na que determina o pagamento do Fundo de Promoção.

6.1.9. Considerações gerais

Eis uma mera demonstração, pois as cláusulas acima referenciadas são apenas o "aperitivo" no "jantar" do empreendedor. Muitas outras obrigações são impostas aos lojistas; encontramos inclusive as do tipo "nebulosas", tal como a obrigação de pagamento das despesas internas proporcionais à loja (também chamadas de condominiais), onde apesar de definida a fórmula de cálculo/divisão, esta contém variáveis de domínio exclusivo do empreendedor e que dificilmente são divulgadas, ou seja – não é permitida a averiguação da conta. Para nossa surpresa, até a qualidade da mercadoria é supervisionada: geralmente há proibição de venda de produtos usados e/ou de qualidade diminuta.

Contudo, não intencionamos quase exaurir os possíveis imagináveis ditames à ocupação de espaço em *shopping*, assunto digno de obra específica; objetivamos, simplesmente, a compreensão de estarmos diante de uma relação diferenciada, cheia de particularidades, para o que as ilustrações normativas trazidas tiveram serventia. Embora primitivo, agora dispomos de um breve esboço de caracterização.

6.2. DA DOCUMENTAÇÃO

Já vimos que, com a preocupação de bem organizar e controlar o *shopping*, o empreendedor concentra a sua atenção na definição das regras que ditarão os direitos e as obrigações daqueles que irão aderir ao empreendimento. Destas regras, algumas não se prestam, por questão de racionalidade, à inserção individual em cada contrato entre lojista e empreendedor, uma vez que se aplicam a todos os contratos indistintamente. Assim sendo, adota-se, nos *shopping centers*, um *composé* de documentação especial, variável de acordo com a modalidade jurídica escolhida, relativa à construção do empreendimento.

Duas modalidades foram identificadas na ocasião do estudo da *res sperata*. A primeira é a edificação por incorporação, regida pela Lei 4.591/61, onde se estabelece um condomínio. Neste caso, de pouco uso, ter-se-á o Contrato de Incorporação entre o adquirente e o incorporador, o contrato entre o adquirente e um terceiro lojista – quando o adquirente for apenas investidor –, o Estatuto da Associação de Lojistas e a Convenção de Condomínio acompanhada do Regulamento ou Regimento Interno. A segunda, que dispensa o estabelecimento de um "condomínio especial" em virtude da *res sperata*, é aquela na qual além de serem fixadas normas no Contrato de Cessão de Uso de Espaço ou Locação, entre lojista e empreendedor, e no Estatuto da Associação de Lojistas, também o são em um documento denominado Escritura Declaratória de Normas Gerais Complementares aos Contratos, correspondente à Convenção de Condomínio, e no Regulamento ou Regimento Interno, se previsto.

É claro que os documentos do composto não regerão, em concomitância, idêntica matéria. Não se trata de uma repetição, mas sim, de uma sistematização dinâmica e inteligente.

No tocante à última modalidade mencionada, em uma síntese, Ladislau Karpart fez a seguinte distinção: ao contrato "de locação" entre lojista e empreendedor, atribuiu a função de regular questões particulares tipo a remuneração a ser paga; à Escritura de Normas Complementares, atrelou a instituição de regras de caráter geral referentes ao comércio no empreendimento, salientando que estas vêm complementar todos os contratos individualmente firmados; e, ao Estatuto da Associação de Lojistas, evidenciou a incumbência de "promover o investimento como um todo", "administrar o Fundo Promocional" e "defender de forma genérica o interesse dos lojistas".[34]

Dada a superior importância, em face da predileção constatada na prática, é proveitoso que conheçamos mais detalhadamente os documentos correspondentes a esta modalidade, *res sperata*, onde o empreendedor conserva seu *status* de único proprietário do empreendimento.

6.2.1. Normas gerais complementares

Da própria denominação, nos é possível extrair o significado: "Normas Gerais" porque se aplicam, de forma equânime, a todos os contratos firmados para ocupação de espaço no *shopping* e também em razão de se destinarem a disciplinar a instalação e o funcionamento do empreendimento, como um todo; e "Complementares" porque constituem o complemento de cada um dos contratos referidos. Enfim, vigora o princípio da economia de forma: em vez de estabelecer direitos e obrigações das partes, reiteradamente, em cada contrato, a opção adotada pelo empreendedor foi a de reunir o que era comum a todos os instrumentos em um documento único, intitulado Escritura Declaratória de Normas Gerais Complementares.

A respeito, Claudionor de Andrade Júnior ensina:[35]

"As normas gerais ou declaratórias, preferencialmente instituídas por instrumento público, disciplinam, entre outros, os seguintes aspectos: aspectos inerentes à inauguração do *shopping* (prazo, despesas, etc.); instalações das lojas; utilização das partes privativas e das comuns do *shopping*; regras para instituição do regimento interno e da associação dos lojistas; condições que deverão integrar a relação entre empreendedor e lojistas; penalidades; padrão dos artigos comercializados; etc."

---

[34] In *Shopping Centers – Manual Jurídico*, p. 10.
[35] Vide referência de Maria Elisa Gualandi Verri, in *Shopping Centers – Aspectos jurídicos e suas origens*, p. 47.

Em consonância com a citação supra, temos que o procedimento, ao qual está sujeito o empreendedor, para a formalização destas normas, consubstancia-se no requerimento de lavratura de uma escritura pública de cunho declaratório por um tabelião.

Esta escritura, de pronto, não produz efeito obrigacional aos que virão a integrar o *shopping*; ela apenas declara normas, sendo necessário, para surtir direitos e deveres, que advenha a anuência, o compromisso de cumpri-las.

Por conseguinte, o empreendedor deve submeter ao lojista, paralelamente ao contrato a ser celebrado entre ambos, a escritura onde estão apostas as normas gerais e fazer constar, no contrato, cláusula em que o lojista assuma a responsabilidade de honrar ditos preceitos. Só assim ocorrerá o complemento contratual, ou seja, as normas gerais integrarão o rol das demais obrigações, específicas, pactuadas entre as partes.

Neste sentido:

"Civil. Locação. *Shopping Center*. Escritura de Normas Gerais. Cláusula Contratual. Interpretação. Vedação. Súm. 5/STJ. – Em tema de locação em *Shopping Center, a nova Lei de Inquilinato – Lei 8.245/1991 – estabelece que nas relações entre locador e lojistas locatários prevalecem as condições previstas nos respectivos contratos locatícios, em virtude das peculiaridades desse empreendimento, que envolve um complexo de atividades (art.54) o que autoriza a pactuação com base em Escritura de Normas Gerais, a que se vincula o locatário.* – A alegação de nulidade de cláusula inserta em Escritura de Normas Gerais de locação, na qual se proíbe ao lojista locatário abrir novo estabelecimento comercial do mesmo ramo de atividade nas proximidades do *shopping*, não pode ser objeto de análise em sede de recurso especial, por importar em exame de cláusula contratual (Súm. 5/STJ) – Recurso Especial não conhecido." (RESP 123847/SP, T6 do STJ, Min. Vicente Leal, 17/06/1997) (Grifo nosso)

Na eventualidade, embora pouco provável, de determinado lojista não ter manifestado sua vontade ratificando as Normas Gerais Complementares, estas não vão aditar o contrato celebrado entre o mesmo e o empreendedor. Aplicar-se-ão, no caso, no que diz respeito a normas de caráter geral, somente aquelas emanadas do Poder Público como, por exemplo, sobre horário de funcionamento.

6.2.2. Regimento interno

Maria Elisa Gualandi Verri salienta que o Regimento ou Regulamento Interno, além de fazer parceria com a Convenção de Condomínio – peculiar à modalidade Incorporação já mencionada –, muitas vezes também é previsto nas Normas Gerais Complementares com a função precípua de regulamentar estas normas.[36]

Apesar de alguns autores, a exemplo de Claudionor Andrade Júnior, considerarem o Regimento absolutamente dispensável, Verri destaca a importância do mesmo evocando, principalmente, a possibilidade de rescisão do contrato entre lojista e empreendedor em razão do descumprimento de cláusula no Regimento disciplinada.

Na nossa opinião, o fator determinante da necessidade ou não de um Regimento Interno é o grau de detalhamento empregado na elaboração da Escritura de Normas Gerais Complementares, posto que, se for esta genérica, bem-vinda será a regulamentação correspondente.

6.2.3. Associação de lojistas e seu estatuto

Vamos ao estudo da associação encarregada de função de tamanha relevância no *shopping* a ponto de o contrato para a utilização de espaço no empreendimento ficar subordinado a assunção e manutenção, pelo lojista, da condição de associado.

Em pauta está a Associação de Lojistas, uma sociedade civil, de cunho privado, sem fins lucrativos e sujeita ao devido registro no "Registro Civil de Pessoas Jurídicas", recebendo autônoma personalidade jurídica.

Comenta Rubens Requião que:[37]

"Essa personalidade jurídica, todavia, é estritamente da associação civil, reduzida aos seus negócios, sem se extravasar ao 'centro comercial'. A sociedade civil, quero com isto dizer, não se estende ou se identifica com o centro, mas é apenas um instrumento de sua funcionalidade."

A associação de lojistas é composta pelos lojistas de um mesmo *shopping* e pelo empreendedor, figura central da organização do negócio, e administrada por um Conselho Diretor, do qual devem fazer parte "como membros natos" o lojista que utiliza o maior espaço dos salões do *shopping* e o empreendedor, porque se subentende serem os maiores interessados. Outrossim, a administração pode ser exercida pelo Conselho referido conjuntamente a uma Diretoria Executiva.

A regulamentação da Associação encontra-se em Estatuto próprio, o qual, por sua vez, integra o contrato entre lojista e empreendedor mediante cláusula, aceita, dispondo neste sentido.

---

[36] In *Shopping Centers – Aspectos jurídicos e suas origens*, p. 48.
[37] V. *Considerações jurídicas sobre os centros comerciais (shopping centers) no Brasil*, RT 571/14.

Dentre os preceitos costumeiramente constantes no Estatuto em menção, gizamos:

I – O concernente às categorias de associados, que quase sempre são duas: a de "sócios-titulares", composta pelos lojistas e caracterizada, fundamentalmente, pelo direito a voto e pela obrigação principal de recolhimento de uma taxa a título de Fundo Promocional; e a categoria de "sócios-colaboradores ou honorários", sem as características da primeira e equivalente a um título de mérito àqueles engajados com os fins da associação, mesmo que alheios à participação no empreendimento como, por exemplo, as indústrias e empresas fornecedoras aos lojistas.

II – O tocante às penalidades. Já identificamos ser requisito para participação no *shopping* a filiação à Associação; portanto, com o intuito de preservar dita qualidade, indispensável, deve o lojista atentar para as penalidades previstas no Estatuto, aplicáveis por ocasião do descumprimento dos demais normativos no mesmo instrumento estabelecidos.

As supraditas penalidades variam desde a suspensão das atividades sociais durante certo prazo, a quem cometeu pequena infração, até a exclusão do quadro associativo por falta grave, sendo que esta última intervém, de modo fulminante, no contrato entre lojista e empreendedor. Observemos: as amarras são tão bem projetadas que se entrelaçam por todos os lados, sem chance de escapatória. Com isto, queremos dizer que a constatação de mácula ao contrato de uso de espaço no *shopping* pode decorrer tanto do desatendimento da condição precípua de mantença da posição de sócio, especificada em cláusula contratual (diretamente ou indiretamente, se pertencente às Normas Gerais Complementares), ou pela própria infração ao dispositivo do Estatuto, que por ser parte integrante do contrato, significa infração à cláusula contratual.

III – O que estabelece as finalidades da Associação, quais sejam, principalmente:

a) promover, cultivar e amparar as relações entre as pessoas integrantes da estrutura do *shopping*;

b) defender e representar os interesses dos associados perante órgãos públicos e privados;

c) realizar e/ou encaminhar estudos e atividades de interesse dos associados;

d) ditar normas de coordenação das atividades dos associados;

e) "promover a ampla divulgação do *shopping* como fonte geradora de múltiplas atividades comerciais, como elemento de aprimoramento de mão-de-obra, como atividade participante do desenvolvimento urbano, como local de melhor conforto e oportunidade para sua clientela potencial, utilizando especialmente para este fim os recursos previstos e referentes ao Fundo de Promoção do *shopping center*.[38]

O objetivo citado na alínea *e* supra é, sem sombra de dúvidas, na prática, o motivador da existência da Associação de Lojistas; é a principal meta desta, afinal, de acordo com o dito popular: "A propaganda é a alma do negócio.".

Acabamos de apresentar o ingrediente que faltava para a "atilada fórmula" *shopping*: a publicidade. É inócuo ser o melhor empreendimento do mundo ao consumidor se ele não souber disso. E, pensando bem, sequer será o melhor, pois um dos atrativos do *shopping* é estar abarrotado de pessoas, mesmo que algumas só visitantes; ou alguém gosta de freqüentar lugares sombrios, sem calor humano?

Realçando este atributo, Caio Mário da Silva Pereira diz:[39]

"O êxito do *shopping* center é tanto maior quanto mais penetre sua aceitação na vida da cidade. Daí a conveniência de serem tomadas medidas do interesse de todos e de se fazerem campanhas promocionais a benefício do conjunto."

Assiste-lhe razão: ser o *shopping* reconhecido como um cobiçado pólo turístico e de lazer é o almejado por todos, especialmente lojistas e empreendedor. Para isto, a Associação, conjugando uma boa dose de criatividade, organização e profissionalismo, faz o aproveitamento ideal das datas festivas e promove grandes campanhas publicitárias. Daí sobressai o questionamento: através de que recursos? É evidente que a mídia não será gratuita, que os meios de comunicação e publicidade não oferecerão condolências financeiras.

Atingimos o cerne da questão: a arrecadação de fundos. Justamente com esse propósito é que o empreendedor impõe ao lojista, quando da adesão ao *shopping*, a obrigação de contribuir ao chamado Fundo Promocional ou Fundo de Promoções Coletivas. Como dizem: tudo na vida tem um preço. E que preço!

Ratificando:

"Ação de Cobrança de Fundo de Promoção. Condomínio. Vínculo jurídico não rompido, enseja o pagamento de Fundo de Promoção resultante de contrato atípico de locação de loja de uso comercial em *shopping*. Apelação provida." (APC 197066335, 6ª Câm. C. – TARGS, Relator José Carlos Teixeira Giorgis, 12/06/97).

---

[38] Nas palavras de Dinah Sonia Renault Pinto in *Shopping Center – Uma Nova Era Empresarial*, p. 44.

[39] V. *Shopping Centers – Organização econômica e disciplina jurídica*, RT 580/22.

A contribuição para o Fundo Promocional não se confunde com a remuneração ou aluguel pago pelo lojista ao empreendedor. O mestre Orlando Gomes dispõe que:[40]

> "Trata-se, quando muito, de um apêndice ao contrato, sem inerência à retribuição do uso do espaço físico da loja. A ligação é ao interesse, por assim dizer, coletivo ou comunitário dos lojistas e do próprio *center*, que mais ganhará se mais venderem as lojas, eis que o fim da contribuição é alimentar um Fundo de Promoções de interesse de todos. Dir-se-ia que tal contribuição é uma espécie de taxa, com aplicação vinculada, que, embora pressuponha o uso da loja como unidade física de um conjunto imobiliário, incide não em sua estática, mas na sua dinâmica."

Também verificamos haver distinção entre a contribuição para o Fundo e a mensalidade a título de taxa de associação, a favor da Associação de Lojistas, que é de pagamento obrigatório pelos filiados, embora, para efeito de cobrança única, possa a primeira ser embutida na fatura da segunda.

Mas, enfim, no que consiste esse tal Fundo?

O Fundo Promocional é o montante arrecadado e administrado pela Associação de Lojistas para as atividades de publicidade e propaganda do *shopping*, das quais todos vêm a aproveitar, ou seja, as lojas-âncoras, as de menor porte e o empreendedor. Em virtude de o benefício ser coletivo, é que alguns doutrinadores, como Maria Elisa Gualandi Verri,[41] opinam para que também haja obrigação de pagamento pelo empreendedor. Pensamos que estão corretos, pois o empreendedor, com as promoções, é duplamente favorecido: tem seu empreendimento mais valorizado e ainda recebe remuneração a maior, visto que esta é intimamente ligada ao volume de vendas. No que se refere à contribuição pelos lojistas, o valor devido guarda proporcionalidade à área privativa de cada loja.

Mas a curiosidade polêmica que cerca o tema sob análise está na admissibilidade de ocorrência da hipótese seguinte: considerando que a Associação de Lojistas só se faz necessária quando as lojas se encontram em funcionamento, quando o *shopping* já foi inaugurado, na ocasião em que o lojista vier a aderir ao empreendimento, através do competente contrato, é perfeitamente possível que a Associação ainda não tenha sido constituída. Neste caso, o lojista terá que assumir o compromisso de participar de Associação ainda inexistente, o que equivale ao dever de recepcionar e cumprir Estatuto desconhecido.

---

[40] V. *Traços do perfil jurídico de um "Shopping Center"*, RT 576/20.
[41] In *Shopping Centers – Aspectos jurídicos e suas origens*, p. 53.

Assim, em ficando a disciplina dos parâmetros relativos à cobrança do Fundo Promocional para um momento futuro, não nos parece razoável que o lojista, sem qualquer noção e indicativos, seja "compelido" a assumir obrigação obscura, integralmente incerta e não sabida. Senão o valor, pelo menos deverão ser apontados os critérios gerais a serem utilizados na definição, com o justo objetivo de que possa decidir sobre suas condições de se obrigar.

6.2.4. Contrato entre lojista e empreendedor

6.2.4.1. Natureza jurídica

Mas que contrato?

Uma vez que já abordada a *res sperata*, o contrato sob análise é aquele que disciplina a utilização, pelo lojista, de um espaço no *shopping*.

Esta explicação, por demais delongada para simplesmente fazer referência a determinado documento, foi, até o presente momento, a adotada em nosso estudo, sendo às vezes substituída por "cessão de uso de local em *shopping*", em sentido igualitário.

No que tange a um dos frutos pecuniários deste contrato, contornamos sua denominação utilizando o artifício das aspas para, a cada menção, suscitarmos a dúvida que pairava sobre a terminologia empregada: remuneração ou aluguel.

Não que nos sintamos envaidecidos da imprecisão, muito pelo contrário, buscamos incessantemente a clareza e a transparência, mas, no caso, preferimos, até então, a indefinição, do que uma escolha aleatória e infundada, pois para a classificação da natureza jurídica do contrato em questão, se fazia mister o conhecimento de suas particularidades, conhecimento este que, somente com uma visão mais ampliada, restou maturado.

De posse das noções elementares a uma avaliação, enfrentemos as apreciações relacionadas à tão discutida natureza jurídica contratual.

À primeira vista, a impressão é do impasse estar resolvido pela própria legislação, considerando que, de forma explícita, o § 2º do art. 52 e o art. 54 da Lei do Inquilinato (Lei nº 8.245/91) definiram o contrato como de "locação".

Mas será que o legislador realmente corporificou dispositivo condizente com a essência do instituto *shopping*?

O contrato, alvo dos comentários que ora se lança, encaixa-se no de locação ou é atípico?

Antes de percorrermos as especificidades correlatas, para uma compreensão mais eficiente, façamos uma breve recordação sobre a classificação dos contratos.

Infelizmente não nos é possível apresentar um critério único e unânime, porque os juristas têm a propriedade de, das mais diversas formas, inovar em divisões e subdivisões e aproximar ou afastar determinados conceitos, fazendo surgir inúmeros modelos classificatórios. Diante a multiplicidade, fixemo-nos, inicialmente, na estrutura padrão, repetitivamente mencionada na doutrina, deixando as ramificações, dela decorrentes, para quando da referência ao posicionamento individualizado de alguns autores, que serão destacados.

Vamos à base classificatória:

De um modo geral, os contratos podem ser classificados em típicos ou nominados e atípicos ou inominados.

São típicos e nominados os contratos que encontram uma matriz legislativa, ou seja, aqueles aos quais a lei confere nominação própria e delineia seus caracteres. Como exemplo, citamos: compra e venda, doação, locação, comodato, mútuo, fiança, etc.

Todavia, conforme já enfatizamos, não é pelo fato de não estarem expressos em lei que os contratos não devam ser recepcionados na esfera jurídica. Se invariavelmente fosse exigida a tipicidade, sugeriríamos que os juristas e os legisladores abandonassem o direito em favor da dedicação à vidência, pois só com ela lhes seria possível adiantar as normas às mais diversas combinações de vontade que viriam a surgir. Isto porque é utópico achar que as partes reprimiriam seus impulsos convergentes pela falta da previsão legal. Neste ponto, o nosso sistema jurídico foi sensato: desde que observados os princípios gerais de direito e a lei, deu liberdade para as partes firmarem contratos aos quais não corresponda imagem na legislação; são os chamados "contratos atípicos ou inominados".

Com muita propriedade, Maria Elisa Gualandi Verri atenta ao fato de, na atualidade, ser possível existir contratos nominados desprovidos de regulamentação jurídica específica.[42] Em razão da ressalva, por segurança, apliquemos apenas a nomenclatura "típicos" e "atípicos", sem implicar prejuízos.

Relembrado o conceito de contrato atípico, retornemos ao deslinde da questão proposta concernente à natureza jurídica da pactuação entre lojistas de *shopping* e empreendedor.

Parte da doutrina, a mais tradicional, classifica este contrato como sendo locação.

A exemplo, Caio Mário da Silva Pereira realça que, na cessão de uso de salões de *shopping centers*, estão presentes os três elementos pertinentes à locação, quais sejam: "a coisa cujo uso é cedido", o preço e o acordo

---

[42] In *Shopping Centers – Aspectos jurídicos e suas origens*, p. 64.

de vontades para a realização do negócio, e que, portanto, de locação se trata.[43]

Acompanhando toda esta certeza, faz um adendo:

"Contrato de locação que é, oferece, entretanto, certas características que decorrem da natureza especial do próprio 'centro comercial'."

Mas vem a concluir que:[44]

"O fato de o 'contrato de locação' das lojas de *shopping*, com toda a parafernália de dependências e acessórios, de tipo físico ou intelectual, exigir modelação específica às contingências mercadológicas do empreendimento não retira ao contrato a natureza de 'contrato de locação'."

Na mesma direção, envereda Washington de Barros Monteiro, prendendo-se a tipicidade do contrato em pauta com o art. 1.188 do Código Civil (Lei nº 3.071/1916),que dispõe sobre a locação.[45]

Rubens Requião também converge para a locação, apresentando-nos a explanação que segue em resumo.[46]

Inicialmente, aponta o autor algumas ramificações daquela classificação base, acima comentada. Diz ele que "contratos típicos e atípicos podem se aglutinar para formar outras espécies, para atender a uma necessidade negocial nova". Nomina os contratos resultantes desta aglomeração de atípicos mistos, no entanto, não os identifica com o que se sucede em *shopping centers*.

Explicita:

"No 'centro comercial' não vejo organização jurídica desse tipo. Os contatos que surgem em torno da organização não se fundem, nem resultam num novo contrato. Eles apenas se congregaram, ou melhor, se coligam, a fim de disciplinar o empreendimento comum. Cada um permanece com a sua individualidade jurídica própria, embora unidos por laços econômicos de interesses entre seus componentes."

E em seqüência:

"Assim, vejo no centro comercial não uma figura modelada por um contrato, mas apenas a coordenação ou coligação de vários contratos, que estruturam juridicamente a organização e atividade."

Apesar de o autor não ter estabelecido a esperada relação entre a locação e o que configurou como contratos que se coligam ou coligados,

---

[43] V. *"Shopping Center" – Lei aplicável à locação de unidades,* RT 596/9.

[44] V. *Shopping Centers – Organização econômica e disciplina jurídica,* RT 580/22.

[45] V. *Shopping Centers,* RT 580/13.

[46] V. *Considerações jurídicas sobre os centros comerciais (shopping centers) no Brasil,* RT 571/17.

do texto, subentendemos que desejou amparar as peculiaridades exóticas do contrato entre lojista e empreendedor em contratos outros que contemplassem as mesmas, mantendo o contrato de locação aplicável ao caso, no que lhe fosse pertinente.

Como defensor de uma tese antagônica, citamos Orlando Gomes, que classificou o contrato de "atípico misto".[47]

O jurista, no vínculo entre lojista e empreendedor, deu ênfase à forma de remuneração em percentual sobre a receita, inerente a contratos de sociedade, e ainda, relativamente ao lojista, observou que "contrai obrigações e aceita comportamentos que não são próprios de um locatário".

Em fecho de pensamento, afirmou:

"Por esses e outros traços inusitados no contrato proteiforme de locação, inclina-se o investigante para colocá-lo na área dos contratos inominados ou atípicos, e, nestes, na subcategoria dos contratos mistos, assim entendidos os contratos sem autonomia dogmática, cuja estrutura engloba elementos típicos de dois ou mais contratos nominados."

Ensina-nos também, o ilustre mestre, acompanhando outros juristas tais como Sérgio Maiorca e Renato Clarizia, que para a apuração da atipicidade deve-se aplicar o critério da causa, consubstanciado na averiguação se a função que o contrato vem desempenhar é "inconfundível" com aquelas dos contratos tipificados e se a relação que está sendo celebrada tem causa unitária, isto é, não traduz pluralidade de causas independentes e correlacionadas.

Ressalta:

"O que mais significação tem é a consciência das partes de que o propósito negocial não pode ser alcançado por meio de outra relação contratual."

Permitimo-nos secionar este relato a fim de transcrevermos fração de um comentário de Francisco Carlos Rocha de Barros, que vem a calhar:[48]

"Importa anotar, ainda, que ao ceder o uso de uma loja o interesse principal do empreendedor não é apenas receber um aluguel. Ele está longe de ser apenas um investidor do ramo imobiliário. Sua ambição é maior, ainda que para realizá-la necessite da co-participação dos lojistas. O principal objetivo do empreendedor é desenvolver o *shopping*, criar, manter e aumentar, no local, um ponto de atração para os consumidores, valorizá-lo como centro de interesse para pessoas, ofe-

---

[47] V. *Traços do perfil jurídico de um "Shopping Center"*, RT 576/12.
[48] In *Comentários à Lei do Inquilinato*, p. 296.

recendo-lhes bens e serviços. Assim, ele se reserva o direito de fiscalizar e administrar as atividades praticadas no *shopping*, tendo em mente o aprimoramento de um projeto empresarial que criou para si próprio."

Quanto à subclassificação contratual, Orlando Gomes diferencia o contrato misto dos coligados. De pronto, descaracteriza o contrato de cessão de uso de local em *shopping* como de coligação, pelo motivo de ter causa unitária, enquanto nos coligados cada um conserva a respectiva função.

E reafirmando suas conceituações, por fim, relaciona diversas obrigações do lojista, tais como a de filiação à Associação de Lojistas, a de pagamento do 13º "aluguel", a de contribuição para promoções coletivas, além de várias outras limitativas, dizendo que algumas são "expressão jurídica de necessidades decorrentes da organização" mas que "exorbitam" o esquema típico da locação.

Em meio a inúmeros juristas seguidores da classificação supra-sugerida, de atipicidade, realçamos os apontamentos de Darcy Bessone.[49]

Atém-se este na interpretação do art. 1.188 do Código Civil (Lei nº 3.071/1916) combinado com o art. 226 do Código Comercial, que ora reproduzimos, apesar deste último preceito mencionado ter sido revogado pela Lei nº 10.406/2002, o novo Código Civil.

"Art. 1.188. Na locação de coisas, uma das partes se obriga a ceder à outra, por tempo determinado, ou não, o uso e gozo de coisa não fungível, mediante certa retribuição."

"Art. 226. A locação mercantil é o contrato pelo qual uma das partes se obriga a dar à outra, por determinado tempo e preço certo, o uso de alguma coisa, ou do seu trabalho.
O que dá a coisa ou presta serviço chama-se locador, e o que a toma ou aceita o serviço, locatário."

De ambos, apura que a locação se opera somente sobre coisas que sejam infungíveis e materiais. Levando em conta que no *shopping* estão finamente aliados "as atividades e o comportamento dos lojistas", "a organização do conjunto", "a administração geral pelo empreendedor" e também o espaço ocupado pela loja, formando "um complexo orgânico em que predominam o sentido organizacional e a conduta pessoal dos lojistas", diz ser impossível fazer a individualização do elemento coisa, necessário a configurar locação.

---

[49] V. *O "Shopping" na Lei do Inquilinato*, RT 680/29.

Nas palavras do jurista:

"Não se pode isolar, em tal conjunto, a coisa infungível, nem a materialidade que é própria dela. É certo que o espaço físico ocupado pela loja ostenta tais traços característicos, mas também é certo que o uso de tal espaço não exaure o universo das relações entre o empreendedor e os lojistas, entre estes últimos, e entre o *shopping* e os consumidores. Constitui inaceitável simplificação fazer-se abstração de todas esses peculiaridades para estabelecer-se uma ótica míope que incida apenas sobre o espaço físico, sem enfocar outros elementos ponderáveis ou imponderáveis do mundo do *shopping*."

Mas não só por ditos motivos afasta a classificação locatícia: em relação à remuneração ou ao preço referido na lei e aquele estipulado por ocasião do vínculo entre lojista e empreendedor, destaca duas discrepâncias.

A primeira consiste em o preço da locação servir para retribuir exclusivamente o uso de um espaço físico, enquanto aquele que o lojista paga contempla, em paralelo, a organização e administração do *shopping*, de todo um leque composto por estacionamento de veículos, área de lazer, segurança, *mix*, etc. Diz Darcy Bessone que além da remuneração (valor mínimo e percentual), o lojista também tem que contribuir para o fundo de Administração, Fundo de Promoções, *res sperata*, em suma, pagar por toda a estrutura do empreendimento. E referindo-se ao empreendimento salienta: "...este, é incindível, não se podendo pinçar dele a remuneração que equivalha apenas ao uso do espaço físico..."

A segunda incongruência é que, na locação, devidamente tipificada, "o preço é fixado em função apenas do tempo de uso da coisa", sendo que no pagamento de remuneração pelo lojista, no recolhimento do Fundo Promocional, da *res sperata* e do Fundo de Administração, aplica-se o critério da porcentagem, em que "o tempo não voga".

Descaracterizada a tipicidade, Darcy Bessone, em conclusão, atribui ao contrato de cessão de uso de local em *shopping* a natureza jurídica de atípico "complexo". Mesmo que dita expressão, até o momento, não tenha sido empregada, corresponde ao conceito utilizado por outros autores para "atípico misto".

Dispõe:

"As relações entre empreendedores e lojistas não resultam da simples combinação de contratos diferentes, mas, sim, da fusão do que é essencial a vários tipos de contrato, para 'formare un unico negozio giuridico'."

E para finalizar, sem menosprezo de outras interessantes reflexões, trazemos a de Álvaro Villaça Azevedo, mais uma autoridade na defesa da atipicidade.[50]

Igualmente a demais simpatizantes desta corrente, sustenta ser o contrato para ocupação de espaço em *shopping* "formado com elemento típico (contrato de locação) e com outros elementos atípicos".

Explica o jurista:

"Acontece que, como deixei claro, o elemento típico, quando somado com outro elemento típico ou, mesmo, atípico, desnatura-se, compondo-se esse conjunto de elementos um novo contrato, uno e complexo, com todas as suas obrigações formando algo individual e indivisível."

Porém, é inovador quanto ao método a ser empregado para detectar a atipicidade. Apesar de reconhecer o "Critério da Causa", propugnado por Orlando Gomes, constata, na prática, uma certa dificuldade de aplicação do mesmo. Desta feita, sugere um novo caminho, o "método de análise das prestações que compõem os contratos (dar, fazer e não fazer), para melhor entender sua natureza, já que, como demonstrado, as obrigações integram a essência das convenções.".

Averigüemos o método:

Ressalta Álvaro V. Azevedo que, na locação, a prestação consubstancia-se em dar cessão de uso e de gozo contra aluguel; e no contrato de ocupação de espaço em *shopping*?

Neste, o jurista encontrou de tudo: obrigações de dar, fazer e não fazer. Arrolou uma série de normas demonstrando dita multiplicidade, dentre as quais selecionamos algumas para exemplificar: "o utilizador tem de informar o empreendedor sobre seu faturamento, por planilhas, para que se possa elaborar o cálculo do aluguel percentual ou variável (prestação de fazer);" "o empreendedor, na falta dessa informação ou não se contentando com ela, pode fiscalizar esse faturamento, até na 'boca do caixa' (prestação de fazer), sem qualquer impedimento por parte do utilizador (prestação de não fazer), mas agindo com toda a cautela, discrição e urbanidade, por seus prepostos (prestação de fazer, por terceiros);" "o utilizador deve contribuir para o Fundo de Promoções Coletivas, com o valor, geralmente, de dez por cento sobre o aluguel pago (prestação de dar, sem ser aluguel), para propiciar campanhas promocionais do centro comercial, que reverte em benefício de todos (empreendedor e utilizadores);" "o utilizador, a não ser com anuência expressa do empreendedor, está proibido de ceder o contrato de utilização de sua unidade (prestação

---

[50] V. *Atipicidade mista dos contratos de utilização de unidade em centros comerciais e seus aspectos fundamentais*, in *Shopping Centers – Questões Jurídicas*, p. 47.

de não fazer)"; "o utilizador deve pagar ao empreendedor, para compensar o fundo de empresa por este criado, uma importância em dinheiro, em razão da *res sperata* (prestação de dar, completamente diferente do aluguel ou de qualquer encargo de eventual locação)"; "o utilizador não pode deixar seu estabelecimento fechado, por mais de trinta dias (prestação de não fazer)"; "o empreendedor obriga-se a administrar o *shopping center*, mantendo em pleno funcionamento o sistema de iluminação e de hidráulica das áreas comuns (prestação de fazer)"; "o utilizador não pode comercializar objetos de segunda mão, de segunda linha, recuperados por seguro ou salvados de incêndio (prestação de não fazer)".

A conclusão restou clarividente – o "contrato para utilização de espaço em centro comercial" além de conter elementos próprios da locação, com estes mescla muitos outros em um todo inseparável, "um verdadeiro complexo unitário"; logo, é atípico misto.

Ora, vimos que até mesmo os adeptos à teoria da natureza jurídica locatícia não puderam deixar de reconhecer o incontestável: que existem inúmeras peculiaridades no contrato entre lojista e empreendedor completamente estranhas à locação.

No nosso entendimento, ditas peculiaridades são gritantes e preponderantes, muito mais do que suficientes para desqualificar o contrato em pauta como de locação. Além disso, não localizamos, na legislação, predisposição de qualquer instituto capaz de, individualmente, receber a inusitada contratação; por conseguinte, não temos dúvidas – é atípica.

Se a atipicidade é constatada pelo método da causa, da análise das prestações ou por raciocínios outros, pouco importa; o relevante é termos a consciência de que não se faz possível, nem com muita insistência e boa vontade, enquadrar o contrato para utilização de espaço em *shopping* nas matrizes legais disponíveis porque difere de todas elas.

Também não prospera, no caso, a idéia de segmentar a relação entre lojista e empreendedor com o propósito de incidência apartada de determinados contratos, típicos, sobre os elementos que lhes sejam correspondentes, posto que, a relação em voga é, de essência e natureza, una, impartilhável; obrigatoriamente terá que ser considerada como um todo.

Agora que saciadas as expectativas conclusivas a respeito da natureza jurídica do contrato para ocupação de espaço em *shopping*, vamos nos permitir uma pequena retrocessão para um experimento prático.

Embora o conhecimento de algumas regras que envolvem o contrato em questão já seja o bastante à clara percepção da atipicidade, a análise nesses moldes carece de certa objetividade; portanto, busquemos o devido embasamento teórico.

Como muito simpatizamos com o "critério da causa", sugerido por Orlando Gomes para a investigação da atipicidade, aplicaremos o mesmo ao contrato entre lojista e empreendedor a fim de tirarmos a prova real sobre as conclusões aludidas.

Segue o exercício:

Utilizemos como premissa a posição de Orlando Gomes de que atípica é a relação contratual cujo propósito negocial "não pode ser alcançado por meio de outra relação contratual".

O "propósito negocial" do contrato em foco, qual seja, a adesão do lojista ao *shopping* para que contribua ao sucesso e ao constante êxito do empreendimento e usufrua do mesmo (o que significa somar esforços sempre respeitando fielmente a organização e administração do empreendedor), pode ser alcançado através de um contrato de locação?

Facilitando o questionamento: um contrato de locação daria amparo ao direito do empreendedor proibir a venda de mercadorias de segunda mão? E ao direito de fiscalizar e exigir adequação do projeto arquitetônico da loja? Haveria, na locação, sustentáculo à imposição de filiação à Associação de Lojistas?

É óbvio que não, nem mesmo se fosse inventada uma nova locação, a "locação tipo 2", "locação ajustada" ou quem sabe até "locação plus", pois isso não seria locação. As regras recém-exemplificadas destoam completamente de um contrato de natureza locatícia; no entanto, são características, constitutivas, do contrato para ocupação de espaço em *shopping*: mostram-se imprescindíveis à mantença da perfeita e harmoniosa estrutura – objetivo maior.

Assim sendo, como o propósito negocial concernente ao contrato entre lojista e empreendedor não pode ser alcançado via contrato de locação (que é infinitamente menos abrangente e com foco distinto); tampouco por meio de outros contratos típicos/nominados, atendido está o primeiro requisito identificador da atipicidade.

Mas nada de precipitação: de acordo com esse critério, ainda não podemos classificar de atípico o contrato em comento, pois falta analisar se tem ele causa unitária.

Bem, uma vez que contempla cláusulas novas, excêntricas, que lhes são próprias, não restam dúvidas de que atipicidade há; contudo, na hipotética falta de causa unitária, dita atipicidade poderia se restringir às cláusulas inusitadas e, sobre as demais, comuns, típicas, ser aplicado os contratos correspondentes, como o de locação. Ocorre que, na pactuação com vistas à participação em um *shopping*, a separação aventada não tem como ser realizada. Isto porque todas as cláusulas e condições que disciplinam a relação entre lojista e empreendedor são interdependentes, interdecorrentes e totalmente entrelaçadas.

É impossível querer que o instituto locação faça a regência dos regramentos que lhe são típicos e que os restantes assumam a condição de atípicos, afinal, só para ilustrar, a cessão de um espaço está intimamente ligada à preservação do *mix* e ao poder atrativo do *shopping* que, por sua vez, tem a ver com a observância rigorosa de regras especialíssimas tal como o direito de adequar a arquitetura da loja, e assim por diante. Em suma, a gerência sobre a arquitetura da loja – alheia às regras relativas à locação – e a cessão de uso de um espaço andam de mãos dadas, são inseparáveis e encontram respaldo em um objetivo único: abrilhantar o *shopping*.

Continuando com exemplos, a Associação de Lojistas não tem sentido de existência sem as cessões de uso de área no *shopping* para ocupação pelos lojistas e, em contrapartida, estas cessões estão totalmente condicionadas à filiação dos lojistas à Associação, tida como essencial, tudo para o bem de fortificar o empreendimento, atrair clientela.

Isto posto, considerando que a cada cláusula, condição ou documento relativo ao contrato de cessão de uso de espaço em *shopping* não corresponde uma função particular, considerando que a única visão possível é a de conjunto, de um todo com singular e forte propósito, configurada está a causa unitária, requisito último para a definição da atipicidade.

Desta feita, resta comprovada a conclusão acima, inclusive com fundamentação teórica.

Independentemente do nome que lhe seja atribuído, de fato, na realidade, o contrato entre lojista e empreendedor é atípico e misto, contendo elementos de contratos típicos, tal como os peculiares à locação, e outros, que se fundem em uma perfeita mistura – absolutamente homogênea.

Nesta direção, bem explica Darcy Bessone:[51]

"Se a lei atribui nome errado a uma certa coisa, ela não deixa de ser o que é. Se a um homem dá-se nome de mulher, ele não muda de sexo só por isso."

"A minha conclusão é no sentido de que a Lei 8.245, conquanto, assegurado a renovação do contrato ao lojista, e a despeito do uso do vocábulo locação, não converte em relação locatícia o que não tem essa natureza, do ponto de vista jurídico ou científico."

---

[51] V. O *"Shopping" na Lei do Inquilinato*, RT 680/25,24.

6.2.4.2. Disposições legislativas

A omissão legislativa, atinente à relação entre lojista e empreendedor de *shopping*, perdurou até 1991, quando publicada a Lei do Inquilinato, Lei nº 8.245, na qual foram designadas míseras palavras para regular a matéria, assim disposta:

"Art. 52.O locador não estará obrigado a renovar o contrato se:

...

II – o imóvel vier a ser utilizado por ele próprio ou para transferência de fundo de comércio existente há mais de um ano, sendo detentor da maioria do capital o locador, seu cônjuge, ascendente ou descendente.

...

§ 2º. Nas locações de espaço em *shopping centers*, o locador não poderá recusar a renovação do contrato com fundamento no inciso II deste artigo.

..."

"Art. 54. Nas relações entre lojistas e empreendedores de *shopping center*, prevalecerão as condições livremente pactuadas nos contratos de locação respectivos e as disposições procedimentais previstas nesta Lei.

§ 1º O empreendedor não poderá cobrar do locatário em *shopping center*:

a) as despesas referidas nas alíneas *a*, *b* e *d* do parágrafo único do art. 22; e

b) as despesas com obras ou substituições de equipamentos, que impliquem modificar o projeto ou o memorial descritivo da data do habite-se e obras de paisagismo nas partes de uso comum.

§ 2º As despesas cobradas do locatário devem ser previstas em orçamento, salvo casos de urgência ou força maior, devidamente demonstradas, podendo o locatário, a cada sessenta dias, por si ou entidade de classe exigir a comprovação das mesmas."

Ocorre que o legislador brasileiro não contou com a destreza do americano, que foi capaz de, na constituição, através de poucos mandamentos, mas principais, habilmente articulados entre si, reger uma coletividade.

Conta Darcy Bessone que o projeto da Lei do Inquilinato lhe foi submetido à apreciação por um dos Deputados relatores, tendo, então, sugerido o expurgo da terminologia "locação" dos artigos referentes a *shopping*, pelo motivo de pulsarem acirradas discussões doutrinárias acerca da natureza jurídica do contrato entre lojista e empreendedor. Contudo, diz seu alerta não ter produzido efeito em função de negociações de interesses que, paralelamente, corriam à solta. Pinça do art. 54, supratranscrito, a "ilimitação da liberdade de contratar" e abre a possibilidade de que esta se deva, não a uma convicção legislativa, como a mais pura expressão dos anseios sociais, mas sim, a pretensões do empreendedor de continuar ditando as normas, mantendo-se no pedestal. Afirma que "provavelmente" o lojista, a parte fraca da relação, não tenha esperneado, diante da autonomia conferida ao empreendedor, porque fora premiado com o direito de se valer da ação renovatória, sua grande aspiração.[52]

Com este relato, Darcy Bessone suscita que a controvérsia sobre a natureza jurídica do contrato em pauta, para os fins de disciplina legal, foi decidida via composição; que enquanto juristas se debruçavam sobre a ciência para o bem de, ao fato, encontrarem o direito, o *lobby* prevalecia, fazendo brotar um produto vicioso – um ordenamento com incongruências para com seu próprio texto. Constata: "A ilimitação de pactuação, entretanto, abre o caminho para a definição de relações cuja natureza não é locatícia." Sequer o legislador foi eficiente para aproximar do contrato o cunho locativo que lhe quis atribuir, e, a confusão, só fez aumentar.

Não obstante o protesto acima, o § 2º do art. 52 e o art. 54 da Lei 8.245/91 consistem na regulamentação do que resolveram chamar de "contrato de locação" de espaço em *shopping*, e, nesta condição, merecem interpretação.

O § 2º do art. 52 é suficientemente claro, dispensando maiores comentários, salvo um breve destaque para o intuito de proteger a renovatória, objeto da cobiça dos lojistas.

O art. 54, por sua vez, já não goza de simplicidade par – sua redação, pouco iluminada, tem dado ensejo a interpretações afrontosas ao espírito do atual e revolucionário momento histórico jurídico, com a devida vênia.

Do nosso percurso, este é um trecho bastante perigoso, convidativo a deslizes, graves e inadmissíveis deslizes. Mas, há uma imbatível forma de precaução ao tendencioso equívoco – a velha e eficiente análise contextual, racional e coerente. Acompanhados dela, enfrentemos o preceito legal.

O estudo do art. 54 prioritariamente demanda a larga compreensão do que seja "condições livremente pactuadas" e "disposições procedimentais previstas na Lei do Inquilinato", posto que são estas que "prevalecerão" nas relações entre lojistas e empreendedores de *shopping*.

Pela ordem de apresentação, segue em pauta as "condições livremente pactuadas".

Dita expressão remete-nos, de pronto, ao enraizado princípio *pacta sunt servanda*, atrelado à autonomia da vontade. Não é para menos: entranhada em um ordenamento que vigora desde 1916 (Código Civil), a liberdade quase que total e irrestrita nas pactuações é o pensamento primeiro,

---

[52] V. O *"Shopping" na Lei do Inquilinato*, RT 680/24.

a resposta reflexa, automática, que se pode esperar dos operadores do direito.

Nesta direção inclinou-se Darcy Bessone. Ciente das circunstâncias lamentáveis que relata terem recepcionado o art. 54 da Lei do Inquilinato, quais sejam, acordos e tratativas, em comentário na RT 680/1992, não vislumbrou, para o preceito, interpretação distinta da ampla liberdade de pactuar. Embora não expressamente, nos dá a entender, com manifesta repulsa, tratar-se daquela liberdade que tudo aceita, inclusive opressão e exploração, da liberdade que respalda todo e qualquer tipo de cláusula contratual, por mais absurda que seja.

Muito provavelmente, o forte aspecto cultural e a situação "não politicamente correta" da qual era conhecedor, impingiram este magnífico crítico a, na época, pensar assim. É compreensível.

O que não conseguimos aceitar é a idéia de Pinto Ferreira sobre o tema, apesar de admiradores de suas obras. Este também salienta, do dispositivo tocante a *shopping*, a suprema liberdade, no entanto, em pólo oposto a Darcy Bessone, defende a mesma com furor.[53]

Pondera:

"Assim houve um *retorno* a uma sistemática de liberdade contratual, que é o modelo jurídico de direito contratual existente há milênios.
A liberdade de contratar tem como conteúdo a autonomia da vontade, que é um dos princípios básicos do direito contratual que só deve receber limitações pelo respeito à ordem pública e aos bons costumes ..." (Grifo nosso)

Com as devidas escusas, ao nosso ver, a explicação supratranscrita tem o condão de desacreditar ainda mais a tese que respalda.

Todos somos sabedores de que o acelerado desenvolvimento que vem acometendo a sociedade nos últimos tempos e a conseqüente massificação das relações, dentre outros fatores, acabaram por derrubar, em diversos casos, o natural equilíbrio mercadológico, suporte da autonomia da vontade, da liberdade para contratar. É fácil compreender: se as partes têm igual poder de barganha, se ocupam um mesmo patamar nas tratativas, a liberdade de decidir é um exercício efetivo e elementar; contudo, a partir do momento em que as relações deixam de se desenvolver no plano horizontal verifica-se um descontrole, onde a autonomia é sucumbida.

Então, oportunamente, veio a intervenção do Estado. Percebendo que a reestruturação social já tardava e que exigia mudanças profundas, de base, o legislador, apoiado pela grande maioria dos juristas e pelos tribu-

---

[53] In *Comentários à Lei do Inquilinato*, p. 230.

nais, iniciou o trabalho de afastar a mascarada autonomia para, em seu lugar, ditar normas, regras e condições impositivas, garantidoras do necessário equilíbrio nas relações. Note-se aqui que "equilíbrio" consta como sinônimo de "justiça", de "isonomia", e nunca na direção da defesa desmedida de uma das partes em razão da sua inferioridade; isto significaria desequilíbrio – que é indesejável.

O próprio Pinto Ferreira, na introdução ao estudo que fez sobre a Lei do Inquilinato, identificou a necessidade de a mesma estar pautada no equilíbrio.[54]

Seguem suas palavras:

"A legislação do inquilinato tem assim de atender a uma dupla finalidade: *proteger o inquilinato* e evitar a fuga de capitais da construção civil, o que sobrecarrega a crise habitacional." (Grifo nosso)

Acontece que "equilíbrio", quando pactuam partes desiguais, não combina com a "liberdade contratual" pelo jurista defendida para o caso, no nosso modo de ver.

Apesar de não ter sido pioneira, citamos como marco histórico desta nova filosofia legislativa e interpretativa a lei de proteção ao consumidor, datada de 1990, em virtude de sua imensa repercussão nacional.

O Código de Defesa do Consumidor resultou um absoluto sucesso, tanto que há pouco tempo, foi festejada a sua década. É claro que tem falhas, mas estas se tornam irrisórias perto dos significativos valores trazidos por ele, valores estes que presentearam a sociedade, a começar pela "boa-fé" e pelo "combate declarado a abusividade", só para ilustrar. Este microssistema é tão estimado que seus dogmas chegam, por vezes, a ser aproveitados para relações estranhas ao CDC.

E, por fim, como prova cabal de que o tempo da plena liberdade é o passado, citamos o novíssimo Código Civil (Lei nº 10.406/2002) que, por exemplo, atrela a vontade dos contraentes aos limites da função social do contrato (art.421), estabelece a obrigação de observância aos princípios da probidade e da boa-fé nas contratações (art.422), etc.

Pois bem, será que diante de todo o exposto ainda é crível que o art. 54, elaborado nessa nova era, deva ser interpretado no sentido de um "*retorno*" à liberdade contratual, falsa, desmedida e arbitrária?

Ora, justamente porque a liberdade "*existente há milênios*" estava obsoleta, não mais condizente com a realidade, prejudicial, é que começaram a surgir as legislações intervencionistas; estas receberam aplausos,

---

[54] In *Comentários à Lei do Inquilinato*, p. 3.

consagraram-se, e mesmo assim ainda há pretensão de defender o "retorno" do que, em nome da justiça, vem sendo substituído?

Sinceramente, pensamos que depois do advento do CDC a sustentação de que a autonomia da vontade "só deve receber limitações pelo respeito à ordem pública e aos bons costumes" não tem mais chance alguma de prosperar: este ordenamento nos ensina que não só para as relações de consumo se faz preciso observar muitos outros aspectos em prol da harmonia social, e o novo Código Civil vem esta concepção ratificar.

Disso tudo podemos tirar uma certeza: – a expressão "condições livremente pactuadas" empregada no art. 54 da Lei 8.245/91 não remete ao modelo da liberdade e autonomia amparadas pelo Código Civil de 1916, tem significação outra, portanto, continuemos em busca da mesma.

Francisco Carlos Rocha de Barros faz uma avaliação bastante curiosa a respeito do assunto. Após condenar a caracterização locatícia do vínculo entre lojista e empreendedor de *shopping*, bem como a sujeição do mesmo à Lei do Inquilinato, por considerar que relação de tal especialidade requer "tratamento especial", decide enfrentar o fato consumado, ou seja, interpretar o art. 54. Conclui:[55]

> "Trata-se de norma cuja ausência não faria falta, simplesmente porque não diz nada. Bastaria ter dito, para evitar dúvidas, que esse tipo de relação jurídica constituiria locação regulada por esta lei."

Nestes termos, nos dá a entender não integrar a corrente dos que encontram proximidade da expressão em vista com o sistema *à la vonté* pregado pelo Código Civil de 1916.

Mas afinal, qual o significado da "liberdade" mencionada no art. 54? Ou vamos coadunar com a opinião de que é mera "letra morta" na lei?

Com muita perspicácia e propriedade, Waldir Arruda Miranda Carneiro bem soube resolver a cizânia. Ao comentar o art. 54, em especial, a palavra "prevalecerão", relativa a "condições livremente pactuadas" e a "disposições procedimentais previstas nesta lei", apontou o caminho interpretativo que mais nos parece adequado, posto que ambientado e coerente, apesar de a relação lojista-empreendedor não ser de essência locatícia, na nossa interpretação. Assim distribuiu seu conhecimento:[56]

> "... prevalecerão ..." "sobre o que? A redação da norma dá a absurda impressão de que a prevalência é sobre a própria norma inquilinária.

---

[55] In *Comentários à Lei do Inquilinato*, p. 298.
[56] In *Anotações à Lei do Inquilinato*, p. 418.

A melhor doutrina porém, assumiu que, com essa ressalva, o legislador pretendeu, *simplesmente* deixar claro que as convenções incomuns às locações em geral, mas próprias àquelas estabelecidas em centros comerciais, não afastariam a natureza locatícia do contrato." (Grifo nosso)

Análise perfeita. É patente que se não houvesse abertura para a excentricidade das cláusulas concernentes a *shopping*, totalmente irreverentes no que tange ao modelo locação, seria absolutamente impossível respaldar "a proibição de venda de mercadorias de segunda mão", a "requerida aprovação do projeto da loja", a "obrigatoriedade de filiação à associação de lojistas" só para exemplificar, na Lei do Inquilinato. Para conferir o caráter de locação ao que não tem, realmente se fazia imprescindível um dispositivo que, pelo menos no papel, sanasse o abismo de diferenças existentes entre os dois institutos, pela lei unificados. Ocorre que, quando da feitura de tal norma, ao escritor faltou a criativa inspiração necessária. Eis o resultado: uma redação que, além de trazer o problema, por nós já superado, relativo à liberdade de contratar, literalmente contempla o disparate de que parte da Lei do Inquilinato, as disposições procedimentais, se sobrepõe a própria lei onde está inserida. Isso só teria justificativa no fantasioso caso de as disposições serem conflitantes com o restante da legislação, o que não se verifica. Evidentemente que o legislador não intencionou regular tamanho absurdo e é por este motivo que está dando tanto trabalho para os juristas e intérpretes da lei.

Haja bom-senso para entender o art. 54!

Mas antes de continuarmos o intrigante estudo sobre as condições livremente pactuadas, já que acabaram por ser envolvidas, em nossa explanação, as disposições procedimentais, façamos aqui um breve aparte para conhecermos de que modo juristas renomados interpretam a "prevalência" das mesmas.

Sem muito se introduzir no assunto, Francisco Carlos Rocha de Barros defende que são aplicáveis, à relação jurídica entre lojista e empreendedor, as regras gerais da Lei do Inquilinato (arts. 1º ao 45), as especiais da locação não-residencial (arts. 51 e 52) e todas as normas sobre procedimentos (arts. 58 a 75), resguardado o § 2º do art. 52 e o art. 54 com seus parágrafos.[57]

Darcy Bessone já é mais contido, sustenta a aplicação de "pelo menos principalmente" os artigos 71 a 75 da Lei, que tratam da ação renovatória.[58]

---

[57] In *Comentários à Lei do Inquilinato*, p. 298.
[58] V. *O "Shopping" na Lei do Inquilinato*, RT 680/25.

Para Nagib Slaibi Filho, o contrato de *shopping* está sob a regência da Lei do Inquilinato "na modalidade locação não residencial". Observa que "embora o art. 54 se refira a 'condições procedimentais', é certo que as regras da Lei n° 8.245/91, sobre *shopping center*, não são meramente processuais, mas referentes à relação material", devendo ficar resguardados o § 2° do art. 52 e o art. 54.[59]

Parece-nos haver um consenso de que, na verdade, a "prevalência" citada quer dizer tão-somente "relevância", "destaque", uma vez que os autores mencionados não relegaram as normas da lei inquilinária que não tratam de procedimentos, desde que guardem correspondência.

Vencido também este obstáculo e agora com uma visão panorâmica oferecida por legítimas celebridades, estamos aptos a elaborar a adequada interpretação ao *caput* do art. 54, qual seja: à relação entre lojista e empreendedor de *shopping*, tida por locação, mesmo com os ditames que lhe são característicos, essenciais e próprios (os quais devem ser respeitados), se aplica a Lei do Inquilinato (no que for compatível), principalmente a parte que trata das disposições procedimentais, em especial, o direito à renovatória. Em outras palavras, "prevalência das condições livremente pactuadas" significa tão-somente "receptividade das condições peculiares e intrínsecas ao vínculo entre lojista e empreendedor" e "prevalência das disposições procedimentais" é o mesmo que "ênfase às disposições relativas a procedimentos em razão da constatada importância e enquadramento às relações em *shopping*".

A definição acima é bem-vinda; no entanto, não põe termo ao assunto. Pasmem! Ainda temos muito que aprender a respeito da abrangência do significado de condições livremente pactuadas – o principal está por vir.

Amador Paes de Almeida, em alusão ao art. 54 com os respectivos parágrafos, salienta:[60]

> "O dispositivo põe em relevo a prevalência 'das condições livremente pactuadas nos contratos de locação', estabelecendo, todavia, determinadas restrições ao empreendedor, buscando, com tal disciplinação, evitar-se *abusos* comumente praticados por este último." (Grifo nosso)

Assim, chama a atenção para um ponto crucial que nos falta apreciar: a abusividade. De outra banda, deixa pendente a dúvida sobre as limitações contidas nos parágrafos do art. 54 serem ou não suficientes para a contenção da extrapolação que o próprio autor identifica.

Mas a percepção da abusividade que calca a relação lojista/empreendedor não é prerrogativa de Amador Paes de Almeida. Apesar de notar-

---

[59] In *Comentários à Nova Lei do Inquilinato*, p. 346.
[60] In *Locação Comercial (Ação Renovatória)*, p. 170.

mos, por parte de alguns, um certo receio em reconhecimento de tal ordem, afinal vigora a falsa presunção de que o lojista praticamente nunca é vulnerável, ao passar do tempo, vem aumentando o rol dos que admitem a existência do abuso, a exemplo de Waldir de Arruda Miranda Carneiro.

Esse, ao comentar a "Cláusula proibitiva de abertura de loja próxima", comum nos contratos de *shopping*, faz menção às consagradas regras que protegem a livre iniciativa e a livre concorrência como obstáculos à "atribuir legalidade a uma convenção que as limita". E complementa: "Mormente nos casos, como o em exame, onde se sabe que tal ajuste só consta dos referidos contratos em razão do elevado poder econômico do empreendedor (cujo *abuso*, as referidas normas tentam evitar)."[61] (Grifo nosso)

Já ficou demonstrado que a prevalência das condições livremente pactuadas equivale à aceitação de normas, cláusulas, particulares do vínculo entre lojista e empreendedor. Perquiramos, então, se dita aceitação engloba toda e qualquer regra costumeiramente estabelecida neste tipo de relação, desde que respeitados os balizadores dos arts. 52 e 54, ou se há estreitamentos outros.

Para introdução do assunto, transcreveremos parte do artigo intitulado "Restrição Imposta pelos *Shoppings* é Inconstitucional", de autoria de Waldir Arruda Miranda Carneiro que, embora redigisse com foco na "Cláusula proibitiva de abertura de loja próxima" acabou fazendo análise interessante ao contexto. Pois é justamente a idéia apresentada que queremos colocar em cheque.[62]

Eis a sagaz apreensão:

"Como se vê, por mais que se queira considerar 'particular' a situação das locações de lojas em *shopping centers* (como muitos sustentam, até certo ponto com razão), não se pode, por conta disso, pretender que extravagantes estipulações que eventualmente constem de seus contratos gozem de, por assim dizer, 'imunidade' com relação às normas legais em vigor. O papel aceita tudo. O direito, não."

Fábio Ulhoa Coelho envereda para um outro lado. Após citar uma série de dispositivos peculiares aos contratos de *shopping*, tais como os sobre o 13º aluguel, a *res sperata*, a associação de lojistas, dentre outros, manifesta-se conforme segue:[63]

---

[61] In *Anotações à Lei do Inquilinato*, p. 422.

[62] Vide referência do próprio autor, in *Anotações à Lei do Inquilinato*, p. 422.

[63] In *Comentários à Lei de Locação de Imóveis Urbanos*, p. 346.

"Todas as obrigações dessa natureza, relacionadas à específica situação do negociante estabelecido em um centro de compras, encontram-se amplamente respaldadas no art. 54, *caput*, da lei de locações, que determina a observância das condições livremente pactuadas entre o empreendedor e o lojista. Há, apenas, três restrições legais à vontade das partes: ... (art. 54, § 1º, *a*) ... (art. 54, § 1º, *b*) ... (art. 54, § 2º)."

Realmente, afora o previsto no § 2º do art. 52, na Lei do Inquilinato não se encontram, para as convenções costumeiras entre lojista e empreendedor, barreiras além daquelas três especificadas no art. 54. Contudo, esta Lei não é exclusiva, soberana, não assume o posto de rainha das leis; desta feita, permanece a possibilidade de incidirem restrições alheias ao seu texto mas respaldadas por normativos outros, aplicáveis.

É sabido que, exceto em casos de renovação ou antinomia, a lei nova naturalmente absorve os comandos das leis antecessoras que possam ser aproveitados. Convenhamos que, no mínimo, seria supérfluo a Lei Inquilinária (nova) também regular a matéria relativa à capacidade das partes, já disposta no Código Civil de 1916 (lei antecessora), por exemplo.

Bem, agora que abandonamos o cercado da lei das locações em benefício do direito que o fato, em tese, reclama, temos a missão de apurar se as cláusulas "pactuadas" por lojistas e empreendedores estão sujeitas à interferência de outras legislações no aspecto tocante à liberdade.

Para nossos experimentos, procuramos sempre escolher amostras problemas, comparativos polêmicos, pois pensamos que questões brandas, de fácil conciliação, pouco são enriquecedoras. Mas mesmo que tivéssemos um estilo apaziguador, no caso em voga, ele certamente seria superado. Não há como evitar: falar em abuso e em interferência à liberdade é trazer à baila o Código de Defesa do Consumidor.

Tal como o § 2º do art. 52 e o art. 54, servem as regras do CDC de limitadores à "vontade" do lojista e do empreendedor?

O campo de aplicação do CDC é matéria da Parte II deste trabalho, onde a interrogação posta acima restará respondida. Contudo, nada impede que, por ora, façamos um breve intróito, uma preliminar para aguçar os ânimos.

Bem, se queremos saber sobre a possibilidade de usar o CDC com a Lei do Inquilinato, um bom começo é investigar se há homogeneidade na junção destas legislações; se convivem, ambas, de forma harmônica, certo?

Levando-se em conta que transbordam argumentos, conforme demonstrado, para não ser classificado, o contrato de ocupação de espaço em *shopping*, como de locação, a proposição acima fica esvaziada. Apesar de forçosa e artificialmente inserido na Lei do Inquilinato, por ser dito contrato atípico de essência, mesmo que houvesse incompatibilidade entre as legislações em comparação, esta não alcançaria a contratação em comentário, peculiar, única.

O exposto é satisfatório, não reclama continuidade de raciocínio; todavia, em respeito à corrente doutrinária que atribui caráter locatício à relação entre lojista e empreendedor, se faz mister que prossigamos.

Na verdade, nem mesmo neste caso cabe a busca pelo resultado da partida "Lei do Inquilinato verso CDC". A explicação é clara: a grande maioria dos que classificam o contrato para ocupação de espaço em *shopping* como de locação, a exemplo do legislador, que resguarda a "prevalência das condições livremente pactuadas", reconhece expressamente que o mesmo está crivado de especificidades; e se é especial, sem tem regras particulares, diferenciadas, é porque, no mínimo, difere das locações "comuns", estas sim, consistentes no foco do paralelo com o CDC por caracterizarem a Lei do Inquilinato; a menos que se cometa o gravíssimo erro de utilizar a exceção para representar a regra, viciando todo o resultado. Em outros termos, pouco importa existir ou não incongruências entre as legislações comparadas, pois o vínculo do lojista com o empreendedor, na ocorrência de qualquer das hipóteses, por ser especial, mesmo que locação, não fica à mercê dos reflexos pertinentes ao que é padrão.

A conclusão advinda é que, independentemente da Lei do Inquilinato, o contrato para ocupação em *shopping*, específico, deve ser individualmente submetido ao CDC com vistas à possibilidade de incidência das restrições contempladas no microssistema. Só então saberemos se há aditamento ao elenco do art. 54 da Lei das Locações, observado o § 2º do art. 52. Por estarmos na esfera preliminar, teremos que aguardar o momento em que, apropriadamente, a matéria será apreciada com a exigida minúcia.

Mas como de praxe, principalmente na ciência jurídica, terá quem discorde absolutamente de todas estas ponderações. Destarte, sem prejuízo do nosso posicionamento, convicto, a elevada estima aos dissonantes exige que avancemos no paralelo das legislações. Ademais, deixar a questão em aberto poderia provocar a equivocada suspeita de intimidação.

Pelos motivos arrolados, para aqueles que, mesmo diante das evidências, continuam a perceber o contrato entre lojista e empreendedor de *shopping* como uma típica e legítima locação, plenamente identificada com os princípios regedores das locações "comuns"; enfim, para os que pensam que a relação em cena acompanha integralmente o rumo da legislação em que está inserida, segue a abordagem devida.

O Código de Defesa do Consumidor – Lei nº 8.078 de 11/09/1990 –, de caráter geral, é aplicável aos contratos de locação, disciplinados pela Lei Especial nº 8.245, de 18/10/1991?

Relativamente a essa dúvida, palpitam controvérsias embasadas pelas mais diversas justificativas. Como não são elas o objeto principal do presente trabalho, apresentaremos, sem qualquer pretensão de esgotamento, alguns posicionamentos correlatos que tomamos por representativos, em face de exprimirem interessantes argumentações. Seguem eles:

Luiz Antônio Rizzatto Nunes, ao comentar ementa que determina a não-aplicação do Código de Defesa do Consumidor às locações prediais urbanas reguladas pela Lei 8.245/91 (STJ, 5ª T, Ac., REsp 38.274-2-SP), afirma:[64]

"A questão é resolvida através da aplicação das regras típicas de hermenêutica jurídica. Normas jurídicas de mesmo patamar hierárquico (como é o caso: duas leis ordinárias, a do inquilinato e o CDC) se excluem do mesmo âmbito de aplicação, quando uma delas trate totalmente a matéria de forma especial (como é a hipótese da lei do inquilinato)."

Apesar dessas palavras, acabamos por identificar, no autor, uma acanhada tendência de aproximar o CDC das locações urbanas; afinal, ele estabelece a hipótese em que se poderia atribuir ao locador o papel de fornecedor, qual seja, a do locador desenvolver a atividade de locação de imóveis "como um serviço". Qual seria a razão de procurar a figura do fornecedor senão para caracterizar uma relação de consumo?

Ainda mais tolerante mostra-se Nagib Slaibi Filho. Em seus comentários à Nova Lei do Inquilinato, quando fala da "Caracterização do contrato de adesão", assume a posição de não-aplicabilidade do CDC às locações, mas isso como regra geral, pois defende, por exemplo, a incidência do art. 54 da Lei nº 8.078/90 às locações por adesão.[65]

Assim explica:

"Embora a locação predial, a despeito de protegida pelo Poder Público, não se enquadre no âmbito de proteção da lei do consumidor (mesmo porque se trata de lei específica), deverá o julgador se socorrer das normas antes descritas na caracterização do contrato de locação, quando o mesmo for contrato de adesão, isto é, as cláusulas tiverem sido elaboradas por uma parte e impostas à outra, que não tem senão a alternativa de aceitá-las em bloco, ou não. Basta a caracterização da adesão para a incidência das regras de proteção ao aderente, lembrando-se de que a ordem jurídica deferiu tal superioridade para compensar a inferioridade econômica de uma das partes."

---

[64] In *O Código de Defesa do Consumidor e sua Interpretação Jurisprudencial*, p. 270.
[65] In *Comentários à Nova Lei do Inquilinato*, p. 53.

De outro lado, encontramos Fábio Ulhoa Coelho. Ele não é apenas "tolerante" à aplicação do CDC sobre os contratos de locação, em raras exceções, tal como Nagib Slaibi Filho. Vai muito além disso: defende que sempre que se fizerem presentes as duas figuras necessárias à configuração da relação de consumo, fornecedor e consumidor, estará o "vínculo obrigacional" entre elas estabelecido "sujeito às regras específicas da legislação consumerista, *independentemente da forma adotada (compra e venda, locação, mútuo, mandato, etc.)*".[66]

Especificamente no que tange à locação, focaliza o locador, salientando que para se caracterizar fornecedor e, assim, chamar a incidência do CDC (respeitada a figura do consumidor), precisa exercer a "atividade econômica" de locar imóveis. Elucida:

"O proprietário de um ou mais imóveis que os loca com o intuito de usufruir renda, mas sem fazer disso uma atividade, não é fornecedor, e, conseqüentemente, a locação é civil ou comercial, regendo o vínculo contratual exclusivamente a Lei nº 8.245/91, que contém vários dispositivos em tutela dos interesses dos locatários."

E para finalizar este rol de opiniões, escolhemos Cláudia Lima Marques, mestre no assunto. A autora, em seu livro *Contratos no Código de Defesa do Consumidor*, ao discutir os "Contratos de fornecimento de produtos e serviços", reserva um espaço exatamente para os imobiliários e, como de hábito, não poupa detalhes.[67]

Na mesma direção de Fábio Coelho, porém com maior profundidade, esclarece-nos que o CDC, composto por mandamentos gerais, não veio para regular contratos determinados, tipo caracterizar a compra e venda, a locação, o mútuo (exemplos nossos); a finalidade do CDC é bem mais ampla: a princípio, incidir sobre todos os contratos onde se verifica uma relação de consumo, inclusive os regulados por lei especial posterior, desde que não seja esta incompatível.

Nos termos da jurista:

"Vale lembrar que as normas do CDC são gerais e não revogam expressamente a lei especial existente e nem são revogadas por leis especiais posteriores. Como ensina Oscar Tenório, pode haver a coexistência da lei nova em face da lei anterior, desde que compatíveis."

Abstraída a controvérsia relativa à aplicabilidade do CDC sobre relações comerciais (em razão de demandar conceitos pertinentes a Parte II

---

[66] In *O Empresário e os Direitos do Consumidor*, p. 167. (Grifo nosso)
[67] In *Contratos no Código de Defesa do Consumidor*, p. 169.

desta obra, alvo de estudo futuro), Cláudia Lima Marques entende que o CDC e a Lei das Locações "... são perfeitamente compatíveis, tratam de aspectos diferentes da mesma relação contratual...".[68]

Diz que a única incompatibilidade encontrada é a do art. 51, XVI, da Lei n° 8.078 para com o art. 35 da Lei n° 8.245. E nesse caso, o que prevalecerá?

Antes de apurarmos o resultado da disputa estabelecida, parece-nos importante lapidar o significado da chamada "compatibilidade de leis".

Sob o título "Conflito entre normas do Código de Defesa do Consumidor e de leis especiais e gerais posteriores", também do livro suprareferido, Cláudia atenta ao fato de que cada vez mais irão surgir legislações específicas para reger contratações que, por complexas, assim estão a requerer – são as leis especiais. Contudo, explica que estas, especiais, não têm a propriedade de revogar, tacitamente, lei geral anterior, como o CDC, pois a lei geral é bem mais abrangente e de matéria "não coincidente" com a da lei especial. Ressalta que se o surgimento da lei especial implicasse a revogação da geral, correr-se-ia o risco da relação, objeto de regramento específico, ficar a descoberto no que concerne a mandamentos importantes constantes na lei genérica[69] (conforme interpretamos).

Que pesadelo! Temos receio de que idéias estejam sendo coadunadas com o propósito de derrubar o Código de Defesa do Consumidor, a lei que agradou a sociedade por ser justa e eficiente; e a tarefa ficará bastante facilitada se admitirmos que a criação de uma lei especial já é o suficiente para afastar esse microssistema, cuidadosamente elaborado para todas as relações de consumo.

Preocupou-se o CDC com o equilíbrio, com a eqüidade nas pactuações. Será esta a meta do legislador que disciplina determinado vínculo ou estará o mesmo mais concentrado na caracterização da situação específica, com suas particularidades?

Pregar que a lei especial revoga, de plano, o CDC é exigir que o legislador repita os mandamentos do microssistema em cada nova lei específica ou negar ditos mandamentos, em favor do desequilíbrio.

Voltando à exposição, a autora faz a ressalva seguinte:

"A lei especial nova, porém, pode afastar, em caso de antinomia verdadeira, a aplicação da lei geral anterior. Note-se que a antinomia é um conflito limitado e típico e que ambas as leis aplicam-se ao caso concreto, prevalecendo a especial posterior no que regula e o regime

---

[68] In *Contratos no Código de Defesa do Consumidor*, p. 169.
[69] Idem, p. 246.

geral (não incompatível) da lei geral ou especial anterior, se hierarquicamente iguais."

Eis a resposta do que prepondera no conflito do art. 51, XVI (Lei nº 8.078) com o art. 35 (Lei nº 8.245).

Entretanto, Cláudia Lima Marques não é conformada, tampouco omissa, frente à simplória conclusão de que, havendo confronto, vence a lei nova especial. Não se acomoda a admirável jurista com a interpretação técnica das leis, quando o resultado obtido fere os sustentáculos do direito; talvez justamente aí esteja parte do seu grande valor. Assim sendo, após a devida exposição teórica, se põe a questionar o que lhe incomoda, o que lhe assombra o pensamento; e nós, em virtude da pertinência, transcreveremos, abaixo, alguns destes questionamentos:

"É possível, válido e eficaz autorizar em lei, portarias e medidas provisórias práticas abusivas e cláusulas abusivas segundo o CDC? Efetivamente passariam, então, estas a poder integrar o regime legal dos contratos, mesmo que de consumo, pois regulados por leis especiais?"

Preocupada com a "legalização ou positivação do abuso", usando como fonte inspiradora as primeiras versões da Lei nº 9.656/98, sobre seguro-saúde, pergunta ainda:

"É possível revogar um princípio legal, intrínseco a um sistema jurídico, como a boa-fé nas relações privadas, através de simples norma ordinária?"

"Basta estipular por lei um caso de abuso do direito e este potencial abusivo desaparece, tornando-se jurídica a atuação objetivamente abusiva?"

E encerra o raciocínio com igual sabedoria:

"São perguntas difíceis, que tenho certeza serão respondidas a contento pelo Judiciário, em especial pelo Supremo Tribunal Federal. Renovo somente a importância de um retorno ao estudo do sistema, à filosofia do direito e à procura da justiça para o caso concreto. É necessário dar destaque aos valores e princípios mestres como linhas básicas do direito, sob pena de, nestes tempos pós-modernos, desmoralizar a ciência do direito, que não saberá dar respostas justas para os casos mais simples, tão grande é o número de leis casuísticas e os interesses em conflito no caso concreto. Os princípios positivados no Código de Defesa do Consumidor podem ajudar neste caminho, oxigenando nosso direito civil e garantindo efetividade aos princípios constitucionais. Em resumo, o direito e as leis devem servir à justiça e à harmonia social e não somente à economia ou aos interesses momentâneos."

De todo o exposto, ficou testificado ser extraordinariamente difícil afastar a incidência do CDC sobre os contratos de locação de imóveis. Nós, seguidores de Cláudia Lima Marques, cujo posicionamento, para a circunstância em voga, é a coexistência da lei especial e da lei geral diante da compatibilidade, nos encontramos tranqüilos. Todavia, não deve ser este mesmo sentimento que estão a experimentar aqueles que negam a aplicação do CDC, por ser lei geral e anterior à específica. Convenhamos que se deparar, em um contrato de locação, com, por exemplo, uma prática abusiva, não coibida pela Lei 8.245/91, e lhe dar chancela, por não se permitir fazer uso do CDC, é uma gigantesca afronta ao senso de justiça e ao espírito de harmonia social, estes sim soberanos, superiores, tanto na lei nova como na genérica.

Depois deste legítimo embaraço que envolveu o *caput* do art. 54, vejamos o que acontece com os seus parágrafos.

O § 1º estabelece os encargos que o empreendedor do *shopping* não pode cobrar do lojista. Fiquemos alerta, pois o que parece protetor, é oneroso.

Na alínea *a*, deste § 1º, são mencionadas as alíneas *a*, *b* e *d* do parágrafo único do art. 22 da mesma lei, como aquelas proibidas de cobrança; elas versam, respectivamente, sobre "obras de reformas ou acréscimos que interessem à estrutura integral do imóvel", "pintura das fachadas, empenas, poços de aeração e iluminação, bem como das esquadrias externas", e "indenizações trabalhistas e previdenciárias pela dispensa de empregados, ocorridas em data anterior ao início da locação". A dedução lógica advinda é que se o lojista foi expressamente desobrigado do constante nestas alíneas é porque, quanto às despesas tratadas pelas demais, restou comprometido. Considerando que as alíneas do parágrafo único do art. 22 se referem a despesas extraordinárias de condomínio, fixadas como de responsabilidade do locador (inciso X do art. 22), na verdade, o legislador, ao somente excluir três delas das atribuições do lojista, suposto locatário, lhe impôs as demais. Resumindo: do lojista de *shopping* podem ser cobradas determinadas despesas que não alcançam os "locatários comuns".

Não estamos, com o comentário supramanifesto, admitindo o caráter locativo do contrato em estudo; no entanto, se as correlações estabelecidas pelo legislador, ao citar, no corpo do art. 54, o art. 22, são inevitáveis, que não venham somente em malefício aos lojistas. Suplicamos, apenas, o devido equilíbrio.

Por sua vez, a alínea *b*, do § 1º do art. 54 adita o disposto na alínea que lhe é antecessora, especificando que também não poderão ser cobradas dos lojistas "as despesas com obras ou substituições de equipamentos, que impliquem modificar o projeto ou o memorial descritivo da data do habite-se e obras de paisagismo nas partes de uso comum". Quanto a estas últimas, de paisagismo, aqui explicitamente de repasse coibido, resultam de cobrança permitida se levarmos em conta que figuram no rol do parágrafo único do art. 22 da citada lei e não foram excepcionadas pela alínea *a* do § 1º do art. 54. Apesar da incoerência, do antagonismo, podemos extrair a vontade do legislador por meio de sua manifestação expressa. Em suma, as obras de paisagismo em comento não podem ser cobradas dos lojistas.

A respeito do § 2º do art. 54, Fábio Ulhoa Coelho afirma que o legislador, ao determinar a previsão orçamentária das despesas a serem cobradas dos lojistas, objetivou oportunizar a estes últimos um planejamento financeiro. Mas salienta o jurista que se porventura a previsão não for efetuada em relação à determinada despesa, tal fato não isenta o lojista do desembolso, apenas posterga para momento futuro. E por fim ressalta: "Desnecessário acentuar que a urgência ou força maior autorizam a cobrança de despesas extra-orçamentárias."[70]

O mencionado parágrafo também confere ao lojista o direito de exigir comprovação das despesas.

Sobre o assunto:

"Locação. *Shopping Center*. Execução de aluguel e encargos. Cotas de condomínio. Contrato de locação é título executivo extrajudicial, servindo para a cobrança de aluguéis e encargos nele previstos, inclusive multa. Fundo de promoções. *O inquilino que tiver dúvida acerca das despesas apresentadas relativas ao Fundo de Promoções, deverá exigir sua comprovação em sessenta dias, sob pena de decadência.* Cumulação de honorários advocatícios e multa. É perfeitamente viável dita cumulação, não havendo qualquer impedimento legal. Inteligência do art. 585, do CPC, art. 54 *caput* e par.-2 da Lei 8.245/91. Posição da jurisprudência. Sentença parcialmente reformada." (APC 194084778, 7ª Câm. C. – TARGS, Relator Flávio Pancaro da Silva, 25/05/94) (Grifo nosso)

Francisco Carlos Rocha de Barros critica a redação do § 2º em exame por deixar lacunas, tal como a omissão de qual seja a antecedência para a apresentação orçamentária.[71] Assiste a ele toda a razão, mas será que poderíamos esperar uma construção legal exuberante ante ao conteúdo viciado do preceito?

---

[70] In *Comentários à Lei de Locação de Imóveis Urbanos*, p. 347.
[71] In *Comentários à Lei do Inquilinato*, p. 299.

7. Constatações finais da Parte I

Revestidos de dinamismo, bom gosto, praticidade e superando expectativas, os *shopping centers* passaram a ocupar cativo espaço na vida dos consumidores. Minuciosamente bem delineados, através de um aparato de estudos técnicos desenvolvidos em prol da perfeita conjuntura, resultaram uma grande potência econômica. Esta encanta, satisfaz, alimenta fantasias, enfim, arrecada aplausos da clientela, no entanto, resta-nos antever até quando.

Não que com o passar dos anos o instituto vá perder sua atratividade, muito pelo contrário, a tendência é aprimorar ainda mais o que já foi aperfeiçoado, mas, talvez, acabe implodindo por esforços próprios. Preocupou-se, prudentemente, o empreendedor, em conferir extremos cuidados ao ambiente e às promoções, todavia, num equívoco imensurável, sobrecarregou o lojista, co-responsável por abrilhantar o empreendimento. De forma desmedida e voraz, com fulcro da defendida "liberdade de contratar", usou e abusou das cláusulas excessivamente onerosas, impondo-as como condição àquele que deseja aderir ao contexto. Assim, muitas vezes, a empolgação inicial do lojista, à medida que os inúmeros encargos lhe vão sobejando, se transforma num filme de terror. Quase sempre as "âncoras", de porte mais avantajado, resistem, mas não são raras as ocasiões em que nos deparamos com espaços destinados às lojas de menor estrutura vazios. Se estas não constituem o principal chamariz da clientela, também não são dispensáveis, podendo, inclusive, sua ausência, causar prejuízo de monta ao conjunto.

Aparentemente indiferente aos fundamentos jurídicos motivadores da viva discussão acerca da natureza do contrato de cessão de uso de local em *shopping*, o legislador, com uma "varinha de condão", introduziu dito contrato na Lei do Inquilinato como de locação, aproveitando, assim, para o lojista, o direito à renovatória, sem maiores detalhes.

Essa "mágica", reconhecidamente, precisou de alguns ajustes, em especial, de um dispositivo que amparasse as condições pertinentes à participação no *shopping*, completamente discrepantes da locação.

Mas nem a "correção" foi capaz de produzir o efeito desejado. Em face das especificidades que caracterizam a relação entre lojista e empreendedor, resta límpida a nossa visão de que o contrato, por ambos firmado, de locação não se trata e também destoa dos demais previstos no ordenamento jurídico; é atípico, equivale a dizer, uma nova criação, e, nesta condição, mais do que digno de própria regulamentação.

Por mais que um novo instituto cause a natural ansiedade relativa ao tratamento que lhe deva ser conferido, é fundamental o primeiro passo. Muito dificilmente será ele o certeiro e definitivo, tanto que muitas normas são constantemente modificadas e atualizadas, entretanto, sem sombra de dúvidas, um esboço inicial já é uma resposta, o que a sociedade almeja dos operadores do direito.

A constatação da necessidade de brindar, o lojista de *shopping*, com a possibilidade de fazer uso da ação renovatória, prevista na Lei do Inquilinato, não implicaria enquadrar o contrato, que este celebra com o empreendedor, como de locação, bastaria aproveitar a prerrogativa já instituída, o que confirmaria ser ela fruto de grande percepção. Ademais, a inteligência aponta para a incorporação das positivas experiências.

Considerando que lei alguma tem a propriedade de modificar a natureza jurídica de um instituto, visto que o que é da essência deste, nela permanecerá, se faz mister uma iniciativa, audaciosa, para subtrair da Lei do Inquilinato, a relação entre lojista e empreendedor, que não é locatícia, e destinar, à mesma, ordenamento que, finalmente, respeite sua individualidade.

Eis o caso que pede uma lei específica; todavia, não como estratégia para revogar o CDC, ou outro ordenamento restritivo vigente, e levantar a bandeira ditatorial, sob o fraco pretexto de que a norma especial se sobrepõe à genérica anterior. Estamos a falar de uma lei que, minuciosamente, discipline a inovadora e espetacular relação estabelecida em *shopping* e que, na execução desse trabalho, para preservar inclusive o próprio *shopping*, receba integralmente os sábios princípios do equilíbrio e da boa-fé, de forma direta – via previsão expressa – ou, se configurada relação de consumo entre lojista e empreendedor, através da combinação com o CDC, onde referidos princípios já foram consagrados, marcaram presença.

Se é possível aproveitar a legislação consumerista, a Parte II deste trabalho nos indicará. No momento, pouco importa o caminho para amparar o equilíbrio e a boa-fé, mas sim, a consciência de que, nas relações de *shopping*, a parceria com ditos princípios é a receita certa para a justiça e harmonia social, única chance à sobrevivência do instituto.

Parte II

A aplicabilidade do Código de Proteção e Defesa do Consumidor à relação entre lojistas e empreendedores de *shopping centers*

8. Código de defesa do consumidor: um novo regime jurídico

A Lei 8.078/90 trouxe, em seu bojo, um novo regime jurídico para "disputar", com o direito civil e com o direito comercial, a principal incidência sobre as relações entre particulares. A discussão que, previamente à vigência do Código de Defesa do Consumidor, abreviadamente CDC, se resumia na classificação das relações em comerciais, ou, por exclusão, em civis, não se levando em conta o direito do trabalho, restou alargada em face da existência de normas para a proteção e defesa do consumidor. Entretanto, mister se faz comentar que a tríade estabelecida é vitimada pelo novo Código Civil (Lei nº 10.406/2002). Não bule este com as relações de consumo mas, ao revogar a primeira parte do Código Comercial, praticamente acaba com a autonomia deste direito, salvo no que tange ao Comércio Marítimo, inclusive unificando o direito das obrigações (das antigas áreas cível e comercial). Assim sendo, fica apenas a disputa entre o direito do consumidor e o direito civil unificado.

Diante da concorrência exposta, aos manipuladores do direito, é imprescindível lindar a área de atuação dos regimes em voga, a fim de possibilitar a prévia identificação da regra aplicável a cada fato. Estes, os fatos, continuam os mesmos, quer dizer, não foram criadas situações para, sobre elas, incidir o CDC, o que leva à conseqüência da abrangência do direito civil e comercial ou apenas direito civil unificado, após a vigência do novo Código sofrer redução em favor do direito do consumidor.

Tendo em vista que o mérito do presente trabalho tangencia, mormente, o direito do consumidor, amplamente suscetível a interpretações, deixaremos de lado as apreciações relativas às áreas cível e comercial (ou cível unificada). Ademais, por ter um foco mais específico, o CDC goza de primazia de incidência, ou seja, somente após verificada a sua não-aplicabilidade é que serão iniciadas as buscas de tipicidade dentre as outras alternativas do leque jurídico; o que não significa que o CDC revogue legislação anterior e mais genérica, como por exemplo o Código Civil (Lei nº 3.071/1916), no que com ele seja compatível, conforme explanado no item 6.2.4.2 acima.

Isto posto, temos a tarefa de identificar as relações que estão submetidas ao novo ordenamento.

Ora, tratando-se de um Código de Proteção e Defesa do Consumidor, de imediato se sobressaem as "relações de consumo", as quais, efetivamente, consistem no centro das atenções da legislação. Contudo, o Código não nos deu a definição explícita desta terminologia; preferiu, em artigos distintos, conceituar os sujeitos que, de acordo com a interpretação sistemática da lei, obrigatoriamente devem estar interligados para configurar dita relação, denominando-os consumidor e fornecedor.

Fábio Ulhoa Coelho comenta que:[72]

"Consumidor é definido pelo art. 2º do Código de Defesa do Consumidor como sendo aquele que adquire ou utiliza produto ou serviço como destinatário final, e fornecedor, pelo art. 3º, como aquele que desenvolve atividade de oferecimento de bens ou serviços ao mercado. Contudo, pode-se afirmar que nem todo destinatário final de uma aquisição será consumidor, assim como nem todo exercente de atividade de oferecimento de bens ou serviços ao mercado será fornecedor. Isso verificar-se-á se a relação jurídica contemplar somente um dos pólos da relação de consumo."

Desta feita, temos que aquele que se enquadrar no conceito de consumidor somente será assim caracterizado se, na relação por ele estabelecida, houver um correspondente fornecedor e vice-versa. Vigora o caráter relacional dos conceitos, cuja verificação prática, no mundo dos fatos, traduz a enfatizada relação de consumo.

Como exemplo, trazemos à baila o contrato de compra e venda de um dormitório, que pode assumir distintas naturezas de acordo com as peculiaridades dos sujeitos contratantes. Aventemos três hipóteses. Na primeira, uma loja de móveis compra o dormitório da fábrica com o propósito de comercializá-lo. De plano, já é possível identificar a fábrica com o conceito de fornecedor, afinal, a atividade que ela desenvolve se consubstancia em munir o mercado de móveis. Mas, para que haja relação de consumo, é necessário um elo com uma figura outra, qual seja, o consumidor e, no caso, em observância ao art. 2º do CDC, este não finda caracterizado: a adquirente, loja, não age como destinatária final do produto, mas sim, como intermediária. Deste modo, trata-se de contrato a ser disciplinado pelo direito comercial, ou direito civil unificado, conforme a época. Na segunda hipótese, um determinado sujeito realiza a compra do

---

[72] In *O Empresário e os Direitos do Consumidor*, p. 43.

dormitório junto à loja de móveis referida, com o fim de mobiliar sua residência. Nesta situação, claramente detectamos uma relação de consumo, à medida que é ocupado o pólo relativo ao consumidor, pelo adquirente do produto como destinatário final, e o do fornecedor, pela loja, que desenvolve a atividade de comercialização de mobília. E por fim, imaginemos o adquirente supramencionado, de profissão médico, efetuando a venda do mesmo dormitório a um amigo, em razão de não atender mais aos seus anseios. Independentemente da destinação que este amigo dê ao produto, com certeza, a relação entre ambos estabelecida não é consumerista. Mesmo que o amigo se enquadrasse no conceito de consumidor, previsto no art. 2º do CDC, atuando como destinatário final do dormitório, faltaria, para completar a relação em comento, a caracterização do fornecedor. Ora, o médico, que atuou como vendedor, não é exercedor da atividade econômica de oferecimento de móveis; por conseguinte, não corresponde a fornecedor no que concerne ao objeto dormitório. Assim, o contrato em pauta ficará submetido às regras do direito civil ou comercial, dependendo da finalidade do comprador, ou as do direito civil unificado, se celebrado após a entrada em vigor do Código Civil de 2002, sendo ainda que, consoante o art. 2.035 deste ordenamento, os efeitos produzidos após a vigência do novo Código, de negócios e demais atos jurídicos constituídos antes, são também regulados por ele.

Por oportuno, salientamos que as remissões aos conceitos de consumidor e fornecedor, acima feitas, omitiram a complexidade da qual os mesmos estão revestidos. Com o intuito de propiciar, de pronto, uma noção geral, tratamos superficialmente desta questão; todavia, em título específico, realizaremos o estudo aprofundado que a conceituação reclama.

À semelhança da compra e venda, que se prestou, em ocasiões distintas, a gerência do direito civil, comercial (ou civil unificado) e do consumidor, outros tipos contratuais também estão sujeitos à mencionada disputa. Inexiste uma modalidade de contrato que disponha, como elemento característico, a natureza de consumo, ou seja, que invariavelmente neste sentido deva ser classificada. Isto porque o fator determinante fronteiriço do direito do consumidor se encontra nas particularidades dos sujeitos partícipes da relação, cuja verificação ocorre caso a caso.

Também não é perene, na esfera das relações de consumo, o papel assumido pelos sujeitos contratantes. Ninguém tem a propriedade de ocupar, de forma cativa, a posição de consumidor ou fornecedor. É certo que, numa determinada relação, são bem definidas as posições: o pólo do fornecedor e, em contrapartida, o do consumidor. No entanto, aquele que foi caracterizado como fornecedor, via de regra, em outros vínculos, poderá atuar como consumidor. Tal circunstância se deve à dinâmica das relações e até acaba por estimular a imparcialidade da sociedade na avaliação do texto legal; afinal, o que hoje é veementemente defendido, por interesses, pode, amanhã, se voltar contra o defensor, em razão da ocupação, pelo mesmo, de posição contraposta à anteriormente experimentada.

Bem, mas apesar das considerações tecidas, resta ainda obscuridade acerca do motivo da evidência do CDC no paralelo com o Código Civil, Comercial, e, recentemente, com a Lei n° 10.406, o novo Código Civil. Em outras palavras, é fundamental uma justificativa para, por exemplo, a aquisição de um sabonete por uma dona de casa, para uso próprio, junto a um supermercado, anteriormente regida pelo direito civil, ter passado a ser regulada pela Lei 8.078/90.

No decorrer dos tempos, averiguou o legislador que a idéia de "liberdade" utilizada pelo Código Civil de 1916 e pelo Comercial distanciava-se, e muito, do que sucedia com a pintada figura do consumidor na tela das contratações massificadas. Como conseqüência, aliou a esta figura, a pressuposição de "inferioridade" e vulnerabilidade, acarretando a necessidade de uma legislação onde fossem respeitadas ditas especificidades. Assim surgiu o CDC, incumbido de harmonizar e trazer o equilíbrio às relações, pelo caminho da história perdido, no tocante à matéria de sua competência. Logo, enquadrada a relação como de consumo, tem preferência de incidência a norma que foi preparada para recepcioná-la.

Trazendo a mesma idéia, ao abordar o tema "contratos de consumo", Cláudia Lima Marques afirma que:[73]

> "Esta nova terminologia tem como mérito englobar a todos os contratos civis e mesmo mercantis, nos quais, por estar presente em um dos pólos da relação um consumidor, existe um provável desequilíbrio entre os contratantes."

Também em idêntica direção, manifesta-se Marcos Maselli Gouvêa, em artigo de sua autoria:[74]

> "A hipossuficiência do consumidor afasta as referidas relações do esquema tradicional das relações de direito privado – o qual, consoante seu fundamento liberal, pressupõe a equipotência das partes envolvidas."

De posse da chave – relação de consumo – que abre a porta para este novo horizonte – direito do consumidor – temos a missão de percorrer seus espaços já preenchidos e, quem sabe até, contribuir para surpreendentes conquistas.

Mergulhemos, então, nesta inovadora filosofia do direito.

---

[73] In *Contratos no Código de Defesa do Consumidor*, p. 139.
[74] V. *O Conceito de Consumidor e a Questão da Empresa como "Destinatário Final"*, Direito do Consumidor 23-24/187.

9. Conceito de consumidor

9.1. A ADOÇÃO DA TÉCNICA CONCEITUAL

Distanciando-se da técnica tradicional de elaboração de leis, que prima pela fidelidade ao direito positivo, o legislador brasileiro optou por trazer, no CDC, conceitos e definições.

Com este ato de "ousadia", ficou suscetível à crítica daqueles mais conservadores, mas, de outra banda, foi bem acolhido por renomados doutrinadores como Eduardo Gabriel Saad e Maria Antonieta Zanardo Donato.

Esposamos o ponto de vista dos que vêem com bons olhos a inserção de conceitos em legislações desta ordem.

Imaginemos o quão caótico seria a vigência de uma lei "especial",[75] cuja especialidade ficasse à mercê das idéias e interesses dos mais variados segmentos sociais: um código de defesa do consumidor, sendo "consumidor" um conceito de foro íntimo, subjetivo, de cada indivíduo.

Sejamos práticos, se foi criado um ordenamento, *a priori*, é porque dele se está a precisar, com eficácia direta, com transparência, e não para dar margem a inúmeras elucubrações interpretativas. Considerando que estas normalmente já se fazem presentes, mesmo diante das conceituações expressas, o que se esperar em caso de vacância?

Maria Donato, ao comentar sobre a adequada utilização da técnica de conceitos no CDC, salienta que:[76]

---

[75] Essa expressão não é contraditória à atribuição de caráter geral ao CDC, expressa no item 6.2.4.2 das Disposições Legislativas, muito embora assim aparente. Realmente, se comparado à Lei 8.245/91, o CDC apresenta-se genérico; afinal, enquanto aquela rege especificamente a locação, este abrange toda e qualquer relação de consumo, independentemente do tipo contratual. Entretanto, relativamente à esfera civil e comercial, ou civil unificada, o CDC é específico, uma vez que, desta esfera retira apenas uma porção para disciplinar, qual seja, as relações de consumo e afins.

[76] In *Proteção ao consumidor: Conceito e Extensão*, p. 65.

"Vê-se, comumente, os mais díspares posicionamentos doutrinários sendo emitidos e, certamente, recebem acolhida e influenciam de modo negativo nossa jurisprudência, provocando, não raro, as mais antagônicas decisões em todos os tribunais de nosso País. Procurou o legislador do CDC, através da emissão de conceitos legais enunciados claramente, estancar essas disparidades jurídicas que nos conduzem à incerteza jurídica."

A intenção de, ao conceituar "consumidor", garantir a unicidade, irrefutavelmente foi nobre; contudo, não logrou o resultado esperado, pois o conceito ensejou mais de uma interpretação, tanto doutrinária como jurisprudencial. Se tal fato se deve à falta de clareza no enunciado ou ao não-atendimento dos anseios e aspirações de indivíduos que, indignados, tumultuam, somente um estudo detalhado poderá oferecer a resposta; o que, desde logo, temos a ressaltar é que não houve abalo ao brilho da técnica conceitual, indispensável a casos como este.

Data venia aos defensores do adágio *"Definitio est initium omni desputationi"* e a Justiniano, que pregava *"Omnia definitio periculosa et"*, percebemos as conceituações como parâmetros, elementares à compreensão correta do ordenamento criador, sem as quais se regularia um vazio jurídico, o incerto e não sabido; poderíamos até comparar com um contrato sem objeto, com cláusulas e condições a reger uma incógnita.

Não negamos que os conceitos acarretam limitações, que fecham caminhos, mas é justamente esta a sua serventia: estabelecer firmes alicerces. Estando os alicerces sedimentados, que seja feita uma estruturação inteligente. Obviamente que, ao admitirmos os limites trazidos pelos conceitos, não estamos defendendo a estagnação do ordenamento, a falta de maleabilidade. Vale o dito popular: "A César o que é de César", quer dizer, os conceitos devem ser restritivos, mas os ordenamentos não. Ademais, se as exceções não fazem parte da regra geral, porque as ampliações deveriam integrar as conceituações?

Acreditamos na eficácia de leis adaptáveis a mudanças de época e a situações inusitadas; todavia, propugnamos que a flexibilidade esteja prevista fora dos conceitos, em artigos outros, sob pena de prejuízo ao conjunto.

Uma vez compreendida a razão da existência do conceito de consumidor no CDC, analisemos o conteúdo correspondente.

9.2. O CONCEITO DE CONSUMIDOR *STRICTO SENSU*

O CDC, já de início, no Capítulo relativo às Disposições Gerais, art. 2°, contemplou, de forma direta e expressa, o conceito de consumidor.

Mas além deste conceito, destacou, no parágrafo único do mesmo artigo, uma classe até então inusitada: dos equiparados a consumidor, a qual também é composta por aqueles indicados nos artigos 17 e 29 do respectivo ordenamento.

Reza o art. 2° em comento:

"Art. 2° Consumidor é toda pessoa física ou jurídica que adquire ou utiliza produto ou serviço como destinatário final.
Parágrafo único. Equipara-se a consumidor a coletividade de pessoas, ainda que indetermináveis, que haja intervindo nas relações de consumo."

Face à distinção legal estabelecida, entendemos conveniente a realização de estudos apartados, sendo que, por ora, trataremos do consumidor *stricto sensu*, ou seja, do consumidor propriamente dito, conceituado no *caput*, para, em um segundo momento, adentrarmos nas especificidades a respeito dos equiparados a consumidor.

Bem, a primeira informação trazida pelo conceito em sentido estrito é a que o consumidor pode ser uma pessoa física ou jurídica; é, conforme Maria Donato, o elemento subjetivo – o sujeito.

Com o fim de justificar a forma de exposição deste elemento na norma, a jurista vislumbrou duas alternativas:[77]

"a) Pretendeu-se dizer: 'consumidor somos todos nós,' donde seria prescindível a realização dessa distinção entre pessoa física e jurídica.
b) Ou, ao qualificar-se quem é o consumidor, ao subsumir-se esta ou aquela pessoa àquela espécie de instituto, acabaram por separá-las, desagregá-las, visando justamente a sua distinção, pretendendo significar que essas duas pessoas – física e jurídica – podem, por vezes, ser igualmente tuteláveis por esse direito e, outras vezes, não."

A nosso ver, não está Maria Donato totalmente descoberta de razão ao ressaltar o exagero do legislador em especificar as categorias das pessoas, quando são as únicas existentes no sistema jurídico. Admitimos até que, se levando em conta o rigor técnico, o legislador tenha pecado por certa redundância, entretanto, temos esta como absolutamente necessária. A simples alusão à expressão "pessoa", desacompanhada das especificações "física ou jurídica" para definir o sujeito, propiciaria a interpretação de ser alvo da norma exclusivamente a pessoa física. Parece absurdo? Pois veremos que mesmo diante à disposição expressa da lei em sentido contrário há aqueles que ainda defendem dito posicionamento. Por conseguin-

---

[77] In *Proteção ao consumidor: Conceito e Extensão*, p. 80.

te, ao invés de criticarmos o detalhamento em questão, preferimos defendê-lo, para que à norma seja dada sua real abrangência.

Já no tocante à alternativa *b* supra, respeitosamente, discordamos na íntegra. O legislador não precisa se utilizar de mecanismos sutis de induzimento da sua vontade, tampouco avisar que no texto da lei as pessoas poderão receber tutelas distintas; basta estabelecer as diferenças, dispensadas explicações. Assim, temos por inconcebível que o *caput* do art. 2º seja tomado como uma dose homeopática, como preparatório indicativo de intenção. Quem quer dizer, que diga, e de forma compreensível, se desejar a eficácia.

Em seqüência, de acordo com a nomenclatura adotada por Maria Donato, aparece o elemento objetivo – o objeto – expresso nos seguintes termos: "que adquire ou utiliza produto ou serviço".

Esta redação é, no mínimo, confusa. Dela sobrevém a dúvida se os verbos "adquirir" e "utilizar" podem ser empregados tanto em relação a "produto" como a "serviço". Gramaticalmente analisando, a resposta é positiva, em razão da alocação das palavras. Para se subordinar um único objeto a cada verbo seria necessário uma alteração na ordem da frase, como por exemplo "adquirir produto e utilizar serviço". Mas não nos interessa apenas a interpretação gramatical, que muito se distancia das atuais técnicas de exegese de normas jurídicas. Mister se faz que apuremos o verdadeiro sentido da disciplina em questão.

Alguns doutrinadores, apesar de terem dedicado boa parte de suas obras ao conceito de consumidor, deixaram de esclarecer a suscitada problemática. Realmente, aventar um significado distinto daquele traduzido em palavras não é tarefa fácil, e muitas vezes aparenta distorção, no entanto, a omissão nos parece mais prejudicial porque ampara a incerteza jurídica.

José Geraldo Brito Filomeno, um dos autores do anteprojeto do CDC, em diversos trechos dos seus comentários ao Código, associa a "aquisição" a "produto" e a "utilização" a "serviço", deixando transparecer a interpretação que faz, mesmo sem apresentar justificativas.[78]

Tudo indica que Gabriel Saad adota a mesma linha. Manifesta-se contrário aos juristas que qualificam de consumidor a terceira pessoa recebedora de um bem a título de presente, pelo motivo de considerar consumidor o adquirente do produto. Assim afirmando, não concebe a relação "produto-utilização", o que contraria a literalidade da regra.[79]

---

[78] In *Código Brasileiro de Defesa do Consumidor – Comentado pelos Autores do Anteprojeto*, p. 26.
[79] In *Comentários ao Código de Defesa do Consumidor – Lei 8.078, de 11.09.90*, p. 58.

Mas quem resolveu realmente aceitar o desafio de contestar a letra da lei, e o fez com propriedade e sabedoria, foi Maria Donato.[80]

Salienta a autora que incutir no conceito de consumidor o usuário do produto, seria alargar sobejamente a abrangência da norma, a ponto de gerar instabilidade insuportável pelo fornecedor. E sua alegação tem total fundamento.

Tomemos, para exemplo, o art. 18 do CDC, citado pela jurista, que atribui ao fornecedor de produtos a responsabilidade pelos vícios de qualidade ou quantidade. Agora vamos supor que o indivíduo "A" tenha adquirido um determinado produto com vício que o torne impróprio ao consumo, e que este produto tenha sido utilizado por inúmeras pessoas. Se considerarmos consumidor o adquirente e os usuários do produto e se levarmos em conta a hipótese de indenização, decorrente do vício apresentado, teremos a possibilidade de o fornecedor arcar com diversas indenizações por vício de um único produto. Logo, a cada operação realizada, restaria, ao fornecedor, rezar para que o adquirente e o usuário fossem a mesma pessoa e contar com a sorte.

Convenhamos que o risco é inerente aos negócios, mas, quando é absurdamente elevado, se transforma em inviabilidade. Não cremos ser esta a idéia de um código para a defesa do consumidor, consumidor este que, além de tudo, quer e precisa consumir, deseja a existência do fornecedor.

Outrossim, no texto da lei, quando o legislador pretendeu ampliar a responsabilidade do fornecedor alargando o "conceito" de consumidor, por ocasião da gravidade que a situação estampava, o fez explicitamente: o art. 17 dispõe que para efeito da responsabilidade pelo fato do produto e do serviço, equiparam-se aos consumidores todas as vítimas do evento. Estamos em um patamar muito diferenciado, onde se fala em acidente de consumo e em vítimas; conseqüentemente, aqui, o alargamento se justifica.

Em face de seus argumentos, conclui Maria Donato que: "O consumidor, a que se refere o art. 2º, *caput*, é o que 'adquire o produto' ou 'utiliza o serviço'."

E para finalizar este breve exame da redação do conceito *stricto sensu*, seguindo ainda a classificação citada, temos, como último elemento, o teleológico, consubstanciado na finalidade: "como destinatário final". Este, por sua vez, é de significação bastante controvertida, conforme será demonstrado oportunamente em item isolado.

---

[80] In *Proteção ao consumidor: Conceito e Extensão*, p. 136.

9.2.1. A natureza jurídica e o direito comparado

Agora que temos em mente o conceito de consumidor adotado no Brasil, torna-se interessante o conhecimento de definições outras, para que possamos traçar um comparativo.

A Lei portuguesa nº 29, datada de 22/08/1981, assim conceitua consumidor:[81]

> "Para os efeitos da presente lei, considera-se consumidor todo aquele a quem sejam fornecidos bens ou serviços destinados ao seu uso privado por pessoa singular ou coletiva que exerça , com caráter profissional, uma atividade econômica."

Para a Lei sueca, de 1973, consumidor é:[82]

> "Pessoa privada que compra de um comerciante uma mercadoria, principalmente destinada ao seu uso privado e que é vendida no âmbito da atividade profissional do comerciante."

Na França:[83]

> "Consumidor é a pessoa que realiza um ato jurídico (um contrato quase sempre) que lhe permite obter um bem ou um serviço para satisfazer a uma necessidade pessoal ou familiar."

O Conselho da Europa, através da Resolução nº 543, de 17/05/1973, aprovou a Carta de Proteção ao Consumidor, onde consta a definição de consumidor que segue:[84]

> "uma pessoa física ou coletiva a quem são fornecidos bens e prestados serviços para uso privado."

E encerrando este rol, a Lei mexicana disciplina que:[85]

> "consumidor é quem contrata, para sua utilização, a aquisição, uso ou desfrute, de bens ou a prestação de um serviço."

Antes de introduzirmos o assunto, chamamos a atenção para o fato de, em matéria de consumo, vários países terem adotado a técnica conceitual, objeto da nossa análise no item 9.1, e lembramos que, geralmente, as cópias e imitações recaem sobre experiências de sucesso.

---

[81] Citada por Eduardo Gabriel Saad in *Comentários ao Código de Defesa do Consumidor – Lei 8.078, de 11.09.90*, p. 60.

[82] Citado por Fábio Ulhoa Coelho in *O Empresário e os Direitos do Consumidor*, p. 45.

[83] Citado por Eduardo Gabriel Saad in *Comentários ao Código de Defesa do Consumidor – Lei 8.078, de 11.09.90*, p. 61.

[84] Idem.

[85] Citado por José Geraldo Brito Filomeno, in *Código Brasileiro de Defesa do Consumidor – Comentado pelos Autores do Anteprojeto*, p. 27.

Retornando. Da pequena amostragem de conceitos com os quais estamos trabalhando, destacam-se duas concepções distintas de elaboração: uma de cunho subjetivo, empregada nos quatro primeiros exemplos trazidos, e a outra, mais objetiva, da qual o último exemplo se aproxima. O conceito é de natureza subjetiva quando contempla considerações desta ordem, ou seja, quando determina que a finalidade da aquisição seja privada/não-profissional, limitando assim a figura do consumidor aquele que atua como particular/não-profissional. A contra-senso, a concepção objetiva dispensa avaliações deste tipo.

Mas e o legislador brasileiro, ao dispor o art. 2º, *caput*, do CDC, a qual corrente se filiou?

Plausível ou não, o conceito de consumidor no Brasil "pende" à natureza objetiva: basicamente o único aspecto mais restritivo que apresenta se concentra na exigência da posição terminal na cadeia de circulação; nada há de condicionamento ao âmbito privado/familiar, pelo menos não de modo explícito.

São justamente estas omissões que desagradam a alguns doutrinadores, como Marcos Maselli Gouvêa.[86]

Pondera o autor que o CDC foi elaborado como um direito especial, conferente de prerrogativas, com foco no consumidor sinônimo de hipossuficiente. Desta feita, tem que admitir um conceito objetivo de consumidor, sem restrições, seria permitir um campo de abrangência demasiadamente amplo para o ordenamento, desvirtuando-o da sua finalidade originária. Acrescenta ainda, como conseqüência, a possibilidade de os tribunais adotarem uma postura mais cautelosa a fim de não conferirem tutela específica indevidamente.

E efetivamente o conceito não foi admitido tal e qual o entendimento que suscita à primeira vista. Embora parecesse de fácil e pacífica interpretação, estimulando-nos até a, pela primeira vez, enfrentar diretamente a problemática deste trabalho, averiguando da possibilidade de aplicar as normas do CDC à relação entre empreendedor de *shopping* e lojista, os questionamentos brotaram. Talvez movida pela mesma inconformidade estampada no posicionamento de Marcos Gouvêa, a doutrina se apegou à principal condição disposta no conceito, a qualidade de destinatário final, para, através do significado desta, redimensionar a abrangência da definição de "consumidor".

O legislador jamais poderia imaginar o quão frutífera a doutrina faria esta condição para discussões. Quer seja em razão de consistir o último

---

[86] V. *O Conceito de Consumidor e a Questão da Empresa como "Destinatário Final"*, Direito do Consumidor 23-24/188.

recurso contra a amplitude do conceito, quer diante da porventura imprecisão da expressão "destinatário final", o fato é que as poucas linhas dispostas no *caput* do art. 2º foram capazes de provocar uma verdadeira celeuma jurídica, traduzida em posicionamentos e teorias nos mais diversos sentidos.

Assim, pensamos ser mais proveitosa a averiguação do enquadramento dos lojistas como consumidores somente após o conhecimento das principais teses relacionadas ao conceito.

9.2.2. O significado da expressão "destinatário final" e interpretações correlatas

Independentemente de qualquer leitura sobre o tema, todos nós temos noção do que seja destinatário final, inclusive porque, muito provavelmente, já tenhamos figurado centenas de vezes nesta posição.

Por conseguinte, considerar consumidor o aluno que adquire, na livraria, o livro que irá utilizar na escola, a ninguém causa estranheza. É possível identificar, de plano, todos os elementos contemplados no conceito *stricto sensu*: 1) uma pessoa física – o aluno; 2) adquirente de um produto – o livro; 3) como destinatário final – para si.

De outra banda, também é tranqüila a classificação da relação estabelecida entre a livraria e a distribuidora de livros: relação de direito comum, a ser tutelada pelo direito comercial/civil unificado. Por quê? É simples: basta fazer a mesma análise disposta no parágrafo anterior para perceber a ausência do terceiro elemento, a destinação final. A livraria é uma pessoa jurídica, no caso; adquiriu um produto – o livro; mas não como destinatária final. Age como interposta pessoa, como intermediária, pois compra para vender, para repassar a terceiro, logo, consumidora não é.

De acordo com o Tribunal:

> "Agravo de instrumento. Exceção de Incompetência. *Pessoa Jurídica. Consumidor. Empresa que adquire mercadorias para fins de revendê-las em seu estabelecimento, não é destinatária final, não sendo consumidora*, pelo que se aplicam as regras de competência da Lei Processual. Agravo Improvido." (AGI nº 70000054783, Décima Câmara Cível, TJRS, Relator: Des. Luiz Ary Vessini de Lima, Julgado em 30/09/1999). (Grifo nosso)

Ocorre que, no dia-a-dia, não estamos cercados apenas de situações límpidas, transparentes à luz do direito. Existem as nebulosas, confusas, e é com estas que devemos nos preocupar. Engajados neste propósito, nos valeremos especialmente dos exemplos clássicos mencionados na doutrina, que, obviamente, representam só uma pequena porção do universo das relações, mas com potencial suficiente para demonstrar os principais aspectos conflitantes e, inclusive, indicar caminhos.

Indagam os juristas:

O despachante que adquire uma máquina de escrever para uso no seu trabalho, a fábrica ao utilizar energia elétrica no funcionamento das máquinas, a livraria ao adquirir prateleiras para expor os livros e a transportadora quando compra um carro para transporte de cargas, o fazem na condição de destinatário final, ou melhor dizendo, são consumidores?

Depende do ponto de vista.

Deixaremos toda a apreciação doutrinária pertinente às dúvidas em referência para quando da apresentação das teorias correlatas, entretanto, no momento, a título introdutório, é útil destacarmos, mesmo que de modo superficial, algumas das percepções basilares acerca de destinatário final.

Em uma delas, é evidenciado o aspecto material, físico; enquanto em outra, se apura a destinação econômica.

Aplicando-se às indagações mencionadas: sob o ponto de vista material, o despachante, a fábrica, a livraria e a transportadora são todos destinatários finais, em virtude de não transferirem fisicamente o produto adquirido a terceiro. Em contrapartida, de acordo com a segunda concepção exposta, nenhuma destas pessoas recebe a caracterização em pauta, porque, mesmo que indiretamente, acabam por incorporar o bem adquirido ao produto que fornecerão ao mercado na qualidade de fornecedoras, ou seja, não encerram a cadeia econômica.

Nesta jurisprudência:

"Mútuo. Redução da multa contratual de 10% para 2%. Inexistência, no caso, de relação de consumo.
Tratando-se de financiamento obtido por empresário, destinado precipuamente à incrementar a sua atividade negocial, não se podendo qualificá-lo, portanto, como destinatário final, inexistente é a pretendida relação de consumo. Inaplicação, no caso, do Código de Defesa do Consumidor.
Recurso especial não conhecido." (REsp 218505/MG, T4 do STJ, Relator Min. Barros Monteiro, 16/09/1999.)

Outro argumento argüido pelos defensores desta concepção da destinação econômica é que não se poderia tratar de forma idêntica fatos naturalmente distintos, como o indivíduo que adquire o livro para com ele estudar, e o indivíduo que faz a aquisição com o fim de obter subsídios à elaboração de polígrafos que serão comercializados. Em ambas as hipóteses, o produto "livro" permanece com o adquirente; a diferença é que, na segunda, existe intenção de utilização profissional do produto para a produção de novos benefícios.

Conforme o 2º Tribunal de Alçada Cível de São Paulo:

"Arrendamento Mercantil – *Leasing* – Código de Defesa do Consumidor – Pessoa Jurídica – Fornecedora de serviços de natureza financeira – Consumidor – Aquisição ou utilização do produto ou serviço como destinatário final – Caracterização – Necessidade para sua aplicação. A relação de consumo, tutelada pela Lei 8.078/90, supõe num dos pólos a figura do consumidor destinatário final. *A aquisição de bem destinado à produção econômica ou a servir de instrumento de trabalho que integre a cadeia produtiva representa hipótese de consumo intermediário, não protegido por aquela lei.* Recurso provido." (AI 652.371-00/0, 12ª Câm – 2ª TAC/SP, Rel. Juiz Arantes Theodoro, 24/08/2000). (Grifo nosso)

E finalizando esta etapa provocativa do trabalho, trazemos um exemplo, extraordinário, suposto por Luiz Antonio Nunes, que consiste em um fazendeiro que decide ser usineiro e, com este fim, adquire uma usina para produção de álcool. Ressalta o autor que: "na produção do álcool, este vai para o consumidor, mas a usina fica" contudo, em seguida, pergunta: "Será que a usina e o prédio não são 'bens de produção' e, assim, não se pode querer ali aplicar-se o Código?"[87]

Lançados os questionamentos, vamos ao que realmente interessa: as bem-vindas respostas e justificativas.

Genericamente, Cláudia Lima Marques identifica duas correntes no que tange ao conceito de consumidor: os finalistas e os maximalistas.[88]

Defendem os finalistas que esse ordenamento especial que é o CDC teve sua instituição amparada na manifesta vulnerabilidade dos consumidores nas relações de mercado, característica esta, aliás, que foi reconhecida no art. 4º, I, do próprio Código. Conseqüentemente, interpretam que a tutela protetora específica deve ser aplicada unicamente àqueles que se ajustarem no perfil de consumidor através de uma interpretação restritiva do conceito, em conformidade com os denominados "princípios básicos" contidos nos artigos 4º e 6º do CDC, e não ampla, que alcançaria pessoas outras.

Com coerência a esta posição restritiva, entendem, nas palavras de Cláudia Lima Marques, que:

---

[87] In *Curso Prático de Direito do Consumidor*, p. 21.
[88] In *Contratos no Código de Defesa do Consumidor*, p. 141.

"Destinatário final é aquele destinatário fático e econômico do bem ou serviço, seja ele pessoa jurídica ou física. Logo, segundo esta interpretação teleológica não basta ser destinatário fático do produto, retirá-lo da cadeia de produção, levá-lo para o escritório ou residência, é necessário ser destinatário final econômico do bem, não adquiri-lo para revenda, não adquiri-lo para uso profissional, pois o bem seria novamente um instrumento de produção cujo preço será incluído no preço final do profissional que o adquiriu. Neste caso não haveria a exigida 'destinação final' do produto ou do serviço."

Relativamente a repasse de valores, temos:

"Ação de revisão de contrato de confissão de dívida. Preliminar acolhida. Impossibilidade de revisão dos contratos extintos. Inaplicabilidade do CDC. *Destinando-se o numerário para atividades empresariais, quando repassados os custos a terceiros, o tomador de empréstimo vinculado a conta corrente não é destinatário final, não incidindo as regras do CDC, por não se tratar de relação de consumo típica.* Extensão da revisão. O contrato de confissão de dívida opera novação, *ut* art. 999, I, do CC, que extingue e substitui a dívida anterior e impossibilita a revisão desta. Juros remuneratórios. Tendo sido pactuados em 1% ao mês, inexiste ilegalidade, além de não ser auto-aplicável o limite constitucional, como já decidiu o STF. Capitalização mensal. Por falta de lei que a autorize, não pode ser praticada nos contratos de confissão de dívida. Correção monetária. Manutenção do IGP-M. Apelação provida em parte." (APC nº 598 384436, Décima Oitava Câmara Cível, TJRS, Relator: Des. Wilson Carlos Rodycz, Julgado em 05/11/1998) (Grifo nosso)

Para os finalistas, consumidor é aquela pessoa que adquire um produto visando ao uso próprio, não-profissional e/ou de sua família, pois é nesta situação que há vulnerabilidade.

Permitimo-nos um aparte. Não é apenas impressão que as condições "não-profissional" e "para uso próprio ou da família" já foram vistas no presente texto. Em que momento? Exatamente naquele que trata do conceito subjetivo de consumidor. Por sinal, estas condições constam nos conceitos trazidos pelo direito comparado, nos quatro primeiros. Será mera coincidência? Que cada um julgue como bem quiser. Mas o inegável é que os intérpretes finalistas deram uma imensa volta e acabaram na natureza subjetiva do conceito de consumidor, contudo, com uma peculiaridade: a subjetividade indireta do conceito através da expressão "destinatário final". A construção não foi em vão.

Ainda a respeito desta corrente, salienta a autora citada, que com muita habilidade a comenta, que de uma posição mais radical, passaram os finalistas a admitir certa flexibilidade: aceitam que o Judiciário aplique, analogicamente, normas protetoras do CDC a empresas de pequeno porte e a profissionais que tenham contratado "fora de seu campo de especialidade", desde que detectada a vulnerabilidade dos mesmos. Observemos que não se trata de considerar a empresa e o profissional consumidores *stricto sensu*, mas tão-somente de aplicar a extensão da lei por analogia a um princípio básico.

Por esta corrente, o usineiro, o despachante, a fábrica, a livraria e a transportadora, destinatários fáticos dos respectivos bens adquiridos, mas com fins econômicos, consumidores não são. Com muita boa vontade, aqueles de pequeno porte e vitimados pela vulnerabilidade em contratos distantes do foco profissional poderiam receber a tutela protetora sob o amparo da analogia.

No extremo oposto, encontram-se os maximalistas. Afirmam que o CDC consiste no regramento geral do mercado de consumo e que, portanto, o conceito disciplinado no *caput* do art. 2º deve ser interpretado numa visão ampla, abrangendo o maior número de relações possíveis.

Os maximalistas corroboram com a concepção objetiva do conceito de consumidor, onde pouco importa a qualidade de profissional ou não do adquirente do bem, basta que seja o "destinatário final". No que tange a esta expressão, destinatário final, sustentam que é sinônimo de destinatário fático, ou seja, da pessoa que retira o produto do mercado fisicamente, que o consome, com fins particulares ou profissionais.

Esta corrente consideraria todos aqueles relacionados, na indagação acima proposta, consumidores; pois ao adquirirem a usina, a máquina de escrever, a energia elétrica, as prateleiras e o carro, respectivamente, o teriam feito na qualidade de destinatário fático do produto. É absolutamente irrelevante se a aquisição foi estimulada por uma finalidade lucrativa ou não, se o carro será usado para transporte de cargas de uma empresa ou para passeio familiar.

Em se adotando este posicionamento de conceito aberto, não seriam os lojistas, ocupantes de espaço em *Shopping Centers*, consumidores *stricto sensu*?

Certamente que, sob a ótica maximalista, sim; acontece que várias outras, com ela, disputam preferência.

A criatividade jurídica não se cingiu às duas correntes mencionadas. Convenhamos que teses antagônicas e extremadas sempre foram um convite aos pensamentos intermediários, que mesclam idéias ou somam novos elementos. No caso, isto também ocorreu. Surgiram as mais variadas teorias com o propósito de elucidar o conceito de consumidor, algumas até singulares, tendo, como ponto principal de atrito, a pessoa jurídica; então, que sejam conhecidas!

Enganaram-se todos que pensaram ser a corrente maximalista a ponta oposta, na linha filosófica, à dos finalistas. O conceito de consumidor recebeu uma amplitude ainda maior pela teoria acolhida, dentre outros, por Tupinambá M. Castro do Nascimento.[89]

De acordo com dita teoria, a matéria-prima, ao ser empregada no processo de produção, é consumida; logo, aquele que a emprega, é o destinatário final, o seu consumidor. Reproduzindo a ilustração comentada: uma montadora de automóveis, ao adquirir chapas de aço, parafusos e estofados para comporem o carro, os consome, pois eles deixam de existir como produtos, individualizados, e passam a formar um novo objeto, este sim, passível de ser adquirido por terceiros. O comprador de um carro não está a adquirir uma porção de parafusos, quatro rodas, uma buzina, etc., mas unicamente o carro. Dá-se o mesmo com a fábrica de confecções: é destinatária final dos tecidos, linhas e botões porque não os transfere à clientela, seus produtos de venda são casacos, calças e assim por diante.

A respeito, opina Marcos Maselli Gouvêa:[90]

"Praticamente todo ato de aquisição estaria vinculado a um ato de consumo (com exceção, é claro, da hipótese – pacífica, conforme já afirmado – em que se adquire o produto com vistas à sua ulterior negociação, exatamente no mesmo estado em que fôra adquirido). É, portanto, uma interpretação que dilui a excepcionalidade do direito do consumidor, vulgarizando-o e, conseguintemente, enfraquecendo-o."

Luis Antonio Nunes, por sua vez, sequer admite a teoria, afirmando que em situações como a da montadora é certa a aplicação do direito comum.[91]

A nós, restou duvidoso que tipo de destinação final a teoria sustenta. Econômica não é, pois estamos falando justamente de matéria-prima, de insumos, em um processo de produção; tampouco física, visto que se alguém quiser saber sobre o paradeiro dos parafusos, ou dos botões, certamente não os localizará com a montadora nem com a fábrica de confecções. O fato de determinada pessoa, ao adquirir um automóvel da montadora, não ser considerada a consumidora dos parafusos do veículo, mas sim do todo, não implica a montadora ter que ser qualificada de

---

[89] Citado por Marcos Maselli Gouvêa, v. *O Conceito de Consumidor e a Questão da Empresa como "Destinatário Final"*, Direito do Consumidor 23-24/189.

[90] V. *O Conceito de Consumidor e a Questão da Empresa como "Destinatário Final"*, Direito do Consumidor 23-24/189.

[91] In *Curso Prático de Direito do Consumidor*, p. 20.

consumidora. Queremos com isto dizer que a aquisição de um produto não obrigatoriamente corresponde à identificação da figura de um consumidor.

Concessa venia, entendemos que a abrangência incutida na expressão "destinatário final", pelo posicionamento em exame, extrapola, e muito, o propósito do legislador ao aplicar a terminologia. Da leitura do art. 2º, não brota pensamento de tamanha amplitude, logo, se esse fosse o objetivo, teria sido bem especificado, a fim de evitar interpretações equivocadas.

Enfocando aspectos totalmente distintos dos referenciados pelos finalistas, maximalistas e pela teoria defendida por Tupinambá Nascimento, Luiz Antonio Nunes apresenta uma tese deveras inovadora para resolver casos complicados. Desenvolve um raciocínio original, que vale a pena ser demonstrado, e tira conclusões inéditas. Tem como ponto de partida três exemplos hipotéticos. Dois deles já foram por nós abordados, o relativo à aquisição da usina de álcool e o da aquisição de uma máquina de escrever; o terceiro consubstancia-se na compra, pela montadora, do prédio que utilizará para a montagem de veículos.[92]

Em um primeiro momento, afirma que se levando em conta que o álcool produzido pela usina vai para o consumidor, mas a usina permanece com o usineiro; que os carros montados são destinados à venda, mas o prédio onde ocorre a montagem fica com a montadora; até se poderia pensar que o usineiro e a montadora são destinatários finais da usina e do prédio. Por identidade, o despachante adquirente da máquina de escrever para uso no seu trabalho também receberia a referida qualificação. Ou seja, tratamento igual para as três situações; porém, é a esta igualdade que Nunes se mostra contrário.

Não obstante o CDC não ter feito qualquer menção a bens de produção e bens de consumo, vislumbra, na diferenciação de ambos, a solução para averiguar a aplicação do direito protetor na aquisição de produtos para uso na atividade profissional. De imediato, classifica a usina e o prédio de montagem como bens de produção, advindo, como conseqüência prática, a aplicação do direito comum, pois, na opinião do autor, o CDC, que visa a bens típicos de consumo, não deve tutelar operações que envolvam bens de produção, "primeiro porque não está dentro de seus princípios ou finalidades; segundo porque, dado o alto grau de protecionismo e restrições para contratar e garantir, o Código seria um entrave nas relações comerciais desse tipo e que muitas vezes são de grande porte." Mas no tocante à máquina de escrever, desgosta-lhe a possibilidade de poder ser caracterizada ora como bem de produção, ora como bem de consumo, de acordo com a destinação que lhe seja dada. Argumenta que, ao fabricante da máquina, é irrelevante a utilização que o adquirente dela fará.

---

[92] In *Curso Prático de Direito do Consumidor*, p. 21.

Desta feita, em situações similares, produtos como a máquina de escrever, produzidos em série, tipo prateleiras, botões, parafusos, carros, etc., todos em tese típicos de consumo, mesmo quando comprados para "produção de outros bens", ensejarão a regulamentação do CDC.

Compartilhamos *in totum* da crítica feita por Maria Antonieta Zanardo Donato a este posicionamento, no que concerne à desconformidade do mesmo para com o CDC.[93] Pensar que um ordenamento que sequer faz referência às expressões "bens de consumo" e "bens de produção" utiliza o significado destas para balizador de sua abrangência, de sua aplicabilidade, não está correto na nossa visão. Por mais que se condene a interpretação literal da norma, deve-se ter o extremo cuidado de, ao interpretar, não legislar.

Ocorre que a crítica da jurista é ainda mais profunda. Ao indagar se a compra de um carro para uso próprio e a compra de vários veículos para revenda seria igualmente tutelada pelo CDC, nos deu a entender que interpretou, a teoria em comento, admitir esta segunda hipótese; afinal, carro é, por filosofia, bem de consumo: produzido em série. Neste ponto somos discordes: ao apreciarmos a obra de Nunes, tivemos a forte impressão de que o critério da classificação dos bens, em de consumo ou de produção, vale somente para suprir as dificuldades interpretativas das chamadas "situações complexas", aquelas em que o bem é adquirido com a finalidade de utilização em atividade econômica, mas invariavelmente permanece com o comprador. Carros comprados para revenda não estariam sujeitos a este critério.

Transcrevemos abaixo os termos do autor que nos conduziram à percepção acima disposta.[94]

"... ninguém duvida de que não há relação protegida pelo Código quando a concessionária adquire o automóvel da montadora, como intermediária, para posterior venda ao consumidor ..."

"Resumindo:
a) O Código regula situações onde haja 'destinatário final' que adquire o produto ou serviço para uso próprio sem finalidade de produção de outros bens e serviços.
b) Regula também situações onde haja 'destinatário final' que adquira o produto ou serviço com finalidade de produção de outros bens ou serviços, desde que o bem ou serviço adquiridos sejam oferecidos normalmente ou em série ao mercado de consumo, através do comér-

---

[93] In *Proteção ao Consumidor: Conceito e Extensão*, p. 86.
[94] In *Curso Prático de Direito do Consumidor*, p. 20 e 24.

cio e independentemente do uso que o adquirente vai dar ao produto ou serviço.

c) E o Código não regula situações onde, apesar de se poder identificar um 'destinatário final', o produto ou serviço é entregue com a finalidade específica de servir de 'bem de produção' para outro produto ou serviço e via de regra não está colocado no mercado de consumo como bem de consumo, mas como de produção; o consumidor comum não o adquire."

Todavia, pelo argumento já explicitado, não adotamos esta teoria.

Talvez inspirado na corrente finalista, Geraldo Vidigal apresenta uma visão acentuadamente restritiva do conceito de consumidor. Entende que a expressão "destinatário final", contida no conceito, está única e diretamente relacionada à utilização do bem para satisfação direta de uma necessidade econômica, configurando-se, portanto, consumidor aquele onde se encerra o processo econômico.[95]

Sucede que, na opinião do jurista, uma empresa jamais é a destinatária econômica de um bem. Não pensemos que está a se referir exclusivamente à matéria-prima e aos bens estritamente necessários à produção, como a máquina, a usina e o prédio usado pela montadora; engloba, igualmente, bens acessórios tipo veículos, mobiliário, computadores, uniforme de empregados, alimentos e outros, sob o argumento de que os encargos oriundos da aquisição de qualquer deles acabam sempre sendo incluídos no custo da produção e repassados ao consumidor, este sim, destinatário econômico.

Em outras palavras, classifica todos os bens utilizados em uma empresa como insumos e, por conseqüência, da relação para aquisição dos mesmos, exclui a tutela do CDC. O resultado é o pronto descarte da pessoa jurídica com fins lucrativos do conceito de consumidor.

Ao manifestar-se sobre esta concepção, Fábio Ulhoa Coelho ressalta a incompatibilidade de se aplicar uma definição puramente econômica a uma análise jurídica, "de modo acrítico", como verdade absoluta, pois são ciências distintas, com objetivos particulares.[96]

Maria Donato, por sua vez, atenta ao fato censurável de estarem sendo colocadas em um mesmo patamar "todas as atividades realizadas pela empresa", de estarem sendo igualmente consideradas, por exemplo nosso, a aquisição, pela montadora, de máquinas, de estofamento para os bancos dos veículos e de quadros decorativos para a sala de um diretor.[97]

---

[95] Conforme citação de Marcos Maselli Gouvêa, v. *O Conceito de Consumidor e a Questão da Empresa como "Destinatário Final"*, Direito do Consumidor 23-24/189.

[96] In *O Empresário e os Direitos do Consumidor*, p. 49.

[97] In *Proteção ao Consumidor: Conceito e Extensão*, p. 85.

Em rumo diferenciado é o comentário de Marcos Maselli Gouvêa, que pode ser resumido no seguinte trecho bem posto pelo autor:[98]

"O uniforme do pessoal que não lida diretamente com o público não acrescenta nenhuma utilidade nova aos produtos finais. Seu custo é repassado ao público, mas não sua utilidade: para o público, é indiferente se tais empregados vestem ou não um uniforme.
Retornando ao conceito do Código: consumidor é quem adquire ou utiliza como destinatário final, e não quem arca com os ônus, como destinatário remoto."

Quer dizer que mesmo o custo da totalidade de bens adquiridos pela empresa sendo incorporado ao preço final do produto direcionado ao mercado, a utilidade de muitos desses bens não passa nem perto do consumidor do produto final; a exemplo, citamos o lanche dos operários, irrelevante para o público.

À semelhança da teoria amparada por Nunes, também pensamos haver, no pensamento de Vidigal, certa criação espontânea. Abstraiu do conceito disposto no Código aquilo que nele não estava dito, limitações não estabelecidas.

Ora, no universo das pessoas jurídicas existentes, muito menor é o número daquelas sem finalidade lucrativa. Será coerente pensar que o legislador, ao fazer referência ao sujeito, sem ressalva alguma, quis abranger unicamente a minoria?

Além disso, parece ter ficado esquecida uma palavrinha de soberba importância no conceito: "*toda* pessoa física ou jurídica" (grifo nosso). Na Enciclopédia e Dicionário de Koogan/Houaiss, a expressão "todo" recebe a significação de "qualquer". Sem sombra de dúvidas que "qualquer" discrepa de "só algumas pessoas jurídicas", as sem finalidade lucrativa. Portanto, a interpretação de Vidigal não deve prosperar.

Contudo, interessa frisar que independentemente do caminho escolhido, Vidigal também revestiu o conceito "objetivo" de consumidor *stricto sensu* de total subjetividade, impondo a condição do uso privado, não-produtivo, do bem adquirido.

Conhecido o radicalismo restringente, passemos a uma teoria mais branda, intermediária, que é a sustentada por Fábio Ulhoa Coelho. O autor, agindo em harmonia a sua crítica à tese de Vidigal, preconiza uma visão jurídica ao conceito de insumo, atingindo resultados distintos da concepção econômica.

---

[98] V. *O Conceito de Consumidor e a Questão da Empresa como "Destinatário Final"*, Direito do Consumidor 23-24/191.

São suas palavras:[99]

"Na definição do conceito jurídico de insumo, proponho que se distingam os bens adquiridos pelos empresários para emprego em sua empresa de acordo com a sua estrita indispensabilidade para o correspondente processo produtivo. Desse modo, seriam insumo, sob o ponto de vista jurídico, as aquisições de bens ou serviços estritamente indispensáveis ao desenvolvimento da atividade econômica explorada pelo empresário, e consumo, as demais."

Quanto ao método de apuração da indispensabilidade, sugere o exclusivo, ou seja, para se saber se determinado produto é ou não essencial à atividade econômica da empresa, basta supor a sua eliminação e imaginar se esta acarretaria alguma alteração quantitativa ou qualitativa no processo produtivo. A resposta positiva caracteriza a essencialidade e, por conseqüência, tratar-se de insumo, afastando o Código de Defesa do Consumidor; por óbvio, a negativa, atrai a incidência desta legislação protetora.

O exemplo trazido pelo autor é o contrato de fornecimento de energia elétrica celebrado com determinada empresa. Estará dita empresa na condição de consumidora? Vejamos: se a energia elétrica fosse cortada, a empresa, face às suas necessidades, não teria como trabalhar; logo, no caso, a energia é insumo, e a relação, visando a seu fornecimento, deve ser regulada pelo direito comercial, conforme Fábio Coelho, em manifesto anterior ao vigor do novo Código Civil (Lei nº 10.406/2002).

Mas o jurista foi mais longe ainda, mostrando-se disposto a enfrentar efetivamente todas as circunstâncias periclitantes. Procurou questionar sua própria teoria e encontrar as soluções.

Neste sentido, no exemplo escolhido, desviou a análise para a energia elétrica que alimenta o ar condicionado da sala da diretoria. Certamente que a falta de climatização desta sala em nada interferiria no processo econômico da empresa, mesmo que incômoda, seria irrelevante ao resultado final, equivalendo, portanto, a bem de consumo.

Temos um aparente impasse: a energia elétrica, como um todo, é o objeto do contrato; todavia, se presta a figurar, para a mesma empresa, parte como insumo e parte como bem de consumo. Afinal, que ordenamento aplicar?

Fábio Ulhoa Coelho diz que nas situações híbridas, "o aspecto da indispensabilidade estrita de parte do contrato prepondera sobre a parte dispensável", o que é aceitável. Desta feita, tem que a relação deve também ser tutelada pelo direito comercial.

---

[99] In *O Empresário e os Direitos do Consumidor*, p. 50.

De acordo com o que compreendemos, nesta teoria a energia elétrica não recebe a classificação eterna de insumo. Até podemos dizer que, muito provavelmente, quase sempre, insumo será, visto que é um bem naturalmente necessário; entretanto, havendo situação não-híbrida em que se mostre dispensável, nada impedirá a tutela do CDC. Mas que situação?

Imaginemos um estabelecimento de cultivo de plantas exóticas, envidraçado, com teto solar, e de horário de funcionamento restrito a poucas horas do dia. A atividade nele executada é primária; cinge-se ao cuidado humano a plantas, dispensado qualquer equipamento elétrico. A iluminação, por orientação técnica, é natural, inclusive a do recanto onde fica uma mesa e um telefone, que bastam para os contatos com as floriculturas adquirentes. Este estabelecimento recebe energia elétrica, mas ela é utilizada para fazer funcionar a cafeteira, a televisão, enfim, para o bem-estar das duas proprietárias nos poucos, mas suficientes, momentos que ali passam. Antes do anoitecer, ninguém mais freqüenta o local. Pergunta-se: caso a energia fosse desligada, haveria diminuição da quantidade ou da qualidade das plantas cultivadas? Dificultaria os contatos comerciais ou as vendas? Não; conforme vimos, nesta conjetura, superparticular, a luz desempenha o papel unicamente de proporcionar conforto; é dispensável, é bem de consumo, por conseguinte, a empresa, ao contratá-la, assume a condição de consumidora. De outro lado, a aquisição, por esta mesma empresa, das sementes, matéria-prima básica, reporta ao conceito jurídico de insumo e ao decorrente amparo do direito comum.

Pelo disposto, a pessoa jurídica, inclusive de fins lucrativos, pode ser consumidora, desde que esteja a adquirir produto ou utilizar serviço que lhe seja dispensável.

A tese em voga apresenta-se racional e bem desencadeada, porém, também acrescenta sobre o conceito da lei. Ao CDC, pelo menos de forma perceptível, a classificação em insumo e bem de consumo é matéria desconhecida, não abrigada.

Assim, questionamos se não está o intérprete, ao elegê-los o remédio para o problema, agregando juízos e valores seus, estranhos à norma. Apesar da nossa discordância, devemos ressaltar que o autor não está só ao lembrar dos "insumos". Na jurisprudência também encontramos dita referência:

"Locação – Bem Móvel – Pessoa Jurídica – Não caracterização como destinatário final – Inaplicabilidade do Código de Defesa do Consumidor.

Não se pode estender o rótulo de consumidor a quem adquire *bens de capital*, *insumos* ou equipamentos destinados à produção em qualquer de suas etapas. Aquele que adquire bens ou recebe serviços precisamente para se manter no mercado econômico como fornecedor não pode se valer do regime do Código de Defesa do Consumidor por não se cuidar de destinatário final." (APC S/REV. 591.349-00/0, 12ª Câm – TAC/SP, Rel. Juiz Ribeiro da Silva, 27/07/2000) (Grifo nosso)

Com outro enfoque, mas igualmente intermediária, é a versão de Marcos Maselli Gouvêa para fixar as fronteiras das relações de consumo.

Propõe o autor que a interpretação da controvertida expressão "destinatário final" seja realizada sob a ótica da noção de fundo de comércio, ou, não se tratando de estabelecimento comercial, de fundo de fornecimento, com idêntico significado,[100] o que também podemos chamar de "fundo de empresa", se tomarmos por base o novo Código Civil (Lei nº 10.406).

De início, aponta a necessidade de se fixar a diferenciação entre os bens que integram o fundo de comércio e os demais. Para tal, relembra o conceito de fundo de comércio como sendo o conjunto de bens empregados com vistas à atração da clientela, abrangendo desde o prédio onde se desenvolve a atividade, o mobiliário, os produtos, até o nome comercial.

Exemplifica que quando vamos a uma livraria e adquirimos um determinado livro, esta compra é influenciada por elementos aparte do produto, como o local onde o mesmo está disposto, o prestígio da loja, a iluminação agradável, enfim, elementos que, se ausentes, talvez o negócio não tivesse se realizado. Estes todos constituem o fundo de comércio. Paralelamente, na estrutura desta mesma livraria, muito provavelmente existam bens que ao público não produzam efeito algum, tipo os carros de transporte dos funcionários, o programa de computador para fazer a folha de pagamento, dentre outros, alheios, portanto, ao fundo em referência.

Deste modo, sustenta que não só o produto em si mas também os demais bens que integram o fundo de comércio acabam por estar destinados ao público, à atração deste, à medida que se somam ao objeto de venda, tornando-o mais convidativo. Por conseguinte, a empresa, ao adquiri-los, não o faz como destinatária final, não é deles consumidora, mesmo que não vise à transferência física dos mesmos a terceiros.

Salienta, porém, o jurista que suas conclusões nada têm a ver com a teoria de Vidigal, pois lhe é irrelevante se os gastos com determinado bem reverterão ou não ao preço do produto final. E prova o que diz reportando-se ao exemplo do veículo que transporta o diretor da empresa; com certeza, para Vidigal, a aquisição do mesmo seria regida à margem do CDC, porque acabaria repercutindo financeiramente ao consumidor; no entanto, conforme Gouvêa, por não consistir bem atrativo de clientela, ou

---

[100] V. *O Conceito de Consumidor e a Questão da Empresa como "Destinatário Final"*, Direito do Consumidor 23-24/191.

seja, por fugir ao conceito de fundo de comércio, tem como destinatário final a empresa, configurando a relação de consumo.

Nos termos do jurista:

"O que importa não é, portanto, o fato de o consumidor pagar, em última análise, pelo produto adquirido pela empresa, mas sim que este produto esteja destinado a ele, destinado à sua atração; enfim, importa é que o bem, de alguma forma, reverta em satisfação para o consumidor."

Apesar de adotar parâmetros inéditos, a idéia final ora disposta em muito se assemelha à posição de Fábio Ulhoa Coelho, de conceber a pessoa jurídica com fins lucrativos como consumidora em determinadas circunstâncias. E é exatamente o condicionamento a estas circunstâncias, fruto da interpretação, que alia, à norma, o caráter de subjetividade, no caso em exame, consubstanciado em não se tratar o produto de bem que venha a integrar o fundo de comércio. Quanto a nossa opinião a respeito dessa teoria, é similar à emitida na apreciação daquela concepção também intermediária, qual seja, de que extrapola o fim do preceito, logo, é insatisfatória.

Eduardo Gabriel Saad, ao comentar o *caput* do art. 2º do CDC, entende "destinatário final" como a pessoa que "adquire um produto para satisfazer a uma necessidade pessoal ou a uma necessidade desvinculada da atividade básica em se tratando de pessoa jurídica". Na seqüência, conclui que a aquisição de peças necessárias à composição do produto final, pela empresa, não a qualifica de consumidora, e cita a decisão seguinte:[101]

"Indenização. Responsabilidade civil. Ajuizamento por pessoa jurídica. Fundamentação no Código de Defesa do Consumidor. Inadmissibilidade. *Bem adquirido para ser aplicado na sua atividade empresarial. Qualidade de consumidor inexistente.* Interpretação do art. 2º, da Lei Federal n. 8.078/90. Sentença confirmada." (APC, Décima Sexta Câmara Cível, TJSP, noticiada pela Revista dos Tribunais, 1997, p. 166) (Grifo nosso)

A nós, esta exposição de Saad suscita duas possibilidades. A primeira é de que o exemplo das peças assume a função de delimitar a definição de "atividade básica" da empresa. Em sendo esta hipótese verídica, a empresa só escaparia da noção de "destinatário final" quando estivesse a adquirir matéria-prima ao produto, afora isto, consumidora seria. Note-se que o conceito de consumidor assim concebido estaria conquistando espaços,

---

[101] In *Comentários ao Código de Defesa do Consumidor – Lei 8.078, de 11.09.90*, p. 60.

recebendo uma enorme abrangência. A segunda consiste em o exemplo ter sido posto para demonstrar apenas um dos casos em que a aquisição mantém relação com a atividade principal da empresa, sem o intuito de excluir outros, não tão diretos.

Pelo contexto, o mais provável é que tenha ocorrido a última hipótese. Relativamente a ela, sentimos uma dificuldade: o significado de "atividade básica" pendente de conceituação, de limites. Por conseguinte, vamos nos abster de tecer comentários em razão da falta de elementos suficientes para tal.

Mas do que foi apresentado, no mínimo, uma certeza podemos tirar: Saad também admite o consumidor pessoa jurídica. Em que circunstâncias? Estas, no texto examinado, não conseguimos identificar com precisão.

Se tivéssemos que fazer uma macrodivisão didática no estudo das teorias sobre o conceito de consumidor propriamente dito, classificaríamos, em um primeiro bloco, o rol de pensamentos que enfatizam os mais diferentes critérios de definição, como alguns dos acima apreciados, e, em um segundo, teorias tipo a finalista, a de Cláudia Lima Marques, a de Maria Antonieta Zanardo Donato e a de José Geraldo Brito Filomeno, face ao motivo de estas considerarem, como integrante principal do conceito, uma característica até então pouco exaltada: a vulnerabilidade.

Cláudia Lima Marques respalda toda sua interpretação do conceito *stricto sensu* na nova filosofia trazida pelo CDC, que é a função social dos contratos; a propósito, função social esta esposada expressamente pelo novo Código Civil (Lei nº 10.406). Salienta que diante do evidenciado desequilíbrio de forças existente entre os contratantes, sendo uma das partes a mais fraca, a desprovida de opção que efetivamente corresponda a sua íntima vontade, a vulnerável, veio o Código do Consumidor com o objetivo de estabelecer a eqüidade, fundamental às relações neste âmbito. Resta-nos saber o que entende a jurista por vulnerável e quais pessoas assim qualifica.[102]

Aponta ela três tipos de vulnerabilidade: a técnica, a jurídica e a fática. Afirma que está presente a vulnerabilidade técnica quando "o comprador não possui conhecimentos específicos sobre o objeto que está adquirindo e, portanto, é mais facilmente enganado quanto às características do bem ou quanto à sua utilidade". Sobre a vulnerabilidade jurídica ou científica, diz ser "a falta de conhecimentos jurídicos específicos, conhecimentos de contabilidade ou de economia". E a respeito da vulnerabilidade fática ou também chamada de socioeconômica, comenta que está

---

[102] In *Contratos no Código de Defesa do Consumidor*, p. 147.

atrelada a figura do fornecedor "que por sua posição de monopólio, fático ou jurídico, por seu grande poder econômico ou em razão da essencialidade do serviço, impõe sua superioridade a todos que com ele contratam." Estes três tipos de vulnerabilidade, na sua opinião, são presumidos ao consumidor não-profissional. Cita a autora:

> "Na sociedade brasileira atual, essenciais são não somente os serviços públicos ou ex-públicos. Veja decisão do TJSP, cuja ementa é a seguinte: Contrato de adesão. Convênio médico-hospitalar. Liberdade ampla de contratar. Igualdade entre as partes. Inocorrência. Serviço necessário à saúde. Relativa liberdade. Recurso não provido. O princípio da autonomia da vontade parte do pressuposto de que os contratantes se encontram em pé de igualdade, e que, portanto, são livres de aceitar ou rejeitar os termos do contrato. Mas isso nem sempre é verdadeiro. Pois a igualdade que reina no contrato é puramente teórica, e via de regra, enquanto o contratante mais fraco no mais das vezes não pode fugir à necessidade de contratar, o contratante mais forte leva uma sensível vantagem no negócio pois é ele que dita as condições do ajuste." (Ap. C. 232.777-2, Rel. Gildo dos Santos, j. 19.5.94)

Destarte, chega à conclusão de que o conceito explicitado no art. 2º, *caput,* deve ser interpretado à luz do Princípio da Vulnerabilidade, previsto no inc. I do art. 4º do mesmo ordenamento, e adere à teoria finalista, que tem o consumidor como o destinatário final fático e econômico do bem ou serviço, abrangendo o não-profissional e o profissional quando celebra contrato fora de sua atividade, não visando ao lucro.

Bem, mas e para o profissional, pessoa física ou jurídica, atuante nesta condição, o que sobra? Deste, Cláudia Marques cuida com particularidade. De forma geral, em um primeiro momento, defende a presunção de inexistência de desequilíbrio relevante nas relações que o mesmo mantém com outros profissionais. Em seguida, reporta-se à questão da vulnerabilidade jurídica ou científica dizendo que, no caso, a presunção é de que o profissional e a pessoa jurídica tenham conhecimentos jurídicos e econômicos suficientes para o exercício de suas atividades ou, pelo menos, disponham de condições para providenciar o assessoramento necessário. No tocante à vulnerabilidade fática e técnica, não presume a favor nem contra.

Todavia, destaca a autora que apesar do profissional em exame não estar enquadrado no conceito de consumidor *stricto sensu*, excepcionalmente, na contratação com outro profissional, pode mostrar-se vulnerável e hipossuficiente, logo, merecedor da proteção do CDC. E lembra que isto só é possível porque o legislador brasileiro, inteligentemente, restringiu o conceito propriamente dito, do *caput*, mas permitiu, na mesma lei, uma enorme flexibilidade ao instituir a figura do equiparado a consumidor.

De acordo com Claudia:

"Trata-se de um sistema tutelar que prevê exceções em seu campo de aplicação sempre que a pessoa física ou jurídica preencher as qualidades objetivas de seu conceito e as qualidades subjetivas (vulnerabilidade), mesmo que não preencha a de destinatário final econômico do produto ou serviço."

Atentemos ao fato de que novamente a autora considera, "a vulnerabilidade", o passaporte para o amparo da Lei Especial, só que agora não a presume, como aos consumidores propriamente ditos, exige a comprovação da sua existência, pelo profissional, pessoa física ou jurídica, para viabilizar a equiparação prevista no parágrafo único do art. 2º e outros.

O estudo dos agentes equiparados dar-se-á oportunamente; no momento, concentremo-nos na idéia de que a doutrinadora adota a corrente finalista aumentando a dose do Princípio da Vulnerabilidade.

No que tange aos finalistas, nossa crítica foi anteriormente exposta, resta-nos, no entanto, abordar os aspectos relativos à vulnerabilidade, tão realçada por Cláudia Marques.

Irrefutavelmente é a vulnerabilidade um elemento estranho ao conceito explícito de consumidor propriamente dito. Então, podemos dizer que, por semelhança à tese que envolve a distinção de insumo e bem de consumo e à concepção relativa ao fundo de comércio, também merece a censura de configurar juízo de valor do intérprete, alheio à norma? A resposta é negativa, porque se trata de situação diferenciada. A vulnerabilidade realmente não está prevista no *caput* do art. 2º, mas, constitui-se o alicerce, a mola mestra de todo o ordenamento, é contemplada como princípio elementar. O Código foi criado em função do desequilíbrio nas relações contratuais, conseqüentemente, seria injusta a sua aplicação em estando ausente a vulnerabilidade, pressuposto para o recebimento de proteção. Desta feita, neste ponto, corroboramos na íntegra com a jurista: é condição *sine qua non* interligar, ao conceito de consumidor, a noção de vulnerabilidade.

O problema, a nosso ver, localiza-se nos critérios determinantes da presunção de vulnerabilidade. Para o consumidor não-profissional, os três tipos de vulnerabilidade foram presumidos favoravelmente; o que consideramos correto. No entanto, ao profissional e à pessoa jurídica, além de não presumir a vulnerabilidade técnica e a fática, Cláudia pressupõe a inexistência da jurídica ou científica.

Convenhamos: foi-se o tempo em que os "comerciantes", na acepção ampla da palavra, por exemplo, pessoas físicas ou jurídicas, representavam a classe burguesa da sociedade, em que celebravam seus negócios com autonomia de vontade, em que podiam bancar o necessário assessoramento; hoje, não mandam mais, não mais escolhem, simplesmente se adaptam, lutando para sobreviver. Pensar que, juntamente aos prestadores de serviço, são profissionais de elite, qualificados, instrumentalizados, é um grande engano. Ora, se um administrador de empresas precisa cursar no mínimo por cinco anos a faculdade respectiva para receber noções de direito e economia, o que esperar do "profissional" de vendas e prestador de serviços, resultado, muitas vezes, de um plano de demissão voluntária ou do falso sonho de uma economia independente? Onde teria ele aprendido direito e economia, a bem de estabelecer igualdade com os entendidos do assunto? Não pretendemos, com estas ponderações, mascarar a realidade. É claro que existem as grandes potências, grandes fábricas, grandes lojas, com departamentos especializados, jurídico, financeiro, etc., mas são as raras exceções da nossa sociedade. A maioria dos profissionais é vulnerável sob o aspecto jurídico/científico; e assim deve ser presumido.

Sobre a vulnerabilidade técnica, questionamos: está certo afirmar que, de modo geral, uma livraria, ao adquirir prateleiras de madeira para expor os livros, produto diretamente relacionado a sua atividade, tem conhecimento das características desse produto? A livraria deve entender da madeira que não é propícia a envergadura – se submetida a muito peso, da espessura necessária para sustentação dos livros, do envernizamento mais duradouro, da proteção contra cupim, ou de livros? Espera-se que o usineiro que está a comprar um galpão para instalar sua usina seja profundo conhecedor das condições da construção, da inexistência de vazamentos e infiltrações, da estrutura da obra, ou que ele domine a produção de álcool? Ora, se até nós, estudiosos do direito, igualmente aos médicos, aos engenheiros, somos impelidos à escolha de uma área específica para atuação, em razão da impossibilidade de especialização na ciência como um todo, qual seria a fundamentação para sustentar que os profissionais citados não são vulneráveis relativamente, por exemplo, às técnicas de marcenaria e às de construção civil, que sequer têm a ver com as atividades de produzir álcool e vender livros? *Concessa venia*; a mais pura verdade é que, de fato, preponderantemente, a vulnerabilidade técnica se faz presente. Assim, opinamos para que seja também presumida em prol do atuante como profissional e da pessoa jurídica, por questão de coerência e justiça.

Quanto ao terceiro e último tipo de vulnerabilidade, a fática, Cláudia Lima Marques aponta o art. 51, inciso I, *in fine*, como demonstrativo de que o CDC não a presume para a pessoa jurídica.

Reza o artigo:

"Art. 51. São nulas de pleno direito, entre outras, as cláusulas contratuais relativas ao fornecimento de produtos e serviços que:

I – impossibilitem, exonerem ou atenuem a responsabilidade do fornecedor por vícios de qualquer natureza dos produtos e serviços ou impliquem renúncia ou disposição de direitos. Nas relações de consumo entre o fornecedor e o consumidor-pessoa jurídica, a indenização poderá ser limitada, em situações justificáveis."

Com o máximo respeito a esta ilustre jurista que tanto admiramos, precisamos dizer que a interpretação devida, conforme nossa compreensão, é completamente contrária: da norma supratranscrita, abstrai-se a presunção de vulnerabilidade relativamente à pessoa jurídica, face aos motivos seguintes. O artigo em questão, inserido no capítulo que dispõe sobre a "Proteção Contratual", está a eivar de nulidade as cláusulas que considera abusivas. Assim, o Estado interfere na vontade das partes, chamando para si o poder de fixar limites que não podem ser ultrapassados. Mas porque não deixa ao alvitre dos contratantes o estabelecimento das condições do próprio negócio? A razão é transparente: deu-se conta de que sendo uma das partes a vulnerável, nas negociações, não detém a força necessária para se preservar. Pois é exatamente neste artigo que o legislador inseriu a pessoa jurídica. Será que porque a julgou auto-suficiente, ou porque também constatou nela a característica fragilidade que desencadeia a proteção contratual? A resposta, a nós, é incontroversa. Bem, mas a pessoa jurídica foi citada em uma ressalva; não teria esta a função de afastar a presunção de vulnerabilidade? Muito pelo contrário; a ressalva só faz é ratificar a existência de tal presunção. Interpretemos: no inciso J, o controle do Estado consubstancia-se na proteção e defesa contra cláusulas que (1) impossibilitem, (2) exonerem, ou (3) atenuem a responsabilidade do fornecedor ou signifiquem (4) renúncia ou (5) disposição de direitos; enquanto que a ressalva em cheque se refere exclusivamente à possibilidade de tão somente a indenização à pessoa jurídica sofrer limitação, o que quer dizer, possibilidade de tão somente atenuar a responsabilidade do fornecedor perante a pessoa jurídica (3). Cabe gizar que se trata apenas de uma possibilidade e que o implemento da mesma está adstrito a situações justificáveis.

Em suma, das cinco medidas protetoras, ditadas em razão da presumida vulnerabilidade dos consumidores, a única exceção posta ao consumidor pessoa jurídica é a de que, em determinadas situações em que haja justificativa, a indenização a ele poderá ser limitada; por conseguinte, salvo este caso, todas as proteções arroladas lhe são aplicáveis. Ademais, ainda no que concerne à limitação, além de estar condicionada à presença de justificativa, em consonância com Eduardo Arruda Alvim,[103] também depende de avaliação do juiz no caso concreto. Logo, a regra geral é o

---

[103] In *Código do Consumidor Comentado*, p. 251.

reconhecimento de idêntica vulnerabilidade à pessoa física e à jurídica, e, a exceção, o disposto *in fine* do inciso I. Não sobram dúvidas: o consumidor pessoa jurídica é, por lei, presumidamente vulnerável.

E nem poderia ocorrer de forma distinta, pois a presunção encontra respaldo nas evidências extraídas do mundo dos fatos; ou alguém ousa supor, por exemplo, que o empreendedor de *shopping* se curva diante das solicitações dos lojistas, que entre eles ocorre a chamada fase das tratativas contratuais?

Às vezes temos a nítida impressão de que vigora um certo preconceito para com os profissionais, afastando prerrogativas que lhes são essenciais. Vários doutrinadores, sem robustas justificativas, excluem dos mesmos a presunção de vulnerabilidade; para nós, isto sim é juízo de valor do intérprete, explícito e implicitamente estranho aos princípios fundamentais do ordenamento. Os resquícios da época burguesa ainda estão a disseminar injustas tendências opressoras: são criados juizados especiais cíveis, mas não às pessoas jurídicas (exceto microempresas); é instituído um código de defesa do consumidor do qual se tenta expurgar o profissional, pois é pessoa desmerecedora. A realidade não ampara tamanha discriminação. Desta feita, temos por presumida a vulnerabilidade, em seus três tipos, para o profissional/pessoa jurídica, até que se prove em contrário.

Porém, não termina aqui a ênfase à vulnerabilidade. Maria Antonieta Zanardo Donato aceita a tese de Fábio Ulhoa Coelho para explicar o alcance do conceito de consumidor; todavia, não a compreende como suficiente: adiciona à mesma um elemento que considera determinante, qual seja, a agora saliente vulnerabilidade.[104]

Acerca do critério de Fábio Coelho, que consiste em averiguar ser ou não o produto prescindível à empresa adquirente, já nos manifestamos contrários; estudemos, então, a visão da autora concernente à vulnerabilidade.

Assim doutrina:

"A partir da enunciação desse princípio fundamental das relações de consumo, entendemos que a inserção da empresa na qualidade de consumidor dependerá, além da constatação que a relação jurídica caracteriza-se como de consumo, do não afastamento da presunção de vulnerabilidade do consumidor."

Na mesma direção de Cláudia Lima Marques, confere ao Princípio da Vulnerabilidade (artigo 4º, I) importância máxima, e é feliz na sua justificativa. Diz que o CDC, nos artigos 1º a 7º, fixou os mandamentos principais, e que destes decorrem todos os demais preceitos, que nada mais

---

[104] In *Proteção ao Consumidor: Conceito e Extensão*, p. 88.

são do que "detalhamentos", completamente contaminados, portanto, pelos mandamentos. Contudo, nitidamente, conforme a posição supratranscrita, Donato, diferentemente da autora em comparação, reconhece a presunção de vulnerabilidade também à empresa, ao exigir o "não afastamento da presunção de vulnerabilidade" para a qualificação de consumidora; afinal, só pode ser afastado o que está presente. A presunção vale para todos que se enquadrarem no conceito de consumidor, de acordo com o art. 4º, I.

E para mostrar a exata dimensão da sua concepção, Donato provoca polêmica relativamente a um aspecto deveras delicado. Indaga se é possível o fornecedor, a parte forte de uma relação de consumo, com poder de impor a sua vontade, o causador do desequilíbrio em seu favor, ser visto, em outra relação, como o contratante vulnerável, a vítima da desigualdade, o carecedor de tutela protetora; se é possível a assunção, pela mesma pessoa, física ou jurídica, destas duas posições antagônicas.

A resposta da autora é inspirada no preceito do art. 2º. Afirma que o legislador, ao inserir no conceito de consumidor propriamente dito a pessoa jurídica, admitiu que, por vezes, esta se despe da superioridade característica da posição e, ao buscar a aquisição de um produto ou a utilização de um serviço como destinatária final, enfrenta o mesmo tipo de problema que um consumidor pessoa física teria em idêntico contrato; em outros termos, fica à mercê do fornecedor, desprovida do poder de barganha. Isto ocorre sempre que toda a força dessa pessoa jurídica é irrelevante para com quem ela vai negociar; logo, a vulnerabilidade se faz presente.

Nas palavras da jurista:[105]

"Isso quer dizer que, devemos considerar que dentre as situações fáticas e reais nem sempre o 'fornecedor' conseguirá transportar suas 'qualidades' ao se transformar em mero 'consumidor'. Enquanto pertencente à categoria de 'fornecedor', possuirá determinadas características ou qualidades que poderão desaparecer, a partir do momento que ingresse na categoria dos consumidores."

No entanto, apresentam-se casos em que o *status* da pessoa jurídica faz a diferença; propicia-lhe consideração por parte daquele com quem está a contratar. A jurista dá o exemplo de uma grande empresa, titular de uma vultuosa conta bancária, que consegue ótimas taxas em um empréstimo que toma junto ao banco, como destinatária final. Aqui a vulnerabilidade inexiste, logo, relação de consumo não há.

A interpretação é racional: "A princípio todos os consumidores são vulneráveis. Tratando-se de uma presunção, e não de uma certeza, esta

---

[105] In *Proteção ao Consumidor: Conceito e Extensão*, p.104.

poderá ser até mesmo afastada pelo Poder Judiciário, face às provas apresentadas pela parte contrária e estarão, pois, dependentes da apreciação do caso concreto."

Concluindo: a pessoa física, profissional, e a pessoa jurídica, preenchidos os requisitos do *caput* do art. 2º, gozam todos da presunção de vulnerabilidade e fazem jus, por conseguinte, à tutela do CDC na qualidade de consumidores *stricto sensu*. No entanto, em sendo comprovado judicialmente o equilíbrio na contratação, o conceito de consumidor não mais se faz aplicável pelo motivo de ausência de seu elemento norteador: a vulnerabilidade. O direito regente será o comum.

Finalizando o elenco demonstrativo de interpretações que evocam a vulnerabilidade para se imiscuir ao preceito do art. 2º, *caput*, trazemos a baila o comentário daquele que foi um dos autores do Anteprojeto do CDC, José Geraldo Brito Filomeno. Pondera que: "O traço marcante da conceituação de 'consumidor', no nosso entender, está na *perspectiva* que se deve adotar, ou seja, no sentido de se o considerar como *hipossuficiente ou vulnerável...*". Partindo desta premissa, condena a recepção da pessoa jurídica pelo conceito, alegando que discrepa de tais características.[106]

Eis a explicação: "dispõem as pessoas jurídicas de força suficiente para sua defesa, enquanto que o consumidor, ou ainda, a coletividade de consumidores ficam inteiramente desprotegidos e imobilizados pelos altos custos e morosidade crônica da Justiça comum." E em complemento: "o consumidor, geralmente vulnerável como pessoa física, defronta-se com o poder econômico dos fornecedores em geral, o que não ocorre com estes que, bem ou mal, grandes ou pequenos, detêm maior informação e meios de defender-se uns contra os outros quando houver impasses e conflitos de interesses."

Mas de nada adiantou protestar, a pessoa jurídica foi concebida como consumidora. Então, providenciou José Filomeno a imposição das ressalvas que julgou necessárias. Sugeriu que fosse considerada, a pessoa jurídica prevista no texto legal, aquela sem fins lucrativos, pois nesta circunstância é que ela se encontraria hipossuficiente, característica elementar à qualificação. Todavia, na seqüência de seus comentários, talvez porque tenha suposto o não-acatamento da sugestão apontada e temido, por conseqüência, a prevalência de uma tendência aberta ao conceito de consumidor, resolveu render-se ao fato consumado e atenuá-lo. Sob o embasamento da preservação do espírito do Código, relativamente ao enquadramento da pessoa jurídica como consumidora, apontou a necessidade de se observar, no que tange à aquisição de produto, que não seja o mesmo

---

[106] In *Código Brasileiro de Defesa do Consumidor – Comentado pelos Autores do Anteprojeto*, p. 28.

bem de capital, e, tratando-se de utilização de serviço, que vise a satisfazer uma necessidade oriunda de imposição legal ou da natureza do negócio, tipo o serviço de creche para os filhos das operárias.

Com esse ponto de vista, Filomeno, tal como outros autores supra-assinalados, crivou de subjetividade o preceito disposto no *caput* do art. 2º, moldando a definição nele contida. Na nossa opinião, deu um passo além da interpretação. Destarte, por todas as razões expostas, inclusive ao abordarmos concepções equivalentes, nesse aspecto, desafinamos. Desde o princípio, já sabíamos que o produto da sustentação em voga não poderia brotar são. Isso porque este autor do anteprojeto partiu de uma idéia equivocada e, sobre ela, desenvolveu o raciocínio, comprometido na origem. *Concessa venia*, mas estamos até agora a procurar, sem êxito, a alegada força da pessoa jurídica para a sua defesa. Ora, salvo raras exceções, trata-se de pessoa que vem avolumando, a cada dia, pilhas e pilhas de cheques, devolvidos sem compensação, em razão de não dispor de recursos financeiros elementares à execução ou cobrança dos mesmos, apenas para ilustrar, de pessoa que sequer tem fôlego para atuar como autora, quanto mais para se defender. Sinceramente, parece-nos estar havendo alguma confusão: a pessoa física é que foi contemplada com as benesses da Lei 9.099, dentre as quais evidenciamos a gratuidade e a celeridade da justiça; o fardo da morosidade e dos insuportáveis custos processuais constitui realmente a única alternativa, mas da pessoa jurídica. É dessa forma que esta última aproveita da argüida superioridade?

Assim sendo, carecem de razão aqueles que objetivam a exclusão da pessoa jurídica do conceito de consumidor *stricto sensu*: é *contra legem* e contra os fatos.

Bem, até o presente momento, assumimos uma posição bastante cômoda: limitamo-nos a criticar as inúmeras teses examinadas, sem, contudo, indicar um caminho. Mas quão interessante é o conhecimento, não? Temos a confessar que, até mesmo as argumentações por nós repudiadas vieram a auxiliar na colocação de tijolos fundamentais a nossa construção, evitando que cometêssemos os mesmos enganos. Se nos foi possível a formação de uma convicção, não empírica, com sustentação jurídica, tal fato é devido à riqueza de subsídios com os quais fomos municiados. Na verdade, não se trata propriamente de uma construção, e sim de uma seleta coletânea de idéias que, articuladas entre si, conforme pensamos, compõem um todo satisfatório. Vamos à exposição da nossa interpretação.

Consideramos que consumidor é toda a pessoa física, profissional ou não-profissional, e toda a pessoa jurídica, com ou sem fins lucrativos, que adquire produto ou utiliza serviço para empregar no âmbito privado/particular ou para aplicar, direta ou indiretamente, na sua atividade profissional, desde que, em qualquer das circunstâncias, resulte o destinatário final fático do bem e não tenha, contra si, destituída a presunção de vulnerabilidade.

É esta a abrangência do conceito que se encontra completamente respaldada em lei; ademais, é justa e equânime.

Destarte, pouco importa se uma confeitaria, pessoa jurídica, potencial fornecedora, ao adquirir uma batedeira, o faça com o propósito de fabricar doces, ou seja, de empregar diretamente na sua atividade principal; para se caracterizar consumidora, além de dever preservar a presunção de vulnerabilidade, basta que não objetive repassar o bem adquirido a terceiro, que seja a destinatária final do mesmo sob o aspecto fático. Confeitarias não vendem batedeiras, logo, a condição da destinação final é atendida. Quanto à vulnerabilidade, de antemão já estamos a presumi-la. O motivo é simples: a pessoa jurídica confeitaria, através dos sócios e funcionários, domina a técnica de confeitar; muito provavelmente não seja conhecedora de engenharia mecânica a ponto de compreender as mínimas características da máquina, tampouco da legislação que regula a celebração de contratos, taxas de juros etc. No entanto, se a exceção ocorrer, se a aquisição se der em pé de igualdade, caberá ao fornecedor de batedeiras provar contra a presunção, eliminando-a judicialmente, o que trará a incidência do direito comum.

Para o nosso conforto, não estamos desamparados. Vejamos a decisão seguinte:

> "1. Competência. CDC. A ação visando fazer valer o direito previsto no Art. 18, Par. 1, Inc. I, do CDC, aplica-se a faculdade de escolha do foro prevista no Art. 101, Inc. I, do mesmo diploma. *A pessoa jurídica que adquire máquina a ser utilizada em seu processo produtivo caracteriza-se como consumidor, frente à empresa que lhe vendeu o equipamento. Trata-se, no caso, de bem cujo destinatário final é a compradora.* Confirmação da decisão que rejeitou a exceção de incompetência, considerando competente o foro da sede da empresa demandante. 2. Sucumbência. Inocorre sucumbência em incidentes processuais. Agravo provido em parte, para afastar a condenação respectiva." (AGI nº 599397494, Décima Câmara Cível, TJRS, Relator: Des. Luiz Lucio Merg, Julgado em 12/08/1999) (Grifo nosso)

De outra banda, esta mesma confeitaria, ao comprar farinha, ovos, açúcar, enfim, ingredientes que, compostos na fórmula adequada, formam os doces – o produto final –, como consumidora não será qualificada: faltar-lhe-á, no mínimo, o requisito de destinatária final dos ingredientes, os quais, mesmo transformados, terminam para os clientes da confeitaria. E a vulnerabilidade estará presente? No caso é irrelevante, pois as condições extraídas do conceito de consumidor *stricto sensu* são cumulativas, o que significa que, a partir do momento em que uma for desatendida, a qualificação restará impossibilitada. Entretanto, a análise aparenta ser bastante curiosa, até para fortalecer a noção de vulnerabilidade, tão necessária. Permitamo-nos então um parêntese. Pode-se exigir da confeitaria total segurança quanto às características e utilidades dos ingredientes? Evidente que sim, porque eles consistem no próprio trabalho; ou alguém consegue admitir que um confeiteiro não seja capaz de identificar que, por exemplo, as cerejas já passaram do ponto de amadurecimento? Mas muito cuidado! O questionamento proposto não é suficiente, propicia uma avaliação somente no que diz respeito à vulnerabilidade do tipo técnica, constatada inexistente. Em sendo suposta a mesma situação acrescida da particularidade de que o fornecedor das mencionadas frutinhas é o único do estado, nossas conclusões tomariam o rumo do reconhecimento da vulnerabilidade, só que do tipo fática. E, por fim, a confeitaria celebrando contrato com fornecedores, provavelmente seria vulnerável sob o aspecto jurídico. Diante de tantas possibilidades, preferimos nada presumir em relação à vulnerabilidade da pessoa jurídica adquirindo matéria-prima. O correto seria averiguar caso a caso. Reiteramos, porém, que com escopo na matéria-prima, realizamos apenas um exercício, a título de experimento, pois a não-configuração da destinação final afasta, de plano, o enquadramento no conceito de consumidor e, conseqüentemente, torna inútil toda e qualquer análise sobre a vulnerabilidade direcionada a esse fim.

Em síntese, para a definição da abrangência do conceito de consumidor, elegemos a teoria maximalista misturada com a idéia de vulnerabilidade pela ótica de Maria Antonieta Zanardo Donato, qual seja, de que é princípio regedor de todo o ordenamento e se presume a quem se identifica com o conceito disposto no *caput* do art. 2º, onde utilizamos a teoria maximalista.

Neste exato instante, atingimos o ponto nevrálgico da presente obra. Finalmente encontramo-nos aptos a avaliar se, sob a égide do conceito de consumidor *stricto sensu*, a relação entre lojista e empreendedor de *shopping* é tutelável pelo CDC. Portanto, mãos-à-obra.

A primeira providência a ser tomada é relembrar quem é o lojista.

Depende de que face da moeda. Por um lado, em comparativo com os seus clientes, o lojista é um "gigante": é quem fixa os preços, as condições de pagamento, as taxas de juros; é quem vende sonhos, quem faz publicidade de encantamento. Resumindo, o lojista é o "fornecedor" de produtos e serviços. Entretanto, no lado oposto, ao ingressar no campo de contato com o empreendedor, "o feitiço vira contra o feiticeiro", no bom sentido, e o lojista transfigura-se. Passa a ser o consumidor? Eis a questão.

Sigamos à risca a interpretação do *caput* do art. 2º do CDC, que dela a resposta brotará.

"Consumidor é toda a pessoa física ou jurídica...". Elementar, o lojista é uma pessoa jurídica, na maioria das vezes, e o fato de ter finalidade lucrativa em nada interfere. Sempre que não se enquadrar como pessoa jurídica, pessoa física será.

"... que adquire ou utiliza produto ou serviço...". Façamos aqui uma pausa. A relação entre empreendedor e lojista de *shopping* é deveras complexa, atípica e inusitada. Não nos oferece, de bandeja, com a facilidade costumeira, um único tipo de produto ou serviço para monopolizar as atenções. Tem diversas facetas, sendo, por conseguinte, digna de um detalhamento de suas especificidades.

O lojista adquire algum produto ou utiliza algum serviço do empreendedor?

Antes de pesquisarmos a relação entre ambos, faz-se mister o conhecimento, ao menos superficial, dos nossos objetos de busca, quais sejam: o produto e o serviço. A bem da verdade é que não nos são alienígenas, já estão de outrora enraizados em nossa cultura. Mesmo assim, o legislador optou, mais uma vez, por demarcar os trilhos; no art. 3º do CDC, onde conceituou fornecedor, dispôs, nos §§ 1º e 2º, as definições de produto e serviço, respectivamente. Pincemos ditas definições, que para o momento nos são fundamentais, deixando o restante do preceito no aguardo de análise futura, já programada.

Reza o dispositivo legal:

"§ 1º Produto é qualquer bem, móvel ou imóvel, material ou imaterial.
§ 2º Serviço é qualquer atividade fornecida no mercado de consumo, mediante remuneração, inclusive as de natureza bancária, financeira, de crédito e securitária, salvo as decorrentes das relações de caráter trabalhista."

Mesmo havendo discussões jurídicas e econômicas a respeito da exata abrangência dos termos empregados, para o papel que por ora vêm as definições desempenhar, são suficientemente auto-explicativas, dispensando maiores esforços. Resta-nos, por conseguinte, tentar identificá-las no complicado vínculo entre lojista e empreendedor.

Para tal, reportemo-nos à Parte I de nosso trabalho, de início, mais precisamente, ao item relativo à *res sperata*.

Maria Elisa Gualandi Verri[107] exemplifica uma cláusula típica de contrato entre lojista e empreendedor de *shopping* sobre a *res sperata*, onde é estabelecida a obrigação de o primeiro remunerar o segundo, a título de contraprestação, pela fruição dos bens imateriais do *shopping*,

---

[107] In *Shopping Centers – Aspectos jurídicos e suas origens*, p. 80.

dentre outras vantagens. Logo em seguida, no que tange à natureza da *res sperata*, acompanhando a Teoria do Sobrefundo Comercial, pronunciamonos no sentido de consistir um pagamento pelo uso do fundo comercial do *shopping* que vem a acrescer o fundo particular de cada loja, ou seja, pelo privilégio de se valer desse sobrefundo, o que também podemos chamar de direito de aproveitar/usar o sobrefundo. Mas esse direito é produto? É serviço? O direito em questão tem valor econômico, é útil para o homem e pode ser objeto de uma relação jurídica, desta feita, atende a todos os elementos da concepção de "bem" conforme Eduardo Gabriel Saad.[108] Quanto à classificação em material ou imaterial, que tudo indica ser o critério cabível ao caso, há uma certa peculiaridade a ser observada.

Saad doutrina que:

> "No direito moderno, embora se conserve a categoria de bens corpóreos, compreende-se que alguns deles, embora não sejam tangíveis, conservam a denominação de res corporales. Os gases, o fundo de comércio com os bens corpóreos que o compõem etc."

Acontece que não está subsumido à investigação o fundo de comércio do *shopping*, e sim, o direito de usufruir desse fundo. A palavra-chave é, portanto, "direito de".

Mais apropriada se faz, portanto, a citação seguinte de Saad:

> "É certo que Savatier entende que, 'no estágio da nossa civilização jurídica, não há outros bens senão direitos. Todo o direito, mesmo sobre uma coisa concreta, sendo incorpóreo, ele não existe senão devido a bens'."

Afastamos quaisquer considerações outras que, porventura, dessa transcrição se possa fazer, para realçar apenas a confirmação de que todo o direito é incorpóreo, o que, por sinal, é facilmente perceptível.

Resumindo, já no início da contratação com o empreendedor, ao pagar a *res sperata*, o lojista é adquirente de um produto: o direito de fruir do fundo de comércio do *shopping*, bem imaterial.

Na seqüência ou em concomitância, nos deparamos com aquele controvertido contrato; aos olhos de uns, de locação de espaço em *shopping*, na opinião de outros, atípico, face às inúmeras particularidades. Ressuscitemos a polêmica.

Parte da doutrina, com a qual corroboramos, engloba os contratos de locação de imóveis no terreno de gerência do CDC. Cláudia Lima Marques, a exemplo, ensina:[109]

---

[108] In *Comentários ao Código de Defesa do Consumidor – Lei nº 8.078, de 11.09.90*, p. 82.
[109] In *Contratos no Código de Defesa do Consumidor*, p. 167.

"O fornecedor é aquele que presta um serviço ou entrega o produto. Segundo Clóvis Beviláqua, o contrato de locação de coisa é aquele pelo qual uma das partes, mediante remuneração paga pela outra, se compromete a fornecer-lhe, durante certo lapso de tempo, o uso e gozo de uma coisa infungível. O locador entrega para o locatário a coisa alugada, a sua posse e o uso a que se destina e deve garantir o uso pacífico da coisa locada durante o tempo de contrato.

O contrato é, portanto, uma cessão temporária de uso e gozo do imóvel, sem transferência da propriedade; é contrato remunerado e de prestação contínua. Assim, a viúva que possui dois imóveis e coloca um para alugar, através de uma Imobiliária, é fornecedora em relação ao consumidor..."

Nesses termos, a autora atribui, ao locador, a qualificação de fornecedor e, apesar de não dizer explicitamente, tudo indica que de um produto; logo, ao locatário, corresponde o papel de consumidor, se preencher os requisitos legais.

Mas a classificação da locação não vem ao caso. Isso porque esposamos a tese de que o contrato de cessão de uso de espaço em *shopping* não é de locação, e sim, um contrato atípico, recheado de novidades. Abraça, por óbvio, a semelhança do contrato de locação, a cessão de uso de um imóvel determinado, mas é muito mais amplo. Para refrescar a memória, seguem alguns de seus diferenciais: exige prévia aprovação do projeto arquitetônico da loja; proíbe a venda de produtos de segunda mão; proíbe a mudança de ramo de comércio sem autorização do empreendedor; exige a filiação à Associação de Lojistas e decorrente pagamento do sempre instituído Fundo de Promoção; estabelece horários para carga e descarga de mercadorias, recolhimento de lixo; fixa a forma de utilização das áreas comuns, etc.; enfim, contempla todos os mecanismos e formas de controle que o empreendedor julga indispensáveis para administrar o empreendimento com pleno sucesso. A administração/organização são fundamentais para que o *shopping* preserve a atratividade inaugural.

Por isso o lojista paga, e bem caro. Mas paga pelo que, por um produto, por um serviço, ou pelos dois?

Não localizamos, nas bibliotecas jurídicas, tal classificação pronta e acabada. Por conseqüência, a única alternativa existente consiste em nos atrevermos a desenvolver o raciocínio correspondente. Desde logo, pedimos escusas pelas possíveis falhas, comuns a idéias não lapidadas.

Apesar de o contrato atípico em pauta ser, por natureza, uno e indivisível, características estas que não se pretende nem consegue alterar, exclusivamente para fins didáticos, em um primeiro momento, concentremos nossa atenção apenas na parte pertinente à cessão de uso de imóvel para lhe deferir estudo individualizado. De início, invertendo a ordem disposta no art. 3º, buscamos a sua classificação como serviço; todavia, foi impossível vislumbrar, nesta cessão de uso, uma atividade. Na nossa opinião, o significado da expressão "atividade", disposta na lei, está interligado a "trabalho", a uma conduta "ativa", não encontrados na cessão tomada isoladamente. Assim, concluímos que de serviço não se trata.

Passemos, então, à tentativa de enquadramento na definição de produto, consoante o § 1º do art. 3º. Antes, porém, façamos a devida ressalva: o foco não deve ser o espaço da loja propriamente dito, pois o lojista não está a adquirir um bem imóvel, não há compra e venda. O que se pretende saber é relativamente à cessão de uso, que, por sua vez, nada mais é do que um direito, o direito de usar a loja, embora sob rígidas, especiais e características condições. Para o exame, vamos retomar a breve noção de "bens" trazida por Saad. O direito de uso da loja, indubitavelmente, tem um valor econômico, tanto que o lojista paga bastante por ele; é útil para o homem, pois se não fosse não estaria alguém pagando para tê-lo; e pode ser objeto de uma relação jurídica, o que se averigua no próprio contrato; portanto, é um bem, quanto ao tipo, imaterial, também denominado incorpóreo.

Melhor explica a jurista Donato, ao abordar os bens corpóreos e incorpóreos:[110] "*Incorpóreos*, por sua vez, aqueles que não possuem existência tangível e *relacionam-se aos direitos que as pessoas possuem sobre as coisas*, sobre o produto de seu intelecto ou contra outra pessoa, podendo, todavia, ser objeto de valoração econômica. Vale dizer, são economicamente mensuráveis. Dizem respeito, pois, aos direitos reais, aos direitos autorais, a propriedade industrial, entre outros." (Grifo nosso)

Deste modo, ao restar a cessão de uso de imóvel em *shopping* configurada um bem imaterial, é produto passível de ser adquirido.

Ocorre que, conforme salientado, o contrato que alberga a aludida cessão tem peculiaridades outras, as quais, por sinal, compõem, com a cessão, um bloco único, homogêneo e inseparável, uma vez que a ela estão definitivamente arraigadas. Para facilitar, é viável resumir a maioria dessas peculiaridades em uma única palavra: administração, pois quando o empreendedor proíbe a mudança de ramo do lojista, fiscaliza o projeto arquitetônico e estabelece horários para certas atividades, etc., cobiça o controle, o poder, sob a justificativa de ter que fazer brilhar sua grande obra. É o empreendedor o responsável pelo perfeito funcionamento do *shopping* e, com este fim, administra ou delega poderes para administrador. Portanto, cabe uma nova análise: a ação de administrar se encaixa corretamente à noção de atividade-trabalho; é fornecida ao mercado de

---

[110] In *Proteção ao Consumidor: Conceito e Extensão*, p. 113.

consumo, visto que o empreendedor, em caráter habitual e profissional, a destina a todos os lojistas do *shopping*, traduzindo, inclusive, um sólido monopólio; e, completando os requisitos, se dá mediante remuneração, à medida que o pagamento estabelecido em parte fixa e variável, de acordo com a receita bruta do lojista, além de se consubstanciar em contrapartida pelo uso da loja, acaba também remunerando, em face da indissociabilidade referida, todo o contexto favorável (misturado com a cessão), promovido e mantido pelo empreendedor também através da administração. Acabamos de transcrever a definição de serviço.

Os métodos escolhidos visando ao desenvolvimento de uma concepção, desde que não prejudiquem os resultados, são livres. Já o mundo dos fatos e o correspondente direito não gozam de idêntica maleabilidade. Ou seja, não nos é possível, afora para estudo, dividir o contrato de cessão de uso de espaço em *shopping*, pelo motivo de ser ele indivisível: todos os seus elementos têm interdependência, estão envolvidos e amarrados de tal maneira que a subtração de apenas um deles descaracterizaria o todo. Lembremos que não há vários contratos atuando em concomitância, e sim, um só corpo e mente com interferências múltiplas.

Feitos estes apontamentos, em razão da unicidade, é correto afirmar que o contrato em voga abriga a aquisição/utilização, pelo lojista, junto ao empreendedor, da mistura de produto com serviço.

"... como destinatário final."

Demonstramos que o lojista é sempre uma pessoa física ou jurídica, que, na sua relação com o empreendedor, adquire e utiliza o composto "produto mais serviço". Devemos agora perquirir com qual finalidade.

É o lojista destinatário final do composto referenciado?

Não obstante as controvérsias, manteremos a linha maximalista, que associa a destinação final à destinação fática.

Na imensa série de produtos e serviços oferecidos pelas lojas de *shopping* alguém já encontrou "o direito de uso do fundo comercial do *shopping*", "a cessão de uso do espaço loja" ou quem sabe "o serviço de administração do empreendimento"?

A resposta é negativa, porque são os lojistas os destinatários fáticos destes produtos/serviço. Reconhecemos que eles exercem forte interferência na clientela do *shopping*, mas só no âmbito dos respectivos efeitos.

A priori, a compreensão do exposto fica dificultada pela ausência de materialidade. Então, para suprirmos este obstáculo, teceremos um comparativo com o objeto "prateleiras" de uma livraria, exemplo anteriormente aduzido.

Ditas prateleiras são adquiridas não para revenda a terceiros, mas com o desiderato de exposição das mercadorias livros; por conseguinte, a livraria é a destinatária fática das mesmas. Não contestamos que face à qualidade, ao bom gosto e à originalidade empregada na confecção das prateleiras, venham elas a contribuir com relevância para a atração da clientela e que até terminem por influenciar na aquisição de livros, mas mesmo assim, continuarão a ter, como destinatária final, a livraria.

Da mesma forma ocorre no que diz respeito à cessão do fundo comercial do *shopping*, fundo cujo conceito é o acervo de bens empregados na atração de uma clientela. Ora, a clientela, muito provavelmente, sofre fervorosa interferência do fundo cedido, tal como das prateleiras, mas nem por isso passa a ser a destinatária fática da cessão de uso do fundo utilizado na sua atração. Mesmo atingindo terceiros, a realidade é que o direito de usufruir do fundo do *shopping* permanece com o lojista cessionário, portanto, ao pagar a *res sperata*, figura esse como destinatário final do referido direito.

No que tange a serviço, já apuramos que faz parte da cessão de uso do imóvel em questão a atividade de administração do *shopping*, em outras palavras, mandamentos de controle direcionados ao lojista e inseridos no contrato por ele celebrado com o empreendedor, para que, ao invés de uma pura e simples área – mero espaço físico –, conte ele com uma "loja" inserida em um contexto organizado e funcional. É certo que o lojista não tem a opção de rejeitar dita prestação de serviço, é "pacote fechado": está atrelada à área física – loja –, mas mesmo assim, continua sendo um serviço, inclusive pago pelo lojista via remuneração fixa e variável. Fica, por conseguinte, demonstrado ser o lojista o destinatário fático do serviço de administração, o destinatário final. Até pode acontecer de um ato da administração vir a respingar na clientela do *shopping*, contudo, tal fato ocorrerá no plano das conseqüências, e não no da destinação. À clientela importa apenas os frutos que da administração vierem, um empreendimento deslumbrante, e não a administração propriamente dita.

Relativamente à cessão de uso do espaço, é evidente que está focada no lojista e com exclusividade. Só ele, ao engolir duras e severas condições formalmente impostas, é que tem o direito de usar a loja, embora com as limitações referidas. A loja, por sua vez, após devidamente esculpida, arquitetada e decorada, concentra energias para a venda de produtos/mercadorias. De que tipos e espécies? Bem, em um *shopping* se encontram as mais variadas alternativas, não sendo possível, taxativamente, delimitar; entretanto, de antemão, podemos dizer, com plena convicção que, em hipótese alguma, a "cessão de uso de espaço" compõe ou irá compor o rol de produtos oferecidos, seja ele qual for. A cessão interessa apenas ao lojista e por ele não é, nem será, repassada à clientela: figura o lojista como destinatário final, fático, mais uma vez.

Desta avaliação, ressaltamos que, propositadamente, escolhemos a técnica mais complexa e ainda equivocada. O objetivo era exatamente provocar o extremo: demonstrar que mesmo que fosse tomada, individualmente, cada particularidade do contrato, o que não se faz possível em virtude da sombra da unicidade, a destinação final do lojista restaria comprovada. Assim evitam-se especulações desvirtuadas.

Considerando o contrato como um todo, o que equivale à interpretação adequada, a destinação final do lojista reluz até para aquele que se negar a ver. Trata-se de uma cessão de uso de espaço em *shopping* subordinada a diversas condições, controles e exigências especiais. Para quem? Obviamente que para o lojista, que assume a posição de destinatário final.

Acabamos de passar a limpo o conceito de consumidor *stricto sensu* disciplinado no *caput* do art. 2º do CDC, do qual todos os elementos foram identificados na pessoa do lojista de *shopping*. Todavia, faltou apreciarmos o princípio basilar que está profundamente ligado a este conceito: a vulnerabilidade.

Ora, preenchido o conceito de consumidor, seja pessoa física ou jurídica, a vulnerabilidade é presumida; logo, o lojista goza da presunção. Este é o esclarecimento bastante.

Mas não conseguimos nos conter. Apesar de já identificada a presunção, o assunto estimula maiores comentários, uma vez que a mencionada presunção vem, de forma reiterada, encontrando sua imagem na realidade.

De fato, a quase totalidade de lojistas se mostra muito vulnerável diante do empreendedor. Iniciemos a prova pela vulnerabilidade do tipo técnica. Antes de aderir ao empreendimento, o lojista não faz a mínima idéia do enorme bolo de encargos e obrigações com o qual será presenteado. É iludido com a perspectiva de uma clientela certa e lucrativa, argumento bem explorado pelo empreendedor, e, no entanto, desconhece o quanto que lhe será exigido em troca, afora a hipótese, não remota, de insucesso do lojista por conta do desleixo na administração do empreendimento. A surpresa não é agradável. Em suma, geralmente quem "entra" no *shopping*, não sabe o que o *shopping* é.

De outro lado, a vulnerabilidade jurídica ou científica também se faz constar. Aproveitemos, para a circunstância, os mesmos apontamentos realizados ao estudarmos essa vulnerabilidade. Salvo algumas exceções, impera, no comércio, o amadorismo e a grande dificuldade financeira; foi-se o tempo da disponibilidade de vultuosas montas de capital. Por conseguinte, é no mínimo utópico supor que o lojista, ao celebrar o contrato com o empreendedor do *shopping*, por exemplo, está a compreender o conteúdo ali corporificado quando nem mesmo muitos dos termos são decifrados. Bem, mas já que lhe faltam esclarecimentos, poderia buscar o assessoramento de um profissional da área, um advogado ou um contador, dependendo do caso. Que sonho! Numa tentativa desesperadora de atrair o consumo e assim preservar sua sobrevivência, o lojista pactua com o empreendedor. Acontece que, para se instalar no *shopping*, não goza do privilégio de dispor de uma reserva monetária, muito pelo contrário, tem que fazer o maior esforço só para começar a atender as exigências iniciais; quer dizer: dinheiro para pagar advogado ou contador, nem pensar!

E, por fim, verificamos o lojista, de forma bastante acentuada, acometido pela vulnerabilidade fática ou socioeconômica. Acreditamos que nem mesmo aqueles que não reconhecem a presunção da mesma para a pessoa jurídica, seriam capazes de negá-la relativamente ao lojista de *shopping*. Trata-se de fato incontroverso por natureza. É saliente que, de um modo geral, o empreendedor, valendo-se da posição de relativo monopólio que ocupa e do grande poder econômico que detém, ao lojista, se sobrepõe, ditando todas as regras como um ente supremo. Não existem tratativas, tampouco flexibilidade. Ah, e mais: se for manifestada revolta ou ocorrerem censuras por parte do lojista candidato, restará a fila dos demais interessados desopilada. "É pegar ou largar, sem nada modificar."

Aqui se encerra esta apreciação com a conclusão seguinte: o lojista de *shopping* atende perfeitamente ao conceito de consumidor *stricto sensu*, previsto no art. 2º, *caput*, do CDC, considerando-se, inclusive, o princípio da vulnerabilidade. Isso corresponde a dizer que é tutelável pelo CDC? Sob o enfoque do mencionado conceito, sim; todavia, não esqueçamos das noções gerais sobre o assunto, onde ressaltamos que não há consumidor sem o correspondente fornecedor. Desta feita, para saciarmos nossa curiosidade, será inevitável o aguardo do conceito de fornecedor, se bem que o bom observador dos comentários atrás aduzidos pode, desde logo, obter a resposta esperada.

10. Dos equiparados a consumidor

No item onde examinamos as razões da inserção do conceito de consumidor no CDC, referimo-nos à expressão "conceito" sempre no singular. Cometemos assim um equívoco? Transparecemos esquecimento em relação ao parágrafo único do art. 2°, ao art. 17 e ao art. 29, que dispõem sobre os equiparados? Pesquisemos.

A Enciclopédia e Dicionário Koogan Houaiss define "equiparar" nos termos seguintes: "comparar pessoas ou coisas, considerando-as iguais. Igualar em condições ou em benefícios."

Ora, se vamos considerar pessoas iguais é porque de fato ou de direito elas não o são. Igualar pressupõe diferenças. Ninguém consegue igualar-se a si mesmo, por exemplo, mas tão-somente a outra pessoa, ou coisa.

Apresenta-se ainda mais nítida a idéia se tomarmos o significado de "equiparação" trazido pela mesma Enciclopédia: "Ação ou efeito de equiparar / *Dar regalias ou vantagens iguais a pessoas ou funções diferentes.*" (Grifo nosso)

Por conseqüência, *a priori*, pelo menos em tese, os equiparados a consumidor previstos no CDC, consumidores não são. Não preenchem os requisitos do conceito *stricto sensu* disposto no *caput* do art. 2°, pois, se preenchessem, não necessitariam da equiparação. Aliás, no que tange à expressão *stricto sensu* que constantemente é agregada ao termo "conceito", temos a dizer que denota redundância, porque conceito de consumidor, na nossa legislação, existe um só, dispensando nomenclaturas adicionais para identificação. Apesar disso, também optamos por cometer tal redundância haja vista que, não raramente, a doutrina, ao utilizar a palavra "conceito", avulsa, abrange os dispositivos concernentes à equiparação, além do *caput* do art. 2°.

Antes de adentrarmos no assunto, é justo que façamos, a quem de direito, os devidos elogios. Ao implantar o sistema da equiparação, o legislador deu uma tacada de mestre: elaborou um conceito limpo, uma regra geral (*caput* do art. 2°), contudo sem se omitir no que diz respeito aos casos excepcionais. Não transferiu o seu encargo para as costas da doutrina e da jurisprudência; muito pelo contrário, indicou as pessoas não inseridas no conceito de consumidor mas que, em face das circunstâncias inerentes, seriam merecedoras da tutela protetora do CDC e, como solução, equiparou-as a consumidor para os fins de recebimento de cuidados especiais (parágrafo único do art. 2º, e arts. 17 e 29).

Conheçamos, então, quem são os equiparados.

10.1. BREVES COMENTÁRIOS SOBRE O PARÁGRAFO ÚNICO DO ART. 2º DO CDC

A categoria dos equiparados foi-nos apresentada pelo CDC logo no seu início, mais precisamente, no parágrafo único do art. 2º, que reza:

> "Parágrafo único. Equipara-se a consumidor a coletividade de pessoas, ainda que indetermináveis, que haja intervindo nas relações de consumo."

Diferentemente do previsto no *caput* do artigo já analisado, o parágrafo único, inovando, contempla a coletividade de pessoas, mesmo que indetermináveis. Observemos que o legislador está, portanto, a equiparar uma coletividade a um consumidor individualizado. Apesar deste comparativo ser objeto de crítica pela doutrina, na qual citamos Saad,[111] a finalidade da norma é perfeitamente compreensível: visa a proteger a mencionada coletividade na idêntica extensão que o consumidor individualizado. O efeito prático é atingível mesmo diante da imperfeição técnica na equiparação.

Mas qual é a mira dessa equiparação? Quem está ela a recepcionar?

As interpretações do parágrafo único em comento são bem controvertidas. Maria Donato chega inclusive a ressaltar que se mostram "as mais divergentes possíveis".[112] Entretanto, a discussão que as envolve, deveras interessante, para o propósito do presente trabalho, tem pouca importância, motivo pelo qual seguirá apenas uma breve referência.

Como introdução, destacamos o posicionamento curioso de Maria Donato, concernente ao parágrafo único do art. 2º, a saber:[113]

> "Diante dessa equiparação, podemos inferir que, toda a proteção conferida aos indivíduos isoladamente poderá ser invocada pela coletividade, em igualdade de posição.

---

[111] In *Comentários ao Código de Defesa do Consumidor – Lei nº 8.078, de 11.09.90*, p. 65.

[112] In *Proteção ao Consumidor: Conceito e Extensão*, p. 193.

[113] Idem, p. 169.

Conferindo-se aos interesses individuais a proteção coletiva (titulares dos interesses), elevou-se a tutela dos direitos coletivos a sua mais ampla acepção, abarcando, a partir desse momento, a possibilidade de proteger todas as espécies de direitos, isto é, os difusos, os coletivos propriamente ditos e os individuais homogêneos."

Na seqüência de suas ponderações, a autora ilustra com o exemplo de várias pessoas que participam de grupos de uma mesma administradora de consórcio e vêm a descobrir que as cotas por esta última vendidas são falsas.

Caracteriza as "várias pessoas", partícipes dos grupos em menção, de "coletividade" e vislumbra, para o caso, a possibilidade de uma "ação coletiva de reparação dos danos individuais" com fundamento nos arts. 2°, parágrafo único, 81, III, e 82, todos do CDC, ressaltando que a concretização de tal possibilidade não é fato impeditivo à propositura de ação individual contra o fornecedor, pela vítima que assim desejar. A ação individual correrá paralelamente à coletiva e não aproveitará a decisão dessa, mesmo que seja mais favorável.

Nesse exemplo, bem como em outro similar utilizado pela autora, chamou-nos a atenção que as pessoas protegidas pelo guarda-chuva da ação coletiva praticaram um legítimo ato de consumo, tanto que Donato evocou o direito de elas acionarem individualmente o fornecedor, na condição de consumidor *stricto sensu*.

Daí nosso convencimento de que Donato realmente pensa que a aplicação do parágrafo único do art. 2°, igualmente ao *caput*, fica restrita àqueles que se enquadram no conceito de consumidor propriamente dito. Espalha os requisitos e exigências do *caput* pelo parágrafo único e diferencia ambos os preceitos, atribuindo, ao primeiro, a versão individual e, ao segundo, a versão coletiva.

Nos termos da jurista:[114]

"Ao interpretar-se desse modo sempre integrativo, o parágrafo único do art. 2° e seu *caput*, constataremos que a proteção é aqui deferida à pluralidade (determinadas ou não) de pessoas (coletividade) que hajam intervindo na relação de consumo.

Ora, a intervenção da coletividade nas relações de consumo só poderá ocorrer, a partir do momento que cada uma dessas pessoas haja intervindo, per se, na relação de consumo, na qualidade de destinatário final do produto ou serviço.

Regrar-se-ão, pois, as aplicações objetivas do parágrafo único do art. 2° às normas do Código de Defesa do Consumidor na mesma esteira outorgada ao seu *caput*."

---

[114] In *Proteção ao Consumidor: Conceito e Extensão*, p. 190.

E em fase de conclusão, complementa:

"Em relação aos demais conceitos legais de consumidor, o conteúdo do caput do art. 2° e seu parágrafo único devem ser entendidos como conceitos sustentadores da equiparação."

De certa forma, ou melhor, parcialmente, Cláudia Lima Marques corrobora com Donato: defende que a importância do parágrafo único em análise "é seu caráter de norma genérica, interpretadora, aplicável a todos os capítulos e seções do Código".[115]

Sucede que, para Cláudia, dita regra tem sentido bastante diferente daquele acima exposto, o que se evidencia, de pronto, na única ilustração que a autora traz ao parágrafo único do art. 2°, qual seja, de que é consumidor – equiparado –, a criança que ingere alimento estragado comprado pelo seu pai e adoece em função da ingestão. Ora, a criança, que não adquiriu produto nem usou serviço, consumidora *stricto sensu* não é; o que significa que a jurista não exige o preenchimento das condições do *caput* do art. 2° para fazer valer a regra da equiparação disposta no parágrafo único.

A mesma linha doutrinária foi adotada pelo Des. Clarindo Favretto ao manifestar o seu voto no AgI 594046245, relativo ao caso de um piloto agrícola que pleiteava a aplicação do CDC para definir a competência do foro, ante ao fato de ter sofrido danos em razão da aplicação de agrotóxico em terras de terceiros.

Eis a transcrição de parte do voto:[116]

"Sr. Presidente, estou de acordo com o voto de V.Exa., sendo um pouco diferente na justificação, porque, neste caso, não considero o piloto aplicador do veneno como consumidor propriamente dito e é exatamente com base no art. 2° do Código do Consumidor, que estabelece em seu parágrafo único: 'Equipara-se a consumidor a coletividade de pessoas, ainda que indetermináveis, que haja intervindo nas relações de consumo.'

Daí por que o aplicador do agrotóxico parece-me que não é propriamente o consumidor, mas é o intermediário nessa relação, é o prestador do serviço. Equipara-se, de acordo e para os efeitos do parágrafo único do art. 2°, a consumidor.

Por isso que se reputa o autor da ação, e ora agravante, como interventor na relação de consumo do agrotóxico causador das lesões, com base no art. 2° da Lei n. 8.078/90.

---

[115] In *Contratos no Código de Defesa do Consumidor*, p. 156.

[116] Citado por Luiz Antonio Rizzatto Nunes, in *O Código de Defesa do Consumidor e sua Interpretação Jurisprudencial*, 372.

O piloto do avião agrícola não aplicou o produto como dono do mesmo, nem como proprietário da lavoura de arroz pulverizada, mas na qualidade de intermediário desta relação, ou seja, como técnico da operação encomendada. Disso resulta que a competência do juízo para a ação indenizatória não se indica pela guia do art. 100, item V, letra *a*, do CPC, mas incide na regra do art. 101, item I, do Código do Consumidor que estabelece: 'A ação pode ser proposta no domicílio do autor.'"

Embora não tenhamos examinado a fundo o assunto como ele requer, vamos nos aventurar a assumir um posicionamento. Considerando os conceitos das expressões "equiparar" e "equiparação", linhas atrás assinalados, à primeira vista, a nós é transparente que o parágrafo único do art. 2º não está a tratar dos consumidores (propriamente ditos) coletivos, pois se assim fosse, ficaria sem sentido a expressão "equipara-se" ali empregada.

Acompanhando Cláudia Lima Marques, pensamos que se trata de um mandamento de ordem genérica da equiparação, colocado propositadamente junto ao conceito de consumidor para indicar a existência da exceção, a equiparação. Não estamos, assim, afastando as ações coletivas tão realçadas por Donato; podemos todos ficar tranqüilos: elas estão bem amparadas pelo art. 81 e correlatos do CDC, não sofrendo qualquer prejuízo em face desse nosso posicionamento.

Feitos os elementares esclarecimentos, prosseguiremos com a análise de algumas questões correspondentes.

Quando do exame do *caput* do art. 2º, enfatizamos primordialmente dois elementos que a ele se encontram atrelados: a destinação final e a vulnerabilidade. No que tange ao parágrafo único em comento também são exigíveis estes requisitos?

Sobre a destinação final, já estudamos que foi expressamente inserida no conceito de consumidor *stricto sensu*. De outra banda, o legislador não a fez constar na definição de equiparados a consumidor. Seria ela presumível ao parágrafo único? Entendemos que não; primeiro porque o parágrafo traz uma nova definição, que mantém relação com o *caput* só para aproveitar os efeitos dele decorrentes, e, a segunda razão da negativa é que se importarmos os requisitos do conceito propriamente dito à definição de equiparação, esta perderá o sentido de existir, transformar-se-á no conceito em si. A inclusão de dois dispositivos idênticos, no mesmo ordenamento, com nomenclaturas distintas, é inconcebível.

No que diz respeito à vulnerabilidade, a questão não se mostra tão simplória. Mesmo não sendo mencionada no *caput* do art. 2º, demonstramos estar a ele intimamente ligada, afinal, é um dos princípios elementares previstos no art. 4º do CDC; e mais, verificamos ser presumida tanto para a pessoa física como para a jurídica consumidora, até se prove em contrário. À semelhança do conceito de consumidor, a definição de equiparados constante no parágrafo único também não contemplou, de forma expressa, a vulnerabilidade como elemento. Por conseguinte, face ao *status* de princípio, devemos tê-la como indispensável em matéria de equiparação, ou, em virtude do inc. I do art. 4º reportar-se apenas a "consumidor" a vulnerabilidade, ao caso, seria indiferente?

A solução certamente não deve ficar pautada em um jogo de palavras. A rigor, o inc. I do art. 4º reconhece a vulnerabilidade exclusivamente ao consumidor, nada dispõe para o equiparado. Mas na verdade, sabemos que o princípio é muito mais do que isto. O legislador expressou o reconhecimento da vulnerabilidade porque antes da instituição do CDC já a detectava. Aliás, foi justamente a vulnerabilidade que motivou o ordenamento especial, protetor, recuperador do equilíbrio, da salutar eqüidade. É a vulnerabilidade a razão de existir do Código, o alicerce basilar de cada dispositivo, o que justifica o microssistema. Se todas estas explicações não vieram estampadas no princípio, pouco importa, pois são naturais, intrínsecas, perceptíveis em todos os mandamentos da norma. A proteção tem o intuito único de estabelecer a igualdade entre os desiguais; destarte, se forem iguais, não há proteção para ser deferida, sob pena de desigualar e cometer injustiça. Em resumo, o princípio da vulnerabilidade também está enraizado no parágrafo único do art. 2º. Além do mais, sob que escopo o legislador pinçaria determinadas pessoas não enquadradas no conceito de consumidor propriamente dito para ampará-las com o CDC, senão por ter vislumbrado a vulnerabilidade das mesmas? Assim sendo, a vulnerabilidade aos equiparados a consumidor é presumida, tal quais aos consumidores. Acabamos de examinar, concisamente, a norma de caráter geral da equiparação; logo, faz-se interessante que aloquemos, nesta análise, o sujeito alvo de nossas atenções: o lojista de *shopping*.

Se fizermos de conta que o lojista de *shopping* não se configura consumidor, é perfeitamente possível que a ele seja aplicado, quando cabível, para fins de equiparação, o parágrafo único do art. 2º, genérico. Contudo, no que tange à relação desse lojista com o empreendedor, preferimos buscar preceito mais adequado, quer dizer, mais específico às circunstâncias que caracterizam dita relação. Averigüemos, pois, as demais regras sobre equiparação.

10.2. BREVES COMENTÁRIOS SOBRE O ART. 17 DO CDC

Pela ordem disposta no CDC, o próximo artigo a reger a equiparação é o 17, com redação nos termos seguintes:

"Art. 17. Para os efeitos desta Seção, equiparam-se aos consumidores todas as vítimas do evento."

O preceito em pauta está contido na Seção II do Capítulo IV do CDC, intitulada "Da Responsabilidade pelo Fato do Produto e do Serviço". É a seção que disciplina o dever de reparação dos danos que foram causados ao consumidor por defeito no produto ou serviço.

Ocorre que, com muita freqüência, os defeitos de um produto ou serviço não provocam dano unicamente no respectivo adquirente/usuário; extrapolam a figura do consumidor e vêm atingir terceiros, totalmente alheios à relação de consumo. A título de exemplo, citamos: o atropelamento de uma pessoa (terceiro) em virtude de um defeito de fabricação na peça do freio do carro; a intoxicação alimentar de um bebê (terceiro) em face de um problema no acondicionamento do iogurte pelo supermercado; a queimadura de uma visita (terceiro) em razão de uma falha no serviço prestado pelo eletricista no aquecedor. Nos três casos relacionados, as vítimas não coincidiram com os adquirentes/usuários. Seria justo que, pelo fato de não terem adquirido o carro, comprado o iogurte ou contratado o conserto do aquecedor, a assistência do CDC não lhes fosse devida? Com perspicácia, o legislador concentrou sua atenção no prejuízo, no dano sofrido e, com base neste critério, estendeu, através do art. 17, a proteção da seção em referência aos terceiros não consumidores, mas lesados. Sabiamente, deu importância àquilo que naturalmente relevância tem.

Neste sentido, afirma Cláudia Lima Marques:[117]

"Logo, basta ser 'vítima' de um produto ou serviço para ser privilegiado com a posição de consumidor legalmente protegido pelas normas sobre responsabilidade objetiva pelo fato do produto presentes no CDC."

Ilustramos com a decisão abaixo:

"Responsabilidade Civil de Distribuidora de Gás. Escapamento de Gás. Explosão de Botijão de Gás. Incêndio. Nexo Causal entre o Ato e o Resultado. Indenização.
Responsabilidade Civil. Explosão e Incêndio Causado por Vazamento de Cilindro de Gás. Fato do Produto. Acidente de Consumo. Presunção de Responsabilidade do Fornecedor. O fornecedor de gás engarrafado em botijão ou cilindros responde objetivamente pelos danos causados aos consumidores ou terceiros, estes últimos equiparados, pela Lei, ao consumidor direto. Assim, evidenciado pela prova técnica que o incêndio que causou ferimentos gravíssimos na vítima teve por causa a explosão de um cilindro de gás fornecido pela ré, exsurge o seu dever

---

[117] In *Contratos no Código de Defesa do Consumidor*, p. 156.

de indenizar, dever esse que só poderia ser afastado por inequívoca prova de inexistência desse nexo causal. Sentença confirmada, salvo em relação à verba honorária." (APC 1998. 001.16276, 2ª Câm. C.-TJ/RS, Relator Drs. Sergio Cavalieri Filho, 05/08/1999)

Quanto à vulnerabilidade, tão badalada, se nos fosse incumbido criar um escalonamento, diríamos que, no que tange aos equiparados do art. 17, é presumida em altíssima dose, ou que atinge patamar superior à presunção. Por quê? Ora, a própria situação prevista na norma já está revestida de vulnerabilidade: o dano ocorre para um terceiro que sequer participou da relação de consumo e que é surpreendido negativamente.

Mas o escalonamento inexiste; referimos o mesmo apenas para demonstrar o quão presente a presunção de vulnerabilidade se faz. Todavia, por se tratar apenas de uma presunção, admite prova judicial, em contrário, com potencial de destituí-la.

Despiciendo, ao artigo em comento, evocar a questão da destinação final, por todos os suficientes argumentos já reiteradamente expostos. No entanto, em razão das explicações dadas, transcrevemos parte dos ensinamentos de James M. Marins de Souza:[118]

> "Todavia, pela relevância social que atinge a prevenção e a reparação de eventuais danos advindos do fato do produto ou do serviço, alarga-se o âmbito de abrangência do Código do Consumidor para todos aqueles que venham a sofrer os efeitos danosos do produto ou do serviço, sendo irrelevante que se trate de destinação final ou não."

Agora que temos noção do assunto, podemos experimentar a aplicabilidade do art. 17 aos lojistas de *shopping*, geralmente pessoas jurídicas.

James M. Marins de Souza diz que o art. 17 pode ser utilizado tanto para pessoa física como para jurídica, "já que a lei não restringe". Compactuamos com a conclusão, mas optamos por fundamentação diversa. O art. 17 estabelece a equiparação (a consumidor) das pessoas vítimas do evento. Tendo em vista que as "vítimas do evento" são aquelas que sofrem "dano pelo fato do produto ou do serviço", e considerando ainda que, conforme Gabriel Saad,[119] dentre outros, o dano pode ser "à saúde", "à vida" ou "ao patrimônio", o lojista de *shopping*, inclusive se pessoa jurídica – com patrimônio, tem potencial para sofrer dano pelos fatos suprareferidos, ou seja, para ser vítima do evento – equiparado a consumidor.

Desta feita, não há impedimento, em tese, para se aplicar o art. 17 ao lojista de *shopping*; contudo, convenhamos que o alcance deste artigo é

---

[118] In *Código do Consumidor Comentado*, p. 141.
[119] In *Comentários ao Código de Defesa do Consumidor – Lei nº 8.078, de 11.09.90*, p. 218.

bem restrito, ou seja, está ele condicionado à ocorrência de um dano por um fato do produto ou do serviço, o que, de forma direta, não é corriqueiro. Em matéria de equiparação, enfocando a relação entre lojista e empreendedor estudada na Parte I desta obra, parece-nos ainda não ser este dispositivo o de efetiva·serventia. Continuemos, portanto, a devida busca.

E para encerrar, cabe ressaltar que, em razão de não estabelecerem ligação íntima com a meta deste trabalho, ao parágrafo único do art. 2º e ao *caput* do art. 17, dedicamos uma abordagem superficial, propiciando apenas a assimilação contextualizada da equiparação, o que de forma alguma tem o significado de desmerecimento dos referidos dispositivos, de reconhecida eficiência social.

10.3. INTERPRETAÇÃO DO ART. 29 DO CDC

O último preceito do CDC que caracteriza os equiparados é o artigo 29, abaixo reproduzido:

"Art. 29. Para os fins deste Capítulo e do seguinte, equiparam-se aos consumidores todas as pessoas determináveis ou não, expostas às práticas nele previstas."

Finalmente eis a grande passagem, o principal acesso à proteção trazida pelo microssistema em termos de equiparação, de acordo com o nosso pensamento.

Com o propósito de compreendermos uma das principais interpretações acerca do dispositivo em comento, traremos à baila a síntese da evolução legislativa do conceito de consumidor, exposta por Maria Antonieta Zanardo Donato.[120]

Esclarece a jurista que o art. 48 do Ato das Disposições Constitucionais Transitórias da CF de 1988 contemplou o dever de o Congresso Nacional elaborar um código de defesa do consumidor. Destarte, o Ministério da Justiça, com o fim de dar início ao determinado, nomeou uma comissão de renomados juristas para que elaborassem um Anteprojeto do Código de Defesa do Consumidor. Este restou concluído, mas antes mesmo de sua publicação, já havia inúmeros projetos de lei em torno da matéria. Se na maioria das vezes é deveras complexa a aprovação de uma pequena lei, o que se esperar para um ordenamento todo, um verdadeiro microssistema, polêmico e inusitado? A confusão tinha hora marcada; com toda a certeza não tardaria a aparecer.

---

[120] In *Proteção ao Consumidor: Conceito e Extensão*, p. 59.

A nítida impressão que se tinha era de uma tendência ao quase infinito das discussões e de um consenso para um futuro distante, muito distante.

Visando à celeridade, o Presidente do Senado Federal, Senador Nélson Carneiro, e o Presidente da Câmara dos Deputados, Deputado Paes de Andrade, sugeriram a formação de uma Comissão Mista por representantes de ambas as casas para desempenhar a tarefa de, após considerar os projetos em tramitação e outros aspectos tidos como relevantes, elaborar um texto compilado, para ser o Código de Defesa do Consumidor.

Neste texto, apresentado pela Comissão Mista, o conceito de consumidor assumia os termos seguintes:

> "Art. 2º Consumidor é toda pessoa física ou jurídica que adquire ou utiliza produto ou serviço como destinatário final, *bem como a que se encontre sujeita ou propensa a intervir nas relações de consumo.*
> Parágrafo único. Equipara-se a consumidor a coletividade de pessoas, ainda que intermináveis, que haja intervindo *ou se encontre sujeita ou propensa a intervir nas relações de consumo.*" (Grifo nosso)

Acontece que nem mesmo o trabalho da Comissão foi capaz de intimidar as proposições de ementas legislativas e, por fim, o referido conceito acabou modificado para a redação atual.

Diz Donato, acompanhada de outros juristas, que relativamente à segunda parte do *caput* e do parágrafo único do art. 2º (acima grifados) do Projeto apresentado pela Comissão Mista houve interposição de várias ementas no sentido de que tais extensões do conceito fossem inclusas no capítulo diretamente relacionado à propensão ao consumo, e que, sob este escopo, "aprovou-se a retirada da extensão conceitual da parte geral, inserindo-a no cap. V que trata das práticas comerciais, encontrando-se hoje, parte desse conceito, disposto no art. 29 do CDC.".

E exaltando os efeitos da "mera" mudança de lugar a qual foi submetida a extensão do conceito, complementa:[121]

> "Restaram, ao final, um conceito de incidência genérica que hoje se atribui ao art. 2º e, outro, de incidência específica contido no art. 29 do CDC.
> Vale dizer que as pessoas inseridas no art. 2º recebem a tutela integral de todas as normas contidas no CDC. O campo de aplicação desse dispositivo legal é genérico. Aquelas, contudo, que se inserem no conceito emitido pelo art. 29, encontram-se tuteladas naquele campo ou extensão específica."

---

[121] In *Proteção ao Consumidor: Conceito e Extensão*, p. 228.

Antônio Herman de Vasconcellos e Benjamin já avalia a transferência da extensão do conceito sob ângulo diverso:[122]

"O conceito do art. 29 integrava, a princípio, o corpo do art. 2º. Como conseqüência do lobby empresarial que queria eliminá-lo por completo, foi transportado, por sugestão minha, para o Capítulo V. *Não houve qualquer prejuízo. Mantém-se, não obstante a fragmentação do conceito, a abrangência da redação primitiva.*" (Grifo nosso)

Explica o ilustre jurista que a concepção de "consumidor", na legislação em vigor, abarca tanto as situações concretas, quando efetivamente se exige que "haja ou esteja por haver" contratação: aquisição do produto ou utilização do serviço (art. 2º, *caput*), como as situações abstratas (art. 29), onde é suficiente a mera exposição às práticas comerciais ou contratuais, para a proteção do CDC.

Devido o máximo respeito, discordamos veementemente de certos pontos destes manifestos.

Nossa irresignação tem início na afirmação de que parte do art. 2º do Projeto foi transportada para o atual art. 29, e mais, que "mantém-se a abrangência da redação primitiva". Não pretendemos negar que o art. 29 possa ter sido inspirado no art. 2º do Projeto, mas, se transporte deste último houve, no meio do caminho ocorreram tantos percalços que resultou o dispositivo substancialmente modificado. Consideramos, portanto, demasiadamente simples a interpretação de que apenas ocorreu uma mudança de lugar da norma.

Basta o comparativo para demonstrarmos a razão da nossa crítica: enquanto o art. 2º do Projeto, seja o *caput* ou o parágrafo único, faz menção a "relações de consumo", delineando os limites de abrangência do preceito, o atual art. 29 dispensa dita barreira: a possibilidade, iminência, probabilidade ou ocorrência de uma relação de consumo é sem importância, interessa apenas a exposição às práticas comerciais, mesmo que relação de consumo alguma esteja para se configurar.

O outro equívoco cometido diz respeito à acepção de que o art. 29 comporta também um conceito de consumidor, complementar ao art. 2º. Como então se justificaria o emprego da palavra-chave "equiparam-se"? Satisfações à parte, conceito de consumidor, no ordenamento jurídico brasileiro, tem um só, o expresso no *caput* do art. 2º e vinculado à aquisição ou utilização de produto ou serviço, à contratação. O restante, parágrafo único do art. 2º, arts. 17 e 29, contempla a definição daqueles que não são consumidores mas fazem jus à proteção do microssistema – os

---

[122] In *Código Brasileiro de Defesa do Consumidor – Comentado pelos Autores do Anteprojeto*, p. 227.

equiparados. Lembremos que a equiparação é diretamente dependente da existência de diferenciação.

Visto o histórico e alguns comentários correspondentes, confrontemos curiosas interpretações relativas ao art. 29.

Em um primeiro momento, Donato destaca a amplitude do dispositivo, enfatizando que dispensa "a efetiva participação da pessoa na relação de consumo", bem como a ocorrência de dano pelo fato do produto ou do serviço. Aponta como condição para incidência do mesmo apenas a exposição às práticas às quais se refere e, em face desta peculiaridade, demonstra que o art. 29 tem um "campo específico de atuação". Alerta que se o conteúdo do preceito não constasse no ordenamento, não poderia o ouvinte atacar uma propaganda enganosa, dentre outros exemplos, sem que tivesse adquirido o produto, ou seja, celebrado um contrato. Ainda no patamar da serventia, grifa especialmente duas espécies de tutelas que do artigo podem emanar: "a primeira advém de uma situação abstrata que prevenirá a ocorrência de um dano futuro" – é o caso, por exemplo, da proteção contra a publicidade enganosa, onde fica dispensada a constatação de engano do consumidor (concreto), pois só a "capacidade de indução em erro" já é suficiente; e a segunda decorre "de uma situação concreta que evitará um prejuízo ou dano iminente ao consumidor", tal como a proteção a determinada pessoa que, de fato, recebeu, sem ter solicitado, um produto em sua residência.[123]

Até aí nada temos a opor. O problema é que, no transcorrer de sua exposição, vem a autora agregar, ao preceito, o requisito de que: "... a relação jurídica de consumo a ser tutelada não incida dentro do campo de atuação profissional desses consumidores...", sob a justificativa de que, em sendo descumprido, estar-se-ia na área do direito comercial, e não do direito do consumidor. Diz que o fato de um comerciante estar submetido a normas abusivas na aquisição de produtos que se destinam à revenda, ainda que seja ele vulnerável, não autoriza a tutela do microssistema, afinal, o risco é inerente à atividade comercial. Em suma, para Maria Donato, a incidência do CDC sobre pactuações típicas de direito comercial (que salientamos terem sido, com as de natureza civil, unificadas, pelo novo Código Civil – de 2002) é admitida exclusivamente sob o reflexo da analogia, quando omissa a legislação respectiva. Este é justamente o vício que poderia derivar da interpretação de que o art. 29 consiste num desmembramento do art. 2º do Projeto. *Data maxima venia*, a equiparação está prevista com o propósito de aproveitamento das conseqüências da qualificação de consumidor por quem não é, não tendo lógica a importação

---

[123] In *Proteção ao Consumidor: Conceito e Extensão*, p. 243.

de requisitos do conceito *stricto sensu*; apesar de sequer considerarmos a mencionada condição agregada integrante do *caput* do art. 2º em vigor. Tenhamos consciência! A destinação final, a não celebração de negócio como profissional, a ausência de finalidade lucrativa para a pessoa jurídica e exigências outras, atreladas pela doutrina ao conceito de consumidor, estão alheias ao disposto no art. 29. O objetivo do legislador, por excelência nobre, foi o de proteger toda e qualquer pessoa, física ou jurídica, no âmbito profissional ou não, com ou sem finalidade lucrativa, de pequeno ou grande porte, exposta às práticas comerciais e, é claro, em posição de vulnerabilidade. Perquiramos: pelo fato de estar atuando no âmbito de sua profissão, a pessoa torna-se imune às práticas comerciais abusivas, fica revestida por algum tipo de proteção natural? Normalmente não; então por que da discriminação?

Relativamente à pessoa jurídica perante o art. 29, segue decisão:

"Negócios Jurídicos Bancários. Contrato de Abertura de Crédito. Ação Revisional. 1. *Controle de cláusulas contratuais abusivas estipuladoras de encargos financeiros com base no Código de Defesa do Consumidor, inclusive em relação à pessoa jurídica (Art. 29 do CDC).* 2. Limitação dos juros contratuais, no caso concreto, com base na cláusula geral de lesão (Art. 51, IV, do CDC). 3. Impossibilidade de cobrança de juros por instituições financeiras acima do limite legal sem expressa autorização do CMN. 4. Vedação de capitalização mensal dos juros. 5. Impossibilidade de cumulação de comissão de permanência e correção monetária. 6. Redução da multa contratual para 2% por ser o contrato posterior a edição da Lei n. 9.298/96. Apelação do autor provida. Apelação do banco requerido desprovida. Demanda procedente. (10 fls)" (APC nº 599425956, Primeira Câmara de Férias Cível, TJRS, Relator: Des. Paulo de Tarso Vieira Sanseverino, Julgado em 29/11/1999.) (Grifo nosso)

O art. 29 tem brilho próprio, não sofre as amarras do conceito de consumidor propriamente dito. Alcança a fase pré-contratual, envolvendo práticas comerciais sobre aqueles que, se contratassem, como consumidores *stricto sensu* se caracterizariam, mas também e principalmente, atua sobre pessoas que, a princípio, estariam à margem do microssistema. Desta feita, a conclusão de Donato, abaixo reproduzida, a nosso ver, está equivocada.

"Não podemos, outrossim, extrapolar a incidência das normas contidas no CDC, a ponto de fazê-la incidir em campos estranhos ao seu e integrando-a em esferas jurídicas incompatíveis."

Cabe uma reflexão: configura-se campo estranho ao CDC, como sugere Donato, o combate as práticas abusivas impostas, por exemplo, a um comerciante atuando na profissão? A postura de indiferença em relação às aludidas práticas, com toda a certeza, não repercutirá indiferença no mercado de consumo. O prejuízo será global.

Em absoluto contraste à manifestação de Donato, apresenta-se a concepção de Cláudia Lima Marques, com a qual concordamos.

A autora não reluta em confirmar a grande extensão do art. 29. Justifica que esta abertura teve origem na percepção do legislador de que várias pessoas, não obstante estivessem fora do conceito de consumidor *stricto sensu*, por vezes, ocupavam uma posição de vulnerabilidade e acabavam vitimadas pelas atividades dos "fornecedores". Mas que pessoas?[124]

Categoricamente sustenta que, no dispositivo em voga, foram superados os "estritos limites da definição jurídica de consumidor", o que entendemos por destinação final; assim, expõe o art. 29 como pronto para atingir, independente de avaliações, a relação entre profissionais, entre fornecedores e entre agentes econômicos, na esfera contratual e de práticas comerciais, porém, desde que presente a vulnerabilidade, princípio *sine qua non* para a proteção do direito do consumidor.

Nesta mesma direção, decidiu o Tribunal:

"Apelação Cível. Arrendamento Mercantil. 1) Natureza jurídica: Cuida-se de espécie mista, resultante da combinação de diferentes institutos.
Entretanto, a preponderância de uma ou outra figura – arrendamento, compra e venda ou operação financeira – não o desnatura e nem o descaracteriza. II) *Aplicação do Código de Defesa do Consumidor: tratando-se de contrato de adesão, induvidosa sua submissão às regras do CDC, não somente quando utilizado por pessoas físicas, mas também nos casos de* leasing *mercantil celebrado entre comerciantes, porquanto equiparados ao consumidor ao menos para os fins previstos nos capítulos V e VI da Lei 8078/90.* III) Questões controvertidas: A) Juros: somente quando destacados do custo total é possível perceber a excessiva onerosidade. Se não demonstrada, corre-se o risco de ser proferida decisão putativa ou condicional, absolutamente impensável. B) Valor residual garantido: a cláusula que determina o seu pagamento desde o início é evidentemente abusiva, pois torna obrigatória a compra e descaracteriza o objetivo do arrendamento mercantil. C) Comissão de permanência: conforme entendimento pacificado pe-

---

[124] In *Contratos no Código de Defesa do Consumidor*, p. 157.

las súmulas n. 30 e 176 do SJT, inadmissível sua cumulatividade com a atualização monetária. D) Juros moratórios: nos termos do art. 5 do Decreto 22626/33, a taxa não pode exceder a 1% ao ano. E) Aplicação da TR como índice de correção monetária. O índice que mais se ajusta é o IGPM, porque melhor reflete a perda do poder de compra da moeda. IV) Repetição de indébito: expungidos os valores cobrados o exagero, é conseqüência lógica a compensação e a repetição do que foi pago a maior. Preliminares rejeitadas e recurso desprovido. (9fls)." (APC nº 599458155, Primeira Câmara de Férias Cível, TJRS, Relator: Des. Genaro Jose Baroni Borges, Julgado em 16/11/1999) (Grifo nosso)

Ressalta que a vulnerabilidade é o passaporte para a incidência do art. 29 e que, sendo presumida apenas para as pessoas físicas, requer ser comprovada pelas pessoas jurídicas. Neste aspecto, divergimos intensamente de Cláudia Marques: enquanto ela nega a presunção da vulnerabilidade às pessoas jurídicas, defendemos que a presunção existe. No entanto, não se faz produtivo, no momento, retomarmos discussão já suficientemente exposta.

Por outro lado, apesar de também abordada anteriormente, a polêmica suscitada por Donato vem a calhar. Se o código é de proteção e defesa do consumidor, por quais motivos viria a incidir exatamente sobre o fornecedor, que muitas vezes é o vilão da história? Simplesmente por ter sido ele alvo de injustiça e de opressão, que estão espalhadas por toda a parte nas relações atinentes a todos os ramos de direito? A questão merece uma boa resposta.

Tentamos, em algumas observações, acima aduzidas, fazer frente à opinião de Donato, porém, sequer beiramos a profundidade e a clareza da explicação de Cláudia Lima Marques que, como de hábito, não se furtou de resolver a celeuma.

Ensina-nos que a razão do CDC, através do art. 29, demonstrar preocupação concernente às relações entre comerciantes, profissionais, fornecedores e empresários, a respeito de cláusulas abusivas, imposição de venda casada e recusa de venda, só para ilustrar, consiste no fato de que as práticas comerciais e contratuais abusivas, além de danificarem diretamente estas pessoas referidas, implicam reflexos mediatos nos consumidores finais e potenciais, bem como no mercado em geral.

Realmente seria brincar de proteger o consumidor supor que, na prática, ele sofre efeitos exclusivamente das ações do seu fornecedor direto e que nada mais interfere nem importa.

Complementando a idéia sobre o art. 29, Cláudia dispõe:[125]

---

[125] In *Contratos no Código de Defesa do Consumidor*, p. 157.

"Parece-nos que, para harmonizar os interesses presentes no mercado de consumo, para reprimir eficazmente os abusos do poder econômico, para proteger os interesses econômicos dos consumidores-finais, o legislador concedeu um poderoso instrumento nas mãos daquelas pessoas (mesmo agentes econômicos) expostas às práticas abusivas. Estas, mesmo não sendo 'consumidores *stricto sensu*', poderão utilizar das normas especiais do CDC, de seus princípios, de sua ética de responsabilidade social no mercado, de sua nova ordem pública, para combater as práticas comerciais abusivas!"

Ademais, lembra a autora que o art. 29 não introduz matéria propriamente inovadora na lei do consumo; é brindado com o respaldo de um dos princípios basilares do ordenamento, disposto no inc. VI do art. 4º, que segue:

"Art. 4º A Política Nacional das Relações de Consumo tem por objetivo o atendimento das necessidades dos consumidores, o respeito a sua dignidade, saúde e segurança, a proteção de seus interesses econômicos, a melhoria da sua qualidade de vida, bem como a transparência e harmonia das relações de consumo, atendidos os seguintes princípios:
...
VI – coibição e repressão eficientes de todos os abusos praticados no mercado de consumo, inclusive a concorrência desleal e utilização indevida de inventos e criações industriais das marcas e nomes comerciais e signos distintivos, que possam causar prejuízos aos consumidores;"

A meta é nítida: relações equilibradas – repressão ao uso abusivo do poder econômico. Quanto aos frutos, resultam óbvios: consumidores efetivamente protegidos e o restante da sociedade também. Apesar disso, ainda há aqueles que teimam em condenar os fornecedores, comerciantes, empresários, igualmente vítimas de abusividades, ao eterno calabouço. Para estes, anunciamos nosso protesto e votos de que jamais se encontrem na difícil situação do desamparo.

Assim, Cláudia Lima Marques reconheceu o art. 29 como um "privilégio" aos empresários, como um "novo e poderoso instrumento" para que os equiparados se insurjam contra as práticas comerciais abusivas que lhes acometem, enfim, uma imensa janela para novas situações receberem o colo do CDC. Além de reconhecer, concordou com a expansão; mas ao final, não se conteve e ratificou o medo já mencionado quando da análise do conceito de consumidor *stricto sensu*, o medo de que a ampliação da aplicação do CDC venha a retirar o caráter de especialidade das relações de consumo, torná-las comuns, ocasionando a diminuição da proteção ao consumidor. Porém, na mesma medida em que alarmou, indicou o caminho a ser seguido para afastar esta situação indesejável – a fiel observância da vulnerabilidade. A prerrogativa da equiparação está direcionada unicamente às pessoas que se encontrarem em posição vulnerável. Que sabença!

Tal ponto de vista é igualmente esposado pelo Des. Antonio Janyr Dall'Agnoll Júnior no voto inframencionado:[126]

> "Esta 'exposição às práticas' implica, ao que me consta, justamente a idéia de sujeição. Este o sentido que se há de extrair: evidenciando o desequilíbrio entre os figurantes do negócio, qualquer que seja ele, portanto, inclusive os que não se enquadrem como 'de consumo', incidem os dispositivos dos dois capítulos referidos. A regra contida no art. 29 do CDC, tenho dito com alguma freqüência, evidencia-se como verdadeiro canal de oxigenação do ordenamento jurídico. Foi através dele que se generalizou, evidenciado o desequilíbrio contratual, vale dizer, a vulnerabilidade de um dos figurantes do negócio jurídico, entre outras, a aplicação das cláusulas abusivas."
> (AI 597036102, j. 29.4.97. Des. Antonio Janyr Dall'Agnoll Júnior, in *Revista de Jurisprudência do TJRGS*, v. 184, p. 186.)

Antonio Herman de Vasconcellos e Benjamin, em continuidade à apreciação transcrita ao examinarmos o histórico legislativo dos arts. 2º e 29 do CDC, sobre este último, acrescenta a observação de que podem ser equiparadas a consumidor pessoas identificadas individualmente, bem como uma coletividade indeterminada, quer dizer, pessoas determináveis ou não, nas palavras da lei.[127]

O outro elemento do preceito salientado pelo autor é a "exposição às práticas". Quais práticas? Conforme Benjamin, "as práticas comerciais e contratuais abrangidas pelo Código", ou seja, sustenta que basta a exposição de pessoa/coletividade às práticas previstas no Capítulo V ou às citadas no Capítulo VI para que haja a equiparação. Relativamente à necessidade ou não da presença da vulnerabilidade, omitiu-se.

Eduardo Gabriel Saad pensa de forma distinta. Primeiramente, por estar o art. 29 situado no Capítulo V, e a esse fazer menção, elucida o que são as chamadas "práticas comerciais", através desta definição: "Trata-se de procedimento que segue à produção dos bens colocados no mercado de consumo." Diz ainda corresponderem aos "... meios e processos em uso no comércio para incentivar seus negócios e para atrair compradores". Após designada a devida definição, conclui que a condição, para a equiparação, é as pessoas terem sido atingidas pelas práticas previstas no

---

[126] Citado por Cláudia Lima Marques, in *Contratos no Código de Defesa do Consumidor*, p. 161.

[127] In *Código Brasileiro de Defesa do Consumidor – Comentado pelos Autores do Anteprojeto*, p. 228.

Capítulo V. Mas e quanto ao Capítulo VI, relativo à Proteção Contratual? Afora a hipótese de esquecimento, o que nos parece pouquíssimo provável, foi excluída pelo jurista como meio de acesso ao *status* de equiparado.[128]

Quem está com a razão?

Não é tarefa fácil se dizer, uma vez que a redação do art. 29 é confusa. Do seu início, "Para os fins deste Capítulo e do seguinte", entendemos que há passagem para a equiparação no terreno das práticas comerciais e no da proteção contratual; porém, ao final, nos termos "expostas às práticas nele previstas", a indicação é de que o legislador escolhe somente o Capítulo onde o artigo está contido, o V, como meio de acesso.

Embora para alguns possa significar mera sutileza, na nossa opinião, conforme a lei, o requisito para a equiparação, sem prejuízo da vulnerabilidade – fundamental, é a exposição, de pessoas determináveis ou não, a qualquer das práticas previstas no Capítulo V, ou seja, a práticas comerciais. Em restando atendida esta condição, visando à proteção do equiparado, poderão ser aplicadas tanto as normas deste Capítulo como as do Capítulo VI – Da proteção Contratual, pertinentes ao caso. Logo, pela interpretação literal, a exposição a um abuso previsto no Capítulo VI que não esteja também disciplinado no Capítulo V, não legitima a equiparação. Confessamos, porém, que, no íntimo, não estamos convictos dessa interpretação que, ao descaracterizar o Capítulo VI como de acesso, fere gravemente o propósito maior, qual seja, o combate ao abuso, ao desequilíbrio. Mesmo assim, com o fim de resguardar a fidedignidade da análise seguinte, adotaremos a posição mais restritiva, a "letra fria da lei".

Bem, já está em nossas mãos a apreciação teórica do art. 29, o último do CDC que menciona os equiparados a consumidor. Portanto, podemos avaliar se tem ele, ou não, potencial aplicabilidade aos lojistas de *shopping* ao se relacionarem com os empreendedores.

É simples! Precisamos apenas averiguar se, à luz do referido artigo, estes lojistas possuem o bilhete de ingresso ao parque do alívio – o CDC; em outras palavras, se estão expostos às práticas comerciais previstas no Capítulo V. No que respeita à vulnerabilidade, conforme nosso entendimento, é presumida até se prove em contrário.

Maria Antonieta Zanardo Donato comenta que as práticas comerciais alcançam desde a "pré-venda" até a "pós-venda", o que pode ser verificado no Capítulo V do CDC, com seções intituladas "Da Oferta", "Da Publicidade", "Das Práticas Abusivas", "Da Cobrança de Dívidas" e "Dos Bancos de Dados e Cadastros de Consumidores".[129]

---

[128] In *Comentários ao Código de Defesa do Consumidor – Lei nº 8.078, de 11.09.90*, p. 319.

[129] In *Proteção ao Consumidor: Conceito e Extensão*, p. 229.

Temos um imenso interesse por todos estes assuntos palpitantes; contudo, se cedêssemos aos respectivos atrativos, a presente obra tomaria proporções exageradas. Assim, optamos por um rápido passeio por somente dois preceitos, os que apresentam maiores indícios de estarem ligados ao nosso estudo.

Iniciaremos pelo art. 31, localizado na Seção II – Da Oferta, que reza:

"Art. 31. A oferta e apresentação de produtos ou serviços devem assegurar informações corretas, claras, precisas, ostensivas e em língua portuguesa sobre suas características, qualidades, quantidade, composição, preço, garantia, prazos de validade e origem, entre outros dados, bem como sobre os riscos que apresentam à saúde e segurança dos consumidores."

Eduardo Gabriel Saad introduz sua apreciação a este dispositivo estabelecendo uma forte relação do mesmo com um dos princípios fundamentais das relações de consumo, o Princípio da Transparência. Evidencia a importância de que "o consumidor não só tenha consciência exata da obrigação assumida ao adquirir um produto, como, também, possa saber quais sejam suas qualidades, os fins a que se destina e os riscos que seu uso oferece".[130]

Está correto. O artigo 31 veio mais uma vez afirmar o direito à informação. Mas que tanta importância revela dito direito?

De pronto, já podemos indicar um aspecto: a tomada de decisão. Antonio H. V. Benjamin comenta que a "oferta" e a "apresentação" encontram-se na fase pré-contratual, ou seja, justamente na fase onde, levando em consideração as informações que dispõe, o "consumidor" decide-se pela realização ou não do negócio. Desta feita, justo se faz que receba todo o conhecimento possível para que sua decisão seja consciente e condizente com a sua vontade. As distorções e omissões de informações demonstram o preparo de surpresas desagradáveis; por conseguinte, devem ser repudiadas.[131]

Na mesma proporção em que a informação é um direito do consumidor, corresponde a um dever do fornecedor. Isto significa dizer que, ao ofertar ou apresentar um produto ou serviço, obrigatoriamente, em paralelo, o fornecedor tem o encargo de, independente de qualquer questionamento, conceder informações (corretas, claras, precisas, ostensivas e na língua portuguesa), relativamente, pelo menos, às características, à quali-

---

[130] In *Comentários ao Código de Defesa do Consumidor – Lei nº 8.078, de 11.09.90*, p. 325.

[131] In *Código Brasileiro de Defesa do Consumidor – Comentado pelos Autores do Anteprojeto*, p. 244.

dade, à quantidade, à composição, ao preço, à garantia, ao prazo de validade, à origem e aos riscos do mesmo. Como bem interpreta Benjamin, este rol de informações exigidas é obrigatório mas não taxativo: além dos referidos itens, havendo outras particularidades relevantes do produto ou serviço, deverão ser mencionadas.

A regra é elogiável: municiar o interessado com todos os esclarecimentos pertinentes ao objeto de desejo para que sua avaliação, sobre esse, não resulte enganada, poluída por falsidades ou inércia.

Os lojistas de *shopping*, tal como seus próprios consumidores, também estão expostos à prática prevista no art. 31, ou seja, "a oferta e apresentação de produtos ou serviços", só que com um agravante, praticamente não recebem, do empreendedor, as informações determinadas, muito menos do modo disciplinado. Alguém duvida? Pois lançamos um desafio: é possível contar nos dedos o número de lojistas que têm conhecimento do campo minado que é a relação com o empreendedor, antes de sofrer as conseqüências dela provenientes.

Obter informações corretas, claras, precisas e ostensivas junto àquele que se limita a alegar que está a disponibilizar "pedacinhos do céu", aquele que oferece seu produto/serviço como um privilégio, é quimera. E para dificultar ainda mais, o produto/serviço do qual estamos a falar não tem propriamente uma embalagem, tampouco um rótulo ou bula; o máximo que o empreendedor oferece, para dar o mesmo a conhecer, é um emaranhado de contratos, escritura declaratória de normas gerais, estatuto de associação, regimento, etc., enfim, um complexo bastante complicado. Quanto à exigência de serem explicitadas as características, quantidades, qualidade, composição, preço e garantias do produto/serviço, tudo na fase pré-contratual, o nível da informação "consegue" piorar.

O lojista que adere ao *shopping* paga o esperado e o inesperado também. Ah, se lhe passasse pela cabeça, antes de aderir, tudo que seria compelido a desembolsar! O "preço" figura como uma grande incógnita, até mesmo após a contratação. Consoante estudamos, os critérios estão formalmente estabelecidos; contudo, na prática, quanto vai custar por mês, o lojista não sabe e não é informado. Falta clareza, falta precisão, falta o preço – ausente está, a informação!

Acontece que, inclusive parte da própria doutrina, acompanhando o empreendedor, em vez de alertar sobre a farta remuneração, realça os extraordinários benefícios oferecidos àquele que participar do empreendimento. Pois então, sejamos solidários: enfatizemos a exposição das magníficas vantagens.

Não cometeríamos a insanidade de negar que, em vários casos, o *shopping* honra a oferta do empreendedor: proporciona condições extremamente favoráveis aos lojistas que o compõem, sob absurdas penas, mas proporciona. Todavia, na forma devida, estas vantagens não são expostas nem previstas em lugar algum, destarte, há total liberdade para se materializarem aquém do esperado pelo lojista e até mesmo para não ocorrem. Em síntese, se a informação – genérica, prestada na oferta pelo empreendedor, é correta, se corresponderá à realidade, só o tempo dirá; mas que faltam clareza, precisão e ostensibilidade sobre as características, qualidades, composição, etc. do produto/serviço ofertado, não temos a menor dúvida, principalmente no que tange à *res sperata*.

Por exemplo: onde está garantido ao lojista que sua clientela irá aumentar? Qual o percentual do aumento? No que consistem as condições extremamente favoráveis prometidas? Isto faz parte do mínimo que deveria ser dito e fixado, porque, mesmo que indiretamente, está sendo "vendido" e remunerado.

Vítimas da informação, ou melhor, da falta dela, os lojistas de *shopping* têm comprado "sonho" e recebido "pesadelo"; os resultados típicos do equívoco, nós já conhecemos: ação de despejo por falta de pagamento e desaparecimento da loja.

Isto posto, a entrada via art. 29 está liberada, Senhores Lojistas! Sejam bem-vindos à merecida proteção do CDC, por equiparação.

Liberada, mas não só através da oferta e apresentação de produtos e serviços; o principal caminho ainda está por ser apresentado, sem prejuízo de outros, também possíveis, mas que decidimos não priorizar. Então, vamos ao dispositivo que tão plenamente identifica os lojistas de *shopping* com o Capítulo das Práticas Comerciais.

Está situado na Seção IV concernente às Práticas Abusivas, mais precisamente, no art. 39, inc. V, cuja redação segue:

"Art. 39. É vedado ao fornecedor de produtos ou serviços, dentre outras práticas abusivas:

...

V – exigir do consumidor vantagem manifestamente excessiva;"

Em similaridade ao art. 29 que, visando à equiparação, não requer a efetiva incidência das práticas comerciais, mas tão-somente a exposição às mesmas, o inciso em pauta contenta-se com a simples exigência da vantagem manifestamente excessiva, ela não precisa se concretizar, basta ser exigida.

Essencial, portanto, é que saibamos o significado de "vantagem excessiva".

Entre os autores que consultamos e que falaram do tema, como Saad,[132] Benjamin[133] e Maria Donato,[134] há unanimidade de que "vantagem excessiva" é sinonímia de "vantagem exagerada".

Equivocam-se os que pensam que esta constatação é inútil, pois o conceito de "vantagem exagerada" se encontra previsto no parágrafo 1º do art. 51, embutido na Seção sobre Cláusulas Abusivas, do Capítulo VI.

E o § 1º conceituou em razão do inc. IV do art. 51 ter feito referência.

Reproduzimos:

"Art. 51. São nulas de pleno direito, entre outras, as cláusulas contratuais relativas ao fornecimento de produtos e serviços que:

...

IV – estabeleçam obrigações consideradas iníquas, abusivas, que coloquem o consumidor em desvantagem exagerada, ou sejam incompatíveis com a boa-fé ou a eqüidade;

...

§ 1º Presume-se exagerada, entre outros casos, a vantagem que:
I – ofende os princípios fundamentais do sistema jurídico a que pertence;
II – restringe direitos ou obrigações fundamentais inerentes à natureza do contrato, de tal modo a ameaçar seu objeto ou equilíbrio contratual;
III – se mostra excessivamente onerosa para o consumidor, considerando-se a natureza e conteúdo do contrato, o interesse das partes e outras circunstâncias peculiares ao caso."

Resumindo: andam de braços dados a prática abusiva prevista no art. 39, V, e a cláusula abusiva disposta no art. 51, IV.

Como pôde ser verificado, o inc. V do art. 39, por si só, já é capaz de abranger uma boa gama de situações. No entanto, abertura maior ainda está prevista no *caput* deste artigo, sustentada pela expressão "dentre outras", que lhe foi acrescida através da Lei nº 8.884/94, Lei Antitruste. Traduz que o rol de práticas listadas é exemplificativo, disposto a acolher, a qualquer momento, outras, desde que também abusivas.

Saad diz que nem se poderia cogitar hipótese distinta da não-exaustividade, uma vez que o próprio CDC, afora os incisos do art. 39, "menciona, noutras disposições, casos de práticas abusivas (arts. 10; 18, § 6º; 20, § 2º; 32; 37 § 2º; 42; 43 e 51)".[135]

---

[132] In *Comentários ao Código de Defesa do Consumidor – Lei nº 8.078, de 11.09.90*, p. 366.
[133] In *Código Brasileiro de Defesa do Consumidor – Comentado pelos Autores do Anteprojeto*, p. 326.
[134] In *Proteção ao Consumidor: Conceito e Extensão*, p. 236.
[135] In *Comentários ao Código de Defesa do Consumidor – Lei nº 8.078, de 11.09.90*, p. 364.

Com precisão absoluta, o autor desvendou as interligações: no fim das contas, uma cláusula abusiva nada mais é do que uma prática abusiva.

Eis o elo perfeito à questão que estamos a enfrentar.

Mas por enquanto, retornemos a redação do inc. V do art. 39, considerada isoladamente, e averigüemos: o lojista de *shopping* é alvo de exigência de vantagem manifestamente excessiva por parte do empreendedor?

E como! Não só da exigência, mas também da materialização dela.

Não pretendemos aqui esgotar o assunto, e nem teríamos condições para tal; primeiro porque a parte inicial do nosso trabalho se ateve a um panorama geral da relação entre lojista de *shopping* e empreendedor, não desceu a minúcias, a detalhamentos; e, em segundo lugar, porque as relações são dinâmicas; logo, mesmo que estivéssemos dispostos a, exaustivamente, listar as abusividades, com certeza muitas nos escapariam. Desta feita, com um fim puramente ilustrativo, escolhemos duas situações corriqueiras para a demonstração da exigência e materialização de vantagem manifestamente excessiva, mas frisamos: existem várias outras.

Uma delas diz respeito à forma de fixação da remuneração devida pelo lojista, qual seja, a parceria de um valor mínimo e um percentual sobre a receita bruta, vigorando o que for maior. Apesar de ser extremamente vantajoso, ao empreendedor, o critério da receita bruta, aquele que desconsidera todos os custos (deveras vultuosos) – que vê apenas a parte boa, concentremos nossa atenção no limite mínimo.

Ao ser um fixo estabelecido, propositadamente, só é evocada a hipótese de o lojista não alcançar um razoável faturamento por inabilidade sua. Entretanto, a administração do *shopping* compete ao empreendedor e, assim como as coordenadas ditadas podem transformar o empreendimento em um imã, atrativo de clientela e propulsor de vendas, igualmente são capazes de provocar um ambiente amorfo, ou, o que é ainda pior, um local repulsivo, que afasta, inclusive, os fiéis consumidores das lojas. Neste caso, como ficam os lojistas? Além de terem que dirimir os prejuízos relativos às poucas vendas, deverão também remunerar a incompetência, a danosa má administração do empreendedor?

Estratégica esta regra, não? Mesmo que o insucesso decorra exclusivamente do empreendedor, são os lojistas que arcam com a gigantesca conta.

Estamos diante do cúmulo da conveniência, isto é, da exigência e obtenção, junto ao lojista, de vantagem manifestamente excessiva, completamente absurda.

A outra prática abusiva consubstancia-se na imposição, pelo empreendedor, de que, geralmente no mês de dezembro, a remuneração seja paga em dobro. Para isso, se vale de um buquê de justificativas, tal como a que necessita custear o 13º salário dos empregados do *shopping* e que, além do mais, dezembro é um mês de muitas vendas, em virtude do Natal.

Até parece que os lojistas só colhem flores, que passam o ano em berço esplêndido e, em dezembro, têm a esbanjar.

Na era atual, podem ser comparados a agricultores. Esperam desesperadamente a colheita para, com ela, sair do sufoco, pagar as dívidas e sobreviver até a próxima. Foi-se o tempo das safras fartas e constantes.

Quando possível, já é um sacrifício ao lojista arcar, durante o ano, com os infindáveis encargos para a sua mantença no *shopping*. Imaginemos, então, a repercussão da 13ª remuneração, que se aglutina, dentre outros, ao dever do lojista pagar o 13º salário de seus empregados. É praticamente insuportável. É excessivamente onerosa, excessivamente exagerada.

Mas infelizmente não há outra alternativa. Depois do advento dos *shopping centers*, as lojas de rua, na maioria, perderam o carisma. Ademais, o lojista sabe que se não ocupar aquele espaço que lhe está sendo oferecido no *shopping*, é seu concorrente que vai estar lá.

Porém, nada disso respalda a exploração.

É exatamente nesse momento que chega o argumento derradeiro, já conhecido da Parte I do presente; a explicação que a tudo sustenta é a maravilha disponibilizada, a estrutura *"shopping"*. Hoje, ela ampara a 13ª remuneração; amanhã, servirá para criar a 14ª, 15ª, 16ª e assim por diante. O empreendedor estipula o preço que bem quiser e se mostra cada dia mais ganancioso.

Para a infelicidade social, a eqüidade está longe de aterrissar nesta relação caracterizada pelo monopólio, opressão, enfim, pela implementação de vantagens manifestamente excessivas.

Assim encerramos a segunda citação de prática abusiva impingida aos lojistas de *shopping*, a qual ratifica a aplicabilidade do art. 29. Que ironia do destino: a excessividade das vantagens exigidas pelo empreendedor acabaram por caracterizar, a condição para a equiparação em menção, excessivamente atendida.

Bem, agora que superada a exigência contida na parte final do dispositivo em exame, pela interpretação mais severa que dele se pode fazer, passemos ao plano da amplitude da equiparação. Equipara-se para os fins do Capítulo V e do Capítulo VI; em outros termos, aos equiparados se pode aplicar as normas contidas em qualquer destes Capítulos.

No tocante ao primeiro deles, já tecemos rápidas considerações. Referentemente ao que trata da Proteção Contratual, se nos ficasse estipulado comentá-lo em uma só frase, diríamos que foi escrito com provável inspiração nos lojistas de *shopping*, ou figura muito similar.

Observemos quão adequado à realidade destes lojistas é a seção que trata dos Contratos de Adesão, o estabelecido nos artigos 46 e 47, só para exemplificar. Gostaríamos de adentrar nos pormenores de cada dispositivo pertinente, entretanto, por ora, nosso papel não é interpretar o CDC; então, levando em conta a sobrelevada importância do combate à abusividade e do restabelecimento do equilíbrio nas relações, fim maior do ordenamento, bem como o enxame de cláusulas abusivas inseridas nos contratos entre lojistas e empreendedor, elegemos o art. 51, especialmente na sua faceta genérica, para um estudo mais aprofundado, o qual intitulará a abordagem que sucede a presente.

Contudo, antes de iniciarmos este exame específico, queremos lançar mão daquele elo acima mencionado, entre o art. 39 e 51, a título de curiosidade.

Constatamos que mesmo que o art. 29 não expressamente contivesse a extensão necessária para a aplicação das normas do Capítulo VI aos equiparados, no caso, lojistas de *shopping*, as cláusulas abusivas inseridas nos contratos que os mesmos celebram com o empreendedor, ainda assim, poderiam ser atacadas com duplo respaldo: o inc. V do art. 39 ou, para quem olvidasse discordar dessa fundamentação, o *caput* do artigo, que, além das práticas listadas, ampara toda e qualquer outra sequer suposta quando da feitura da lei, desde que abusiva.

Na prática, é irrelevante a base legal. Interessa que restou solidificado, pelo art. 29, o direto de proteção e defesa, através de todos os preceitos dos Capítulos V e VI do CDC, aos lojistas de *shopping*. Fez-se justiça e beneficiou-se a sociedade no seu todo. Isto é inteligência legislativa: um Código de Defesa do Consumidor que, efetivamente, protege o consumidor, e, porque não, a coletividade.

Desta feita, se lojista de *shopping* não fosse consumidor *stricto sensu* (embora saibamos que é), equiparado a consumidor seria.

11. Das cláusulas abusivas

Configurando-se um dos grandes males do século XX, as cláusulas abusivas contagiaram a quase totalidade dos contratos em que uma das partes é vulnerável; por conseguinte, alcançaram também as contratações para uso de espaço em *shopping*. Os lojistas não escaparam ilesos.

Frente a estas circunstâncias, o Estado decidiu intervir nas relações em favor do equilíbrio: ditou, no CDC, dentre outras normas de ordem pública, o art. 51, que trouxe um rol exemplificativo de cláusulas abusivas.

A partir desse, buscaremos uma teoria geral que nos forneça subsídios à identificação de abusividade nas cláusulas contratuais.

Somente quando conhecedores da essência comum às cláusulas abusivas é que estaremos prontos para usufruir da liberdade conferida pela lei, de não se ficar preso à listagem do art. 51, de se esticar a proteção disposta para contratos atípicos como os relativos a *shopping*.

Neste ponto do nosso trabalho, realizaremos o processo inverso. Já provamos que é aplicável aos lojistas de *shopping*; agora vamos saber exatamente o quê.

11.1. CONCEITO DE CLÁUSULAS ABUSIVAS

11.1.1. Sob o enfoque doutrinário

Raro é o instituto jurídico cuja denominação designada não forneça uma noção da sua efetiva abrangência. Apesar de, no caso, contarmos com essa facilidade, continua imprescindível a análise da expressão "cláusulas abusivas", pois é o detalhamento que enriquece o conhecimento.

Da Enciclopédia e Dicionário de Koogan/Houaiss apreendem-se os seguintes significados:

"Abusar – Fazer uso desmedido, ultrapassar os limites de; exorbitar.../valer-se excessivamente de, aproveitar-se de, explorar... / Abusar (da confiança, da boa-fé) de alguém..."

No *Vademecum* do Código do Consumidor, Marcus Cláudio Acquaviva nos ensina que:[136]

"Abusar significa usar além do necessário ou usar mal... Então, cláusula abusiva é aquela que desvirtua o contrato, favorecendo excessivamente o fornecedor, em detrimento do consumidor."

Neste mesmo sentido, Eduardo Gabriel Saad conclui que:

"Cláusulas que oneram sobremaneira o consumidor, provocando o desequilíbrio que, de ordinário, deve haver entre as partes, são chamadas cláusulas abusivas."[137]

Nelson Nery Júnior, autor do Anteprojeto do Código Brasileiro de Defesa do Consumidor, seguindo a nomenclatura sugerida por Philippe Malinvaud, tem "cláusulas abusivas" como sinônimo de "cláusulas opressivas", "cláusulas onerosas", "cláusulas excessivas" e "cláusulas vexatórias".[138]

Ampliando um pouco mais o horizonte, Cláudia Lima Marques, ainda sob o prisma do Código Civil de 1916, indica dois caminhos que levam à definição de "abusividade", um de aproximação subjetiva e o outro objetiva.[139]

O primeiro referido é aquele que aproxima a abusividade à figura do abuso de direito, realçando a utilização de um "poder (direito)", concedido à determinada pessoa, de forma maliciosa ou desvirtuada de suas finalidades sociais. Dita aproximação tem sido objeto de muitas críticas, em especial, por Nelson Nery Júnior, que, ao definir "cláusulas abusivas", de imediato, já se preocupou em esclarecer que estas não se confundem com o "abuso de direito" previsto no parágrafo único do art. 160 do Código Civil de 1916[140] (correspondente ao parágrafo único do art. 188 do novo Código Civil, Lei nº 10.406/2002, salvo pequena alteração neste efetuada). Contudo, Cláudia Lima Marques confirma o elo estabelecido, enfatizando a equivalência do que é "abusivo" com o que "excedeu os limites". Analisa que, ao tomarmos "cláusulas abusivas" como aquelas que extrapolam limites, obtendo a abusividade, estamos admitindo a existência

---

[136] In *Vademecum do Código do Consumidor*, p. 69.

[137] In *Comentários ao Código de Defesa do Consumidor – Lei nº 8.078, de 11.09.90*, p. 427.

[138] In *Código Brasileiro de Defesa do Consumidor – Comentado pelos Autores do Anteprojeto*, p. 501.

[139] In *Contratos no Código de Defesa do Consumidor*, p. 402.

[140] In *Código Brasileiro de Defesa do Consumidor – Comentado pelos Autores do Anteprojeto*, p. 501.

desses limites, impostos pelo Estado, através de normas de ordem pública, os quais deveriam ter sido observados ao contratar. E reconhecer limites é reconhecer também o término do imperialismo da autonomia da vontade, é compactuar com a moderna concepção de contrato.

Justamente em face do juízo de valor que a "abusividade" envolve, é que a autora indica o paralelo dessa com a figura do "abuso de direito".

Inicia suscitando a discussão que persiste, na esfera jurídica, a respeito da caracterização do abuso de direito como ato ilícito ou categoria jurídica à parte. Salienta que o Projeto do Código Civil de 1975 também disciplinou o abuso de direito quando dos atos ilícitos; entretanto, que inovou e contribuiu ao introduzir, no seu art. 186, elementos a serem considerados para a ultrapassagem dos limites do direito, quais sejam: o fim econômico ou social do direito, a boa-fé e os bons costumes.

Eis a redação do art. 186 do Projeto em menção, integralmente adotada pela Lei nº 10.406/2002, o novo Código Civil, no art. 187:

> "Art. 187. Também comete ato ilícito o titular de um direito que, ao exercê-lo, excede manifestamente os limites impostos pelo seu fim econômico ou social, pela boa-fé ou pelos bons costumes."

Mas o que é ato ilícito? Com fulcro no art. 159 do Código Civil de 1916, Cláudia Lima Marques elucida:

> "O ato ilícito é aquele desconforme ao direito, que provoca uma reação negativa no ordenamento, que viola direito ou causa prejuízo a terceiro (dano), fazendo nascer a correspondente obrigação de reparar (responsabilidade)."

Para comparação, relevante é frisar que o novo Código Civil, de 2002, fez algumas alterações neste conceito, o qual restou assim estabelecido:

> "Art. 186. Aquele que, por ação ou omissão voluntária, negligência ou imprudência, violar direito e causar dano a outrem, ainda que exclusivamente moral, comete ato ilícito."

A obrigação de reparar o dano, embora não disposta no mesmo artigo, tal como no Código Civil de 1916 foi instituída e disciplinada, só que com algumas inovações. Vejamos a regra geral pertinente, no novo ordenamento:

> "Art. 927. Aquele que, por ato ilícito (arts. 186 e 187), causar dano a outrem, fica obrigado a repará-lo.
> Parágrafo único. Haverá obrigação de reparar o dano, independentemente de culpa, nos casos especificados em lei, ou quando a atividade normalmente desenvolvida pelo autor do dano implicar, por sua natureza, risco para os direitos de outrem."

E abuso de direito, no que consiste? Consoante a jurista, como a própria expressão revela, pressupõe a existência de um direito. Se o agente se limitasse a exercer o direito do qual é titular, estaria agindo em perfeita sincronia como o ordenamento jurídico. O problema surge quando o agente vai além do direito, quer dizer, avança o sinal, ou "deturpa a finalidade" deste direito, acarretando um dano. É exatamente este excesso, ou o desvirtuamento, que agride o ordenamento, produzindo um resultado ilícito.

E, por fim, comenta que o abuso de direito, no Brasil, produz a conseqüência do restabelecimento do *status quo*, ou seja, a cláusula abusiva é inválida e ineficaz, expurgada do contrato.

Embora Cláudia Marques detecte certa diferença entre o ilícito e o abusivo (diferença essa concernente ao dever de reparação de dano, cujo arrazoado preferimos omitir em função de discutível confronto com o art. 927 do novo Código Civil e, mormente, por não ter maior relevância para o tema em estudo), conclui que as cláusulas abusivas são também ilícitas, se compreendermos o direito não só sob a ótica positivista, mas sim, com princípios gerais, especialmente o da boa-fé objetiva.

Narra que, na tentativa de explicar o combate as cláusulas abusivas, tem sido investigada, pelos doutrinadores brasileiros, a afinidade dessas com as cláusulas ou condições ilícitas, potestativas e leoninas, já de longa data reprimidas em nosso ordenamento por violarem a ordem pública, os bons costumes, sujeitarem o ato ao arbítrio de uma das partes ou o privarem de todo o efeito. Na sua opinião, o nascedouro do combate as cláusulas abusivas realmente está no passado, o que significa existir a aludida afinidade. Porém, ressalta uma grande diferença: enquanto as cláusulas leoninas e potestativas caracterizam-se pela unilateralidade excessiva e pelo arbítrio relativos aos elementos essenciais do contrato, as cláusulas abusivas, apesar de imitarem ditas características, admitem a presença dessas em grau bastante inferior ao necessário para configurar a cláusula como leonina ou potestativa, e, como outro diferencial, podem atingir elementos não essenciais do contrato.

O segundo caminho para a definição da abusividade, preferido pela jurista, é o de aproximação objetiva, onde o importante é o resultado da conduta do agente, o prejuízo grave efetivamente sofrido, o desequilíbrio que pesa ao consumidor. Aqui, a abusividade está diretamente relacionada à boa-fé objetiva; o foco é o efeito da cláusula, e não a malícia porventura empregada na mesma.

Bem analisa Cláudia Marques:

"... não podemos conceber que uma cláusula seja abusiva porque utilizada pelo fornecedor 'A', forte cadeia de lojas, e não, se utilizada pelo comerciante 'B', microempresa, em contratos com um mesmo consumidor."

Destarte, nem a falta de conhecimento (pelo fornecedor) do caráter abusivo de determinada cláusula, nem a boa intenção, são suficientes para afastar a abusividade detectada.

Além do exposto, igualmente merece saliência o aspecto temporal que envolve as cláusulas abusivas. Essas, mesmo que identificadas *a posteriori*, nascem simultaneamente ao contrato em que estão inseridas; portanto, não se tratam de cláusulas sãs que, em razão de fatos supervenientes, ficaram excessivamente onerosas.

11.1.2. Sob o enfoque legislativo

Embora de forma sucinta, o legislador acabou por conceituar "cláusulas abusivas" no art. 51, IV, do CDC, observemos:

"Art. 51 – São nulas de pleno direito, entre outras, as cláusulas contratuais relativas ao fornecimento de produtos e serviços que:

...

IV – estabeleçam obrigações consideradas iníquas, abusivas, que coloquem o consumidor em *desvantagem exagerada*, ou sejam incompatíveis com a boa-fé ou a eqüidade;" (Grifo nosso)

Este inciso, combinado com o § 1° do mesmo artigo, constitui a regra geral proibitória das cláusulas abusivas.

Referendando a boa-fé e a eqüidade como princípios básicos e elementares a serem seguidos, o legislador forneceu as ferramentas necessárias para que, ao Poder Judiciário, fosse possível emitir juízos de valor, analisar a abusividade no caso concreto, bem como deu subsídios à sociedade para controlar o abuso.

A norma é pertinente ao Sistema e absolutamente imprescindível; no entanto, verificamos um grave erro quanto a sua disposição, quanto ao aspecto formal. Tratando-se de regra mestra, deveria ter recebido um bom destaque, no mínimo, encabeçar um artigo, e não ficar localizada nos entremeios, dentre outros incisos de natureza meramente exemplificativa.

Apesar disso, logrou sucesso, pois os Tribunais efetivamente adotaram o inc. IV como regra norteadora da abusividade, fazendo o melhor uso do alcance que o dispositivo permite, conforme segue:

"Fornecimento de Energia Elétrica. Corte de Energia. Condição Geral do Contrato – Consumidor com duas unidades de sua responsabilidade, não adimplindo a obrigação de pagamento de uma delas, poderia ter suspensa a energia da que está em dia com o pagamento, face a existência de condição geral do contrato a respeito. Direito do consumidor. Cláusula Abusiva. Inadmissibilidade do corte. *O direito de suspender energia de uma unidade por reflexo de não ter pago a de outra caracteriza-se como cláusula abusiva e, por isso, nula de pleno direito (art. 51, IV, do CDC). Invalidade da condição geral do contrato.* Apelação improvida." (APC 598059566, 1ª Câm. C. – TJRS, Relator Tupinambá Miguel Castro do Nascimento, 25/11/98 (Grifo nosso)

"Código de Defesa do Consumidor, artigo 51, IV. Nulidade de cláusula contratual que contenha disposição abusiva ou iníqua, como tal se havendo de considerar a que estabeleça deva a correção monetária compreender período anterior ao da data do contrato." (Recurso Especial 189899/RJ, 3ª Turma – STJ, Relator Ministro Eduardo Ribeiro, 26/04/99)

"Plano de saúde. Limite temporal da internação. Cláusula abusiva. 1. É abusiva a cláusula que limita no tempo a internação do segurado, o qual prorroga a sua presença em unidade de tratamento intensivo ou é novamente internado em decorrência do mesmo fato médico, fruto de complicações da doença, coberto pelo plano de saúde. 2. O consumidor não é senhor do prazo de sua recuperação, que, como é curial, depende de muitos fatores, que nem mesmo os médicos são capazes de controlar. *Se a enfermidade está coberta pelo seguro, não é possível, sob pena de grave abuso, impor ao segurado que se retire da unidade de tratamento intensivo, com o risco severo de morte, porque está fora do limite temporal estabelecido em uma determinada cláusula. Não pode a estipulação contratual ofender o princípio da razoabilidade, e se o faz, comete abusividade vedada pelo art. 51, IV, do Código de Defesa do Consumidor. Anote-se que a regra protetiva, expressamente, refere-se a uma desvantagem exagerada do consumidor e, ainda, a obrigações incompatíveis com a boa-fé e a eqüidade.* 3. Recurso especial conhecido e provido." (Recurso Especial 158728/RJ, 3ª Turma – STJ, Relator Ministro Carlos Alberto Menezes Direito, 16/03/99) (Grifo nosso)

Mas além do inc. IV do artigo 51, os intérpretes da lei também podem contar com o complemento a ele respectivo, qual seja, o já referido § 1º deste mesmo artigo, que exemplifica o significado de "vantagem exagerada": "entre outros casos" é aquela que:

"I- ofende os princípios fundamentais do sistema jurídico a que pertence; II- restringe direitos ou obrigações fundamentais inerentes à natureza do contrato, de tal modo a ameaçar seu objeto ou equilíbrio contratual; III- se mostra excessivamente onerosa para o consumidor, considerando-se a natureza e conteúdo do contrato, o interesse das partes e outras circunstâncias peculiares ao caso.".

Reproduzimos, abaixo, parte da ementa de julgado sobre o tema:

"Ação Revisional de Contrato e Ação Ordinária de Cobrança. Taxa dos Juros Remuneratórios. Em que pese o fato de que com o julgamento definitivo da ADIN n. 4/DF, firmou-se o entendimento jurisprudencial no sentido da não auto-aplicabilidade do artigo 192, parágrafo 3º, da Constituição Federal, resta vedado ao legislador infraconstitucional contrariar as suas disposições, face a eficácia negativa intrínseca as normas constitucionais de eficácia limitada. Por outro lado, o artigo 4º, inciso IX, da Lei 4595/64, não revogou as limitações dos juros da Lei de Usura. *Ademais, cuidando-se de hipótese de pactuação abusiva de juros considerada a conjuntura econômica atual do país, provocando onerosidade excessiva em detrimento do consumidor, deve ser nulificada a respectiva cláusula, com aplicação do disposto no artigo 51, inciso IV e § 1º, inciso III, todos do Código de Defesa do Consumidor.* Flagrada, no caso em concreto, de pactuação abusiva de juros, impõe-se a redução dos juros remuneratórios a 1% ao mês, taxa compatível com a legislação constitucional e infraconstitucional, bem como com a nova conjuntura sócio-econômica vigente no país...." (APC 598540896, 16ª Câm. C. – TJRS, Relator Claudir Fidelis Faccenda, 12/05/99) (Grifo nosso)

Cabe aqui um breve comentário a respeito do texto legal: restou nítida a preocupação do legislador em enfatizar o exagero, tanto que se refere à "desvantagem exagerada" no inc. IV e, posteriormente, à "vantagem exagerada" no § 1º, ambos do art. 51 do CDC. E nem poderia ser diferente, sob pena de inviabilizar uma vasta gama de contratações.

Muitos dos contratos pressupõem interesses conflitantes, antagônicos, que terminam por se harmonizar. O comprador, por exemplo, deseja obter a coisa pelo menor preço possível, enquanto o vendedor, para a entrega da mesma, quer receber a máxima quantia. O que o legislador afasta não é uma pequena vantagem auferida, fruto da negociação, tal como, no caso, a venda de um determinado produto por preço um pouco superior ao de mercado, traduzindo que o vendedor realizou um bom negócio; não visou a eliminar a possibilidade de concorrência. As singelas vantagens são inerentes aos contratos, podendo pender, em uma balança, levemente para qualquer lado. O que deve ser combatido é a vantagem exagerada, o excesso, o que desestabiliza a balança, a ponto de levar um de seus pratos às alturas enquanto o outro, em contrapartida, fique no chão. Devem ser combatidas as maléficas condições estabelecidas entre lojistas e empreendedores de *shopping*, responsáveis por fechar lojas e mais lojas.

Traçando um comparativo entre o texto legal e a doutrina, relativos ao conceito de "cláusulas abusivas", concluímos que o legislador, pelo menos de forma indireta, optou pela teoria da aproximação objetiva, que enfatiza o resultado, haja vista que tratou do desequilíbrio (efeito) e nada dispôs sobre a intenção do fornecedor, sobre o uso de um poder (direito) de forma maliciosa/desvirtuada ou não.

Apesar disso, e diferentemente dos doutrinadores que repulsam por completo o caminho de aproximação subjetiva, muitas vezes sem apresentar justificativas, somos da opinião de que alguns princípios de tal teoria podem ser aproveitados. Ora, uma cláusula abusiva, de fato, extrapola um limite, limite este já existente e imposto pelo Estado em normas cogentes. Assim, mesmo que não focada em um aspecto eminentemente prático – o resultado, a teoria de aproximação subjetiva não se configura absurda, podendo ser considerada com as devidas cautelas e adequações.

11.2. A PROTEÇÃO CONTRA AS CLÁUSULAS ABUSIVAS – NORMAS DE ORDEM PÚBLICA

Os tempos mudaram. O solidificado princípio *pacta sunt servanda*, advindo da Revolução Francesa, não é mais a mola mestra do direito brasileiro. A autonomia da vontade cedeu parte de seu espaço para o controle jurídico, conforme segue demonstrado já no art. 1º do CDC, que dispõe:

"Art. 1º – O presente código estabelece normas de proteção e defesa do consumidor, *de ordem pública* e interesse social, nos termos dos arts. 5º, inciso XXXII, 170, inciso V, da Constituição Federal e art. 48 de suas Disposições Transitórias." (Grifo nosso)

O Código de Defesa do Consumidor elegeu a boa-fé e a eqüidade/equilíbrio como valores fundamentais nas relações de consumo, os quais se sobrepõem inclusive às pactuações. Desta forma, se na manifestação de vontade das partes, ditos valores forem respeitados, a vontade será obedecida. Contudo, caso determinada cláusula estabelecida acarrete desequilíbrio contratual, desvantagem excessiva ao consumidor, mesmo que tenha sido expressamente aceita por ele e que não seja decorrência do "abuso do poderio econômico" do fornecedor, será tida como contrária à ordem pública, e, como conseqüência, a vontade nela exarada "não prevalecerá".

Cláudia Lima Marques nos ensina que:[141]

---

[141] In *Contratos no Código de Defesa do Consumidor*, p. 391.

"Formado o vínculo contratual de consumo, o novo direito dos contratos opta por proteger não só a vontade das partes, mas também os legítimos interesses e expectativas dos consumidores. O princípio da eqüidade, do equilíbrio contratual é cogente; ..."

Em suma, através de normas de ordem pública, imperativas, que não podem ser afastadas pela vontade das partes, o CDC, utilizando o direito atrelado a uma visão social, proibiu expressamente as cláusulas abusivas.

E a jurisprudência "comprou" a idéia, como pode ser averiguado:

"Arrendamento Mercantil. Ação de Revisão de Cláusulas Contratuais. Possibilidade da revisão ante o princípio da relatividade do contrato, prevalente sobre o princípio do *pacta sunt servanda*, a fim de assegurar a real concretização dos conceitos norteadores do equilíbrio da relação contratual, como da liberdade e da igualdade entre as partes.... Apelação Improvida." (APC 599365244, 14ª Câm. C. – TJRS, Relator Henrique Osvaldo Poeta Roenick, 05/08/99)

"Relação de Consumo. Principiologia referente aos Contratos de Consumo. Ao analisar o contrato, com suas diversidades, e que se constitui alvo especial do chamado Direito do Consumidor, está o juiz nesse alinhamento bem longe da principiologia clássica do contrato, onde se presumia que as partes eram livres para contratar, e que eram iguais, sem qualquer distinção de informação, conhecimento e poder de cada uma. A atuação do magistrado, frente a uma relação de consumo, pode e deve ser mais dinâmica, pretendendo assegurar a igualdade das partes ao menos no plano jurídico... Apelo Improvido." (APC 197080120, 2ª Câm. C. – TJRS, Relator Francisco José Moesch, 05/03/98)

11.3. A NULIDADE DAS CLÁUSULAS ABUSIVAS

11.3.1. Da regra geral

A nulidade de pleno direito das cláusulas abusivas, explicitada no *caput* do art. 51 e do art. 53, ambos do CDC, constitui-se matéria bastante controvertida, carecedora de análise mais aprofundada. Para tal, compilamos, a seguir, posicionamentos de destacados juristas.

Consoante Nelson Nery Júnior, o CDC designou um sistema próprio para as nulidades de pleno direito que refere, sistema esse atinente às particularidades do direito do consumidor. Portanto, as nulidades referidas no Código de Defesa não estão à mercê do tradicional sistema previsto no

Código Civil, não estão sujeitas à dicotomia em nulidades absolutas e relativas.[142]

Afirma ainda o autor do Anteprojeto ser necessário o reconhecimento judicial da nulidade das cláusulas abusivas, o que ocorre via sentença constitutiva negativa, de efeito retroativo, provocada por alegação em ação direta (ou.reconvenção) ou em contestação, admitido o ato *ex officio* do juiz.

Nesta direção:

"Agravo de Instrumento. Arrendamento Mercantil. Código de Defesa do Consumidor. Aplicação. Cláusulas Abusivas: nulidade. Princípios e Fundamentos. As regras do Código de Proteção ao Consumidor são aplicáveis aos contratos firmados entre as instituições financeiras e os usuários de seus serviços (art. 3º, par. 2º, da Lei 8078/90), *importando a declaração de nulidade ipso jure das cláusulas abusivas pactuadas (art. 51, par. 1º), por excesso de onerosidade ao consumidor. Presente nulidade, a matéria é cognoscível* ex officio *em qualquer tempo e grau de jurisdição.* Dentre outros, o CDC sufraga os princípios da inversão do ônus da prova em benefício do consumidor (art. 6º, inc. VIII, e art. 51, IV), da prevenção e repressão a danos morais do consumidor e a preservação *quantum satis* dos contratos portadores de cláusulas abusivas... Agravo Provido." (AGI 598175255, 14ª Câm. C. – TJRS, Relator Aymoré Roque Pottes de Mello, 03/09/98) (Grifo nosso)

E, por fim, em virtude de a Lei não ter fixado prazo para a busca da nulidade das cláusulas abusivas em juízo, defende tratar-se de ação imprescritível.

Eduardo Gabriel Saad tem interpretação, em parte, diferenciada.[143]

Primeiramente, cita o pronunciamento do ilustre Ruy Rosado de Aguiar na obra "A proteção do consumidor no Brasil e no Mercosul", cuja transcrição segue:

"... a nulidade de pleno direito, a que se refere o art. 51 do Código de Defesa do Consumidor, é a nulidade do nosso Código Civil. Como tal, pode ser decretada de ofício pelo juiz e alegada em ação ou defesa por qualquer interessado, sendo a sanção jurídica prevista para a violação do preceito estabelecido em lei de ordem pública e interesse social (art. 1º)."

---

[142] In *Código Brasileiro de Defesa do Consumidor – Comentado pelos Autores do Anteprojeto*, p. 503.
[143] In *Comentários ao Código de Defesa do Consumidor – Lei nº 8.078, de 11.09.90*, p. 427.

Após, explica que assim como o Código Civil (de 1916) é usado para o suprimento de lacunas (relativas a nulidades) havidas no Código Comercial, da mesma forma deve ser para completar o CDC; destarte, às nulidades de pleno direito trazidas, sem pormenores, pela Lei nº 8.078, se aplica, "por extensão", o art. 146 do Código Civil, que preceitua:

> "Art. 146 – As nulidades do artigo antecedente podem ser alegadas por qualquer interessado, ou pelo Ministério Público, quando lhe couber intervir.
>
> Parágrafo único: Devem ser pronunciadas pelo juiz, quando conhecer do ato ou dos seus efeitos e as encontrar provadas, não lhe sendo permitido supri-las ainda a requerimento das partes."

A respeito do teor desse parágrafo único, observa que, por estar, a cláusula abusiva – nula de pleno direito –, vinculada a princípio de ordem pública – soberano –, não pode ser suprida pelo juiz, nem mesmo se os interessados neste sentido requererem. E mais, se a eliminação da cláusula abusiva prejudicar o contrato no todo, tornado inviável o ajuste, é admitida a anulação integral do mesmo.

Em que pese a tese ter sido construída sobre o terreno do Código Civil de 1916, mesmo com a entrada em vigor da Lei nº 10.406/2002, continua aproveitável, através do art. 168 da nova Lei (correspondente ao art. 146 mencionado), abstraídos os argumentos incompatíveis (tipo o assessoramento do Código Civil ao Comercial) diante da unificação efetuada.

A título de curiosidade, interessa que o autor também sustenta a aplicação subsidiária, às relações regidas pelo CDC, do dispositivo do Código Civil (de 1916) que disciplina as nulidades relativas, qual seja, o art. 147, sendo suficiente, para tanto, a configuração da situação típica. Salientamos que, com alguns acréscimos, o disposto no art. 147 consta no novo Código Civil como art. 171.

No que tange à prescrição da ação para pleitear a anulação de cláusula abusiva, ante a omissão do CDC, Saad entende pela aplicação do art. 178, § 9º, inc. V, do Código Civil/1916, que estipula o prazo de quatro anos. Igual prazo está previsto no art. 178 do novo Código Civil/2002 para a anulação de negócio jurídico, porém como decadência.

O Dr. Mário San Severino, no 2º Workshop – Consumidor em Debate –, realizado pelo PROCON de Porto Alegre/RS, na data de 20 de março de 1998, ao tratar de matéria relacionada às cláusulas abusivas, salientou a competência do Ministério Público para atuar como fiscal das condições gerais dos contratos de consumo e, principalmente, para ajuizar ação visando à nulidade de cláusula contratual desconforme ao CDC.

Eis um exemplo que vem a corroborar com dito posicionamento:

"Ação Civil Pública. Contratos Bancários. Nulidade de Cláusulas Abusivas e Infratoras dos Direitos dos Consumidores Difusamente Considerados. Condenação da Instituição Bancária à exclusão dessas cláusulas e substituição por outras que se mostrem adequadas à disciplina do Código de Defesa do Consumidor e a adequar os formulários-padrão com redação em termos claros e com caracteres ostensivos e legíveis, destacando as que implicarem limitação de direito, de forma a cumprir o que dispõe o art. 54 e parágrafos do CDC. Incomprovadas as alegações do réu, que não consegue, assim, contrapor-se ao fato constitutivo do direito do autor, documentalmente comprovado, procede a ação civil pública intentada pelo Ministério Público. Apelo desprovido." (APC 196097968, 7ª Câm. C. – TJRS, Relator Vicente Barroco de Vasconcelos, 18/12/96)

Bem, mas na prática, em que se traduz a nulidade de pleno direito?

Deixemos que a jurisprudência responda:

"Alienação Fiduciária. Revisão de Contrato. Interpretação de Cláusula Abusiva. Revisão do Contrato. Possibilidade. Cláusula Resolutória Expressa. *Afastada* por abusiva. Juros. Interpretação de Cláusula. Código de Defesa do consumidor. Incidência. Repetição ou Compensação. Após a revisão, verificada a existência de valores pagos a maior, torna-se cabível. Negaram Provimento." (APC 599188828, 14ª Câm. C. – TJRS, Relator Rui Portanova, 26/08/99) (Grifo nosso)

"Arrendamento Mercantil. Ação de Revisão Contratual. Reintegração de Posse.... 3. Revisão de Contrato. Na revisão dos contratos denominados arrendamento mercantil aplicam-se as disposição do CDC, sendo possível a *exclusão* das cláusulas abusivas...." (APC 598352656, 14ª Câm. C. – TJRS, Relator Marco Antônio Bandeira Scapini, 19/08/99) (Grifo nosso)

Por conseguinte, afastamento/exclusão é o destino previsto para as danosas cláusulas abusivas, nulas de pleno direito.

Trata-se de conclusão pacífica e irrefutável, dispensando considerações; entretanto, a exposição que a antecede nos deixa contenda, ainda pendente de solução, sobre a vinculação da nulidade de pleno direito do CDC com o Código Civil. Passemos, então, à correspondente análise.

A alusão, por Nelson Nery Júnior, de que o CDC teria criado um sistema próprio para as nulidades de pleno direito que menciona em seu bojo, nos parece descabida. Ora, a criação de um sistema ocorre em etapa infinitamente posterior à simples atribuição de nulidade a determinados atos. Pensar o contrário seria aceitar que, a cada atribuição dessas que um microssistema ou uma lei viesse a fazer, um novo mundo de nulidades surgiria. Ademais, um sistema deve ser composto de indicativos que permitam a compreensão de suas peculiaridades, e, em especial, de seus efeitos, os quais visivelmente faltam no CDC, no que respeita às nulidades.

De outra sorte, é a concepção de Saad neste aspecto. Trazendo a nulidade de pleno direto para o CDC, por certo que o legislador não esperava que os intérpretes adivinhassem as suas características. Se o legislador não definiu o instituto, é porque esse já se encontrava amplamente explorado no ordenamento. Basta a simples leitura do art. 145 do Código Civil de 1916 para comprovar a presente assertiva, ao qual corresponde, no Código Civil de 2002, o art. 166.

No que o CDC excepcionou, uma vez que a nulidade absoluta prevista no Código Civil contamina todo o ato, teve o legislador a devida cautela de, com clareza, detalhar. Observemos que, no *caput* do art. 51, restringe a nulidade de pleno direito somente às cláusulas abusivas, sendo, *a priori*, preservado o contrato em que estão inseridas. E, somente em um segundo momento, no § 2º deste mesmo artigo, preceitua a invalidez do contrato quando, da ausência de determinada cláusula abusiva, face à nulidade da mesma, decorrer ônus excessivo para qualquer das partes.

Por outro lado, no que se refere à prescrição da ação para anulação de cláusula abusiva, tomando por base o Código Civil de 1916, identificamo-nos com a apreciação de Nelson Nery Júnior, qual seja, de que a ação é imprescritível, até disposição em contrário. À primeira vista, pode surgir a impressão de que haja incoerência de nossa parte; afinal, aplicamos o Código Civil, subsidiariamente, em relação a um aspecto, e negamos a aplicação no tocante a outro. Acontece que o art. 178, § 9º, inc. V, do Código Civil de 1916, apontado por Saad para definir o prazo prescricional, não apresenta, em suas alíneas, previsão na qual seja possível enquadrar as cláusulas abusivas; logo, na nossa opinião, não é aplicável as mesmas. O problema é de atipicidade. Além disso, o inc. V em comento, ao permitir que os contraentes ajustem prazo menor de prescrição, incompatibiliza-se potencialmente com a função protetora do CDC, encerrando, assim, qualquer dúvida porventura permanecente.

Entretanto, diante do novo Código Civil (Lei nº 10.406/2002) a imprescritibilidade constatada talvez se encontre ameaçada. Ainda é cedo para conclusões: as inovações recém saíram do forno, mal começaram a ser debulhadas pela doutrina e não chegaram nem próximas da jurisprudência; mas nada impede que, sobre elas, exercitemos descomprometidos raciocínios, ou seja, esboços interpretativos, a serem confirmados ou não. A certeza de que as cláusulas abusivas não têm amparo no art. 178 do Código Civil de 1916 não permanece absoluta no que tange aos incisos do art. 178 do Código Civil de 2002. Ao fixar o ponto de partida para a contagem do prazo de 4 (quatro) anos (decadencial), o inc. II admite casos inéditos, interessando, a nós, a denominada lesão.

Segue o preceito legal, em parte inovador:

"Art. 178. É de 4 (quatro) anos o prazo de decadência para pleitear-se a anulação do negócio jurídico, contado:
I – no caso de coação, no dia em que ela cessar;
II – no de erro, fraude contra credores, estado de perigo ou lesão, do dia em que se realizou o negócio jurídico;
..."

Quanto ao significado da "lesão" recepcionada, a própria Lei (nº 10.406/2002) se encarregou de trazer. Segue o preceito correspondente:

"Art. 157. Ocorre lesão quando uma pessoa, sob premente necessidade, ou por inexperiência, se obriga à prestação manifestamente desproporcional ao valor da prestação oposta.
..."

Por existirem semelhanças entre a "lesão" e a "abusividade", poder-se-ia aproveitar o inc. II do art. 178 do Código Civil (2002) para definir o prazo "decadencial" da ação que busca a nulidade de cláusulas abusivas, suprindo assim lacuna do CDC? O fato de a "lesão" caracterizar o negócio jurídico anulável, enquanto as cláusulas abusivas são "nulas de pleno direito", seria impeditivo à aplicação subsidiária do art. 178 referido ao CDC? Ocorreria lesão (propriamente dita) relativamente a um lojista, inexperiente em *shopping*, que "aceita" todo aquele emaranhado de duras cláusulas e condições impostas pelo empreendedor, vigorando, então, o prazo decadencial de 4 (quatro) anos para a propositura da ação de anulação do negócio jurídico celebrado? Teria este lojista interesse em fazer uso dos preceitos disciplinadores da lesão?

Para responder as questões supra, com a devida fundamentação científica, cremos ser imprescindível o aprofundamento do estudo da nova Lei Civil. Contudo, servem elas de alerta para que não adotemos, neste primeiro momento, conclusões, pois seriam precipitadas. Desta feita, preferimos deixar em aberto toda e qualquer discussão tangente à aplicabilidade, ou não, do prazo decadencial comentado, aos lojistas de *shopping*, vítimas de cláusulas e condições abusivas, e sugerir que, até que tenhamos as interpretações dos preceitos aduzidos suficientemente delineadas, por segurança, seja o prazo decadencial de 4 (quatro) anos observado, se ainda possível, para as ações que envolvem nulidade de cláusulas abusivas.

Quanto aos agentes capazes de alegar a nulidade, retornamos a citar o art. 146 do Código Civil de 1916 (ou o artigo equivalente no Código Civil de 2002, qual seja, o 168), perfeitamente adequado.

11.3.2. Da exceção

As cláusulas desencadeadoras de desequilíbrio contratual, quando relativas ao preço (elemento essencial de um contrato) recebem tratamento diferenciado pelo legislador.

Preceitua o inciso V do art. 6º do CDC, como um direito básico do consumidor:

> "V – a modificação das cláusulas contratuais que estabeleçam prestações desproporcionais ou sua revisão em razão de fatos supervenientes que as tornem excessivamente onerosas;"

Eis o respaldo para o Poder Judiciário modificar cláusulas concernentes ao preço, ou a qualquer outra prestação pecuniária devida pelo consumidor, que se apresentem desproporcionais, que causem desequilíbrio de direitos e obrigações. De acordo com Saad, prestações desproporcionais são aquelas que não guardam "correspondência com o real valor do produto ou do serviço".[144] Como exemplo, citamos a cláusula que fixa a obrigação de pagamento da 13º remuneração pelo lojista de *shopping*.

Daí concluirmos que, se as cláusulas referidas no inciso V do art. 6º, causadoras de desequilíbrio, podem ser modificadas, é porque não estão eivadas de nulidade assim como as do art. 51, que também afrontam a eqüidade e a boa-fé.

Cláudia Lima Marques explica-nos que:[145]

> "O art. 6º, inciso V, CDC abre uma exceção no sistema da nulidade absoluta das cláusulas ..."

E justifica a exceção instituída no ordenamento com base em peculiaridade da situação. Atenta ao fato de que quando determinada cláusula abusiva é excluída de um contrato, a lacuna resultante da exclusão é suprida com o regramento legal pertinente ao assunto. Conseqüentemente, já se tem uma certa modificação no contrato, que não é preservado em sua forma original, mas sim, alterado, na busca do equilíbrio necessário. Ocorre que, no que alude ao preço, há um empecilho: praticamente inexistem normas que regulam dita matéria em nosso ordenamento, o que impossibilitaria o preenchimento da lacuna deixada pela exclusão de cláusula de contraprestação, excessivamente onerosa. Diante desta dificuldade, em razão da "sanção de nulidade absoluta não ser apta a, no caso, preencher sua função" – conforme Cláudia Marques – se fez mister autorizar o Judiciário a modificar a cláusula do preço, equilibrando o contrato.

---

[144] In *Comentários ao Código de Defesa do Consumidor – Lei nº 8.078, de 11.09.90*, p. 166.
[145] In *Contratos no Código de Defesa do Consumidor*, p. 412.

Mas o inciso V também ampara o direito de revisão judicial de cláusula relativa ao preço que, em razão de fato superveniente, se tornou excessivamente onerosa ao consumidor.

Tem-se, por fato superveniente, aquele que surge em um segundo momento, após a celebração do contrato; sendo que, para que este fato seja autorizador da revisão das cláusulas contratuais de preço, consoante a Lei, somente é condição que tenha acarretado onerosidade excessiva ao consumidor. Prescindem os fatos supervenientes serem imprevisíveis, extraordinários ou irresistíveis.

No que tange à imprevisibilidade, Cláudia Lima Marques, revendo o posicionamento que esposou na primeira edição de sua obra "Contratos no Código de Defesa do Consumidor", qual seja, de que o art. 6º, V, do CDC teria recepcionado a Teoria da Imprevisão, percebe esta interpretação como prejudicial ao consumidor à medida que agrega ao tipo exigência não estipulada por ele: a imprevisibilidade do fato. Desta feita, passa a adotar o entendimento de que o requisito único fixado no inciso V é a "quebra da base objetiva do negócio, a quebra do seu equilíbrio intrínseco"; admitindo expressamente, para fins de revisão de cláusula contratual, fato superveniente "que podia ser previsto e não foi".

A jurisprudência atual, contudo, na exegese da norma jurídica, tem ampliado o preceito. Requer, além da constatação da onerosidade excessiva, para a revisão de cláusulas de preço, que o fato superveniente não seja imputável ao consumidor.

Observa ainda Cláudia Lima Marques, da análise do dispositivo como um todo, que o mesmo tem foco exclusivo no consumidor. Não alcança aquelas cláusulas de preço/prestações que acabaram por tornar o contrato excessivamente oneroso ao fornecedor, sob o argumento de que o inciso V é compreendido por um artigo que especifica, unicamente, direitos básicos do consumidor. Também importa salientar que o inciso em comento não pode ser aplicado, mesmo que em pró do consumidor, para modificar ou revisar cláusulas abusivas que não digam respeito a preço/prestações.

E, em fecho de pensamento, infere que:

"... o consumidor é livre para requerer ou a modificação da cláusula e a manutenção do vínculo, ou a rescisão do contrato, com o fim do vínculo e concomitante decretação seja da nulidade, se abusiva, ou da modificabilidade, se excessivamente onerosa, da cláusula."

Na nossa opinião, o inc. V do art. 6º deve ser interpretado à luz da dicotomia, uma vez que versa sobre duas situações diferenciadas.

Preferimos iniciar nossa abordagem por aquela localizada *in fine* do inciso, qual seja, a revisão das cláusulas em razão de fatos supervenientes.

O legislador, acertadamente, regeu esta possibilidade no capítulo relativo a direitos do consumidor e sem deixar brecha permissiva de confusão com as cláusulas abusivas. Nem poderia agir de forma distinta; afinal, consoante já estudamos, as cláusulas abusivas nascem concomitantemente ao contrato, característica que, automaticamente, se contrapõe à expressão "fatos supervenientes que as tornem excessivamente onerosas". Ora, se os fatos são supervenientes, é porque surgiram depois, em um segundo momento e, além disso, se vão tornar as cláusulas excessivamente onerosas, é porque elas não nasceram, quando da celebração do contrato, neste estado. A conclusão lógica advinda é que tal situação contemplada pelo CDC nada tem a ver com os elementos e efeitos das cláusulas abusivas; mantém, indubitavelmente, sua individualidade.

Todavia, o mesmo não se verifica no restante do preceito, fazendo com que nos insurjamos contra a imperfeição técnica que, a nosso ver, acomete a primeira parte do inciso V. Examinemos: prevê como um direito básico do consumidor a modificação de cláusulas que estabeleçam prestações desproporcionais. A simples leitura do texto citado nos conduz à presunção de que as cláusulas estabelecedoras de prestações desproporcionais em menção têm sua elaboração simultânea ao contrato. E a presunção se confirma, pois, quando o legislador desejou fixar momento outro que não o da formação contratual, especificou, o que pode ser averiguado no emprego do termo "supervenientes". Logo, diferentemente da segunda parte do inc. V, não temos aqui antídoto que evita a confusão com as denominadas cláusulas abusivas.

Muito pelo contrário, a previsão em voga, ao evidenciar expressamente as "prestações desproporcionais", traz à baila a importância do equilíbrio contratual, encaixando-se perfeitamente à regra geral das cláusulas abusivas, disposta no inc. IV do art. 51 do CDC. Então por qual razão neste artigo não foi incluída?

Talvez a resposta esteja interligada, consoante Cláudia Lima Marques, à intenção de possibilitar ao consumidor a opção entre a alteração da cláusula e mantença do contrato ou a nulidade de pleno direito.

Mesmo assim, vamos manter a crítica. Acreditamos que, na evolução do direito, não há espaço para exceções que contrariem a natureza das regras, a ponto de nos impelir a duvidar dos princípios e fundamentos basilares dessas últimas. Se a primeira parte do inc. V do art. 6º reúne todas as características próprias das cláusulas abusivas, como aceitar que as pactuações que estabeleçam preços desproporcionais possam ser modificadas pelo Judiciário? Não seriam elas contrárias a normas de ordem pública, nulas de pleno direito, fato que impossibilitaria a supressão pelo juiz, em face da indisponibilidade?

11.4. O CARÁTER EXEMPLIFICATIVO DA LISTA TRAZIDA PELO CDC

Abrindo a Seção intitulada "Das Cláusulas Abusivas", o *caput* do art. 51 do CDC disciplina:

"Art. 51 – São nulas de pleno direito, *entre outras*, as cláusulas contratuais relativas ao fornecimento de produtos e serviços que:" (Grifo nosso)

A expressão "entre outras", acima grifada, leva-nos a concluir, com toda a certeza, que o elenco de cláusulas do art. 51 é apenas exemplificativo, ou seja, várias outras cláusulas, afora as mencionadas na lista do art. 51, sejam cláusulas já disciplinadas no ordenamento jurídico ou não, podem. ser consideradas abusivas.

A título de exemplo extralista, citamos o art. 53 do CDC, que indica cláusula crivada de abusividade: a cláusula que, nos contratos de compra e venda de móveis ou imóveis a prazo, e nas alienações fiduciárias em garantia, estabelece a perda total das prestações pagas em benefício do credor que, em razão do inadimplemento, pleiteia a resolução do contrato e a retomada do produto alienado.

Estamos diante de uma cláusula tida como abusiva, pelo próprio CDC, mas não incluída no rol do art. 51.

Sobre ela, o STJ assim decidiu:

"Comercial – Promessa de Compra e Venda de Imóvel – Perda do Valor das Prestações. (Cláusula Abusiva) – Inteligência dos art. 51 e 53 do Código do Consumidor. I – No exegese dos arts. 51 e 53 do Código do Consumidor são abusivas as cláusulas que, em contrato de natureza adesiva, estabeleçam, rescindindo este, tenha o promissário que perder as prestações pagas, sem que do negócio tenha auferido qualquer vantagem. II – Inviável na via do especial discutir dedução de quantias a título de despesas arcadas pelo promitente quando repelidas nas instâncias ordinárias por envolver reexame de provas (Súmula 7). III – Recurso Conhecido e Improvido." (Recurso Especial 63028/DF, Terceira Turma – STJ, Relator Ministro Waldemar Zveiter, 12/02/96)

"Promessa de compra e venda. Código de Defesa do Consumidor. Cláusula de decaimento. Precedentes da Corte. 1. O Código de Defesa do Consumidor não autoriza a cláusula de decaimento estipulando a perda integral ou quase integral das prestações pagas. Mas, a nulidade de tal cláusula não impede o magistrado de aplicar a regra do art. 924 do Código Civil e autorizar, de acordo com as circunstâncias do caso, uma retenção que, no caso, deve ser de 10% (dez por cento). 2. Recurso conhecido e provido, em parte." (Recurso Especial 149399/DF, Terceira Turma STJ, Relator Ministro Carlos Alberto Menezes Direito, 04/02/99)

Confirmando que o art. 51 do CDC é um preceito aberto, de ampla acolhida, veio o Decreto nº 2.181, de 20 de março de 1997, sobre a organização do Sistema Nacional de Defesa do Consumidor, conforme seguirá demonstrado.

Este Decreto disciplina, no *caput* do art. 22, que:

"Art. 22 – Será aplicada multa ao fornecedor de produtos ou serviços que, direta ou indiretamente, inserir, fizer circular ou utilizar-se de cláusula abusiva, qualquer que seja a modalidade do contrato de consumo, inclusive nas operações securitárias, bancárias, de crédito direto ao consumidor, depósito, poupança, mútuo ou financiamento, e especialmente quando:"

Logo após, nos respectivos incisos, exemplifica uma lista de abusividades, dentre as quais ressaltamos, pela amplitude:

"IV – estabelecer obrigações consideradas iníquas ou abusivas, que coloquem o consumidor em desvantagem exagerada, incompatíveis com a boa-fé ou a eqüidade."

E, no seu art. 56, explicitamente denota a elasticidade do inciso IV do art. 22, bem como do art. 51 do CDC.

"Art. 56 – Na forma do art. 51 da Lei nº 8.078, de 1990, e com o objetivo de orientar o Sistema Nacional de Defesa do Consumidor, a Secretaria de Direito Econômico divulgará, anualmente, elenco complementar de cláusulas contratuais consideradas abusivas, notadamente para fim de aplicação do disposto no inciso IV do art. 22 desse Decreto.

1º – Na elaboração do elenco referido no caput e posteriores inclusões, a consideração sobre a abusividade de cláusulas contratuais se dará de forma genérica e abstrata.

2º – *O elenco de cláusulas consideradas abusivas tem natureza meramente exemplificativa, não impedindo que outras, também, possam vir a ser assim consideradas pelos órgãos da Administração Pública incumbidos da defesa dos interesses e direitos protegidos pelo Código de Defesa do Consumidor e legislação correlata.*

3º – A apreciação sobre a abusividade de cláusulas contratuais, para fim de sua inclusão no elenco a que se refere o caput deste artigo, se dará de ofício ou por provocação dos legitimados referidos no art. 82 da Lei 8.078, de 1990." (Grifo nosso)

Nestes termos, a clareza foi absoluta. Se ainda era possível, embora infundada, a defesa da tese de que o art. 51 do CDC limitava o rol de cláusulas abusivas, após o Decreto nº 2.181/97, que instituiu a ampliação desse rol, declarando expressamente a natureza exemplificativa, qualquer discussão a respeito perdeu a razão de existir. Ademais, a previsão de ampliação efetivamente se concretizou.

O primeiro elenco complementar, referido no *caput* do art. 56, nasceu através da Portaria nº 4, de 13 de março de 1998, oriunda da Secretaria de Direito Econômico.

Nesta Portaria, observemos que o Secretário de Direito Econômico do Ministério da Justiça, no uso de suas atribuições, ratifica o caráter exemplificativo do elenco trazido pelo art. 51 do CDC e preserva a abertura do tipo, inclusive afirmando que o propósito da Portaria é divulgar, em aditamento ao elenco do art. 51 do CDC e do art. 22 do Decreto nº 2.181/97, as cláusulas que, dentre outras, são nulas de pleno direito.

Na seqüência, para facilitar o trabalho interpretativo, foram baixadas a Portaria nº 3, de 19 de março de 1999 e a Portaria nº 3, de 15 de março de 2001, sendo que, neste mesmo sentido, face à dinâmica das relações, muito provavelmente outras Portarias virão. Delas, importa não só o conteúdo que adita o elenco de cláusulas abusivas, mas, principalmente, a lição que deixam: do quão necessário e eficiente é um tipo receptivo como o art. 51 do CDC.

Mas além das Portarias, os Tribunais também têm confirmado, freqüentemente, o caráter ilustrativo da lista do art. 51, especialmente ao julgarem abusivas cláusulas até então não imaginadas por qualquer legislação ou regramento.

Em suma, o art. 51 não está preso aos seus exemplos, tampouco àqueles que, através de regras outras, lhe são acrescidos. É literalmente livre para atuar; surpreendentemente, respeita o futuro das relações, desconhecido.

11.5. CONSTATAÇÕES FINAIS DO TEMA

Conjeturemos a hipótese de que o legislador, no advento do CDC, não nos tivesse fornecido uma pequena amostragem de cláusulas abusivas, apenas o inc. IV do art. 51; suponhamos ainda a não-edição do Decreto nº 2.181/97 e das Portarias nos 4/98, 3/99 e 3/01, já referidos no transcorrer desta análise. Na ausência de todos estes auxílios, estaríamos habilitados a avaliar a presença de abusividade em cláusulas contratuais?

Esperamos que o estudo ora apresentado tenha contribuído para uma resposta positiva, afinal, por ocasião da amplitude do tema, abdicamos da abordagem específica dos exemplos aludidos pela legislação e elegemos, como prioritária, a teoria geral, potencialmente aplicável, inclusive, às cláusulas mais mirabolantes, objeto de criativas invenções.

Em harmonia com aquele sábio dito popular, que evidencia o ensino da pescaria, preterindo a entrega do peixe ao necessitado, somos do entendimento de que é a real compreensão da essência de uma determinada matéria que permite a aproximação dessa às mais variadas e complexas situações. Exemplos podem ter pouca serventia quando estamos diante de um fato "não exemplificado".

Como recém mergulhamos, embora não profundamente, na "fonte de respostas" sobre cláusulas abusivas, situada no inc. IV do art. 51 do CDC, este seria o momento oportuno para jogar nela as cláusulas que regem o vínculo entre lojista de *shopping* e empreendedor. Contudo, de certa forma, tal exercício já foi realizado. Na Parte I da presente obra, quando o foco era justamente as condições de tal vínculo, nos deparamos com tamanhos disparates, desequilíbrios e injustiças, que não nos policiamos o suficiente, para, naquela hora, evitar comentários. E, linhas atrás, em função da idéia de abuso, de vantagem exagerada, ser comum aos incisos V, do art. 39, e IV, do art. 51, acabamos por classificar como prática e cláusula abusiva aquela que fixa a 13ª remuneração, bem como a que estabelece a remuneração mínima, a favor do empreendedor. Aproveitemos, então, a argumentação lá exposta.

A busca pelo equilíbrio, eqüidade e boa-fé é tão intensa no CDC que permeia por todo o microssistema. Desta feita, mesmo antes de chegarmos no artigo que combate as cláusulas abusivas, o correspondente conceito, indiretamente, já restou absorvido. Eis o motivo da nossa antecipação. Mas e quanto à abusividade de outras cláusulas pactuadas, ou melhor, de cláusulas que sequer mencionamos, de cláusulas ainda contidas na mente dos empreendedores, e de cláusulas que, por enquanto, ninguém é capaz de supor?

Se nosso objeto de análise não estiver explícito no "manual" (CDC), nem nos regramentos correlatos (portarias, etc.), o inc. IV do art. 51 nos garante a solução. Eis a vantagem de, em vez do produto, portar a fórmula.

O conservadorismo normativo, relativo à forma de legislar, está, gradativamente, sendo substituído por um processo evoluído, onde o legislador prepara a norma apta a recepcionar fatos novos e até mesmo imprevisíveis, sempre atendido o parâmetro estabelecido. Este processo foi experimentado no CDC, mediante a criação de um tipo que não engessa o direito, qual seja, o art. 51, *caput*. Méritos àqueles que tiveram uma visão mais ampla e se atreveram a inovar, revestindo o direito com a maleabilidade que lhe é elementar. Em razão desta perspicácia, é que hoje se faz possível a aplicação de tal dispositivo a contratos atípicos, como o concernente ao uso de espaço em *shopping*, que dele está tanto a precisar.

12. Conceito de fornecedor

É chegada a hora de resolvermos a pendência.

Realizamos um vasto desenvolvimento acerca do conceito de consumidor *stricto sensu* e, apesar de inferirmos pelo perfeito enquadramento do lojista de *shopping*, experimentamos uma certa frustração: não nos foi dado responder se, posta de lado a equiparação, ditos lojistas são tuteláveis pelo CDC.

A responsabilidade pela mantença da dúvida deve ser atribuída unicamente ao caráter relacional dos conceitos de consumidor e fornecedor, quer dizer, por mais que uma pessoa assuma o conceito de consumidor, somente assim será caracterizada se, efetivamente, no caso em concreto, lhe corresponder um fornecedor, e vice-versa.

Busquemos, então, o fechamento faltante: o empreendedor é um fornecedor perante o lojista de *shopping*?

No art. 3º , disciplina o CDC:

"Art. 3º Fornecedor é toda pessoa física ou jurídica, pública ou privada, nacional ou estrangeira, bem como os entes despersonalizados, que desenvolvem atividades de produção, montagem, criação, construção, transformação, importação, exportação, distribuição ou comercialização de produtos ou prestação de serviços.

§ 1º Produto é qualquer bem, móvel ou imóvel, material ou imaterial.

§ 2º Serviço é qualquer atividade fornecida no mercado de consumo, mediante remuneração, inclusive as de natureza bancária, financeira, de crédito e securitária, salvo as decorrentes das relações de caráter trabalhista."

Uma vez que o conteúdo de ambos os parágrafos já foi breve mas suficientemente analisado no item sobre "destinatário final", donde se aduziu contemplar, a relação atípica relativa a *shopping*, produto e serviço, enfoquemos o *caput* do artigo.

Nele, denotamos a preocupação do legislador de, no que tange aos sujeitos, se manifestar expressamente. Abraçou os antes despersonalizados, tais como consórcio, massa falida, espólio, a empresa irregular e a de fato, sem prejuízo de outros, e, com o propósito de ampla abrangência, especificou as pessoas físicas e jurídicas potenciais fornecedores, quais sejam: privada ou pública, abarcando, esta última, tanto o Poder Público propriamente dito como as autarquias, fundações, empresas públicas, concessionárias de serviços públicos, enfim, o Poder Público indireto, e nacional ou estrangeira. A omissão poderia dar margem a uma interpretação restritiva.

Determinados os sobreditos sujeitos, deparamo-nos com a parte do conceito que mais demanda cuidados na interpretação, a condição para a qualificação de fornecedor, disposta nos termos: "que desenvolvem atividades".

Conforme Eduardo Gabriel Saad,[146] acompanhado de outros juristas, esta expressão implica profissionalismo, exige continuidade da atividade; conseqüentemente, fica excluído do conceito de fornecedor, por exemplo nosso, um escritor ao vender uma das crias de seu animal de estimação. Escritores não desenvolvem atividade de comercialização de animais. A venda mencionada não tem relação com a profissão do que atuou como vendedor e, ademais, não perfaz uma prática, uma constante. O escritor não se caracteriza, no caso, como fornecedor; por conseguinte, o adquirente do animal, mesmo que preencha os requisitos do conceito de consumidor, não o será.

Luiz Antônio Nunes enevereda pelo mesmo caminho, com a seguinte ressalva:[147]

"... é preciso esclarecer que, por vezes, a atividade pode ser esporádica, o que ocorre, p. ex., quando aquele mesmo cidadão, num momento de aperto financeiro, compra 50 calças para revender. Neste caso ele é considerado fornecedor, pois está exercendo atividade comercial, ainda que eventual."

Cláudia Lima Marques elabora um raciocínio peculiar. Dá-nos a entender que extrai o caráter de profissionalismo não da expressão acima grifada, mas das atividades de "comercialização", "produção" e "importação", que têm como "tipicamente profissionais". Da mesma forma procede quanto ao requisito da habitualidade; identifica-o em atividades relacionadas, quais sejam, a de "transformação" e a de "distribuição de produtos". Pela lógica do seu pensamento, tem a enfrentar uma incógnita relativamente ao fornecimento de serviços; pois, neste aspecto, o legislador restou contido, não apresentou uma listagem demonstrativa da neces-

---

[146] In *Comentários ao Código de Defesa do Consumidor – Lei nº 8.078, de 11.09.90*, p. 68.
[147] In *Curso Prático de Direito do Consumidor*, p. 26.

sidade do caráter profissional. Diante de tal ausência, Cláudia constata, com base no *caput* e no § 2° do art. 3°, que a remuneração é o "único elemento caracterizador" do fornecimento de serviço, "e não a profissionalidade de quem o presta". E, por fim, observa que: "A expressão 'atividades' no *caput* do art. 3° parece indicar a exigência de alguma reiteração ou habitualidade, mas fica clara a intenção do legislador de assegurar a inclusão de um grande número de prestadores de serviços no campo de aplicação do CDC, à dependência única de ser o co-contratante um consumidor."[148]

Convicções pessoais à parte, salientamos a bifurcação não recomendável que emana da tese da autora. A determinadas atividades, atrela o profissionalismo; a outras, só a habitualidade; ocorre que para uma pessoa se qualificar fornecedora não é obrigatório que realize as atividades mencionadas cumulativamente, basta uma; portanto, não necessariamente reuniria as duas condições, as quais, na verdade, sequer deveriam ter sido apartadas, haja vista que, para a avaliação em comento, se mesclam, formando uma idéia única.

Destarte, corroboramos com o posicionamento de Saad e Nunes. Na nossa opinião, ainda que não explicitamente, a expressão "desenvolvem atividades", por si só, remete à habitualidade, e esta, por sua vez, sugere profissionalismo, na concepção ampla da palavra.

Deixando as querelas teóricas para trás, averigüemos a situação prática que se apresenta com base na interpretação mais rígida, para não corrermos os riscos que provêm das divergências.

O empreendedor de *shopping* é, com certeza, uma pessoa física ou jurídica, esta segunda hipótese muito mais provavelmente; privada, e nacional ou estrangeira. Assim, o critério relativo ao sujeito acaba plenamente atendido.

Sigamos com o que diz respeito às atividades. Quando analisamos o conceito de consumidor aplicado aos lojistas de *shopping*, no que tange à relação com o empreendedor, em um primeiro momento, foi enfocada a pactuação da *res sperata*, na qual identificamos um produto. Após, com fins puramente didáticos, nos permitimos segmentar o contrato de uso de espaço do *shopping*, uno por natureza, com o objetivo de examinarmos se contemplava também produto, ou serviço. Encontramos os dois. Embora esta divisão seja imaginária e incorreta, tomemos o resultado dela, o produto e o serviço descobertos, bem como o produto proveniente da *res sperata* (a qual alguns distanciam da contratação de um espaço no *shopping*), para,

---

[148] In *Contratos no Código de Defesa do Consumidor*, p. 162.

separadamente, averiguarmos se correspondem às atividades arroladas no art. 3º.

Iniciemos pelo "direito de fruir do fundo comercial do *shopping*", produto adquirido pelo pagamento da *res sperata*. Vincula-se ele às atividades de produção, montagem, criação, construção, transformação, importação, exportação, distribuição ou comercialização?

A tendência detalhista do legislador, na especificação do sujeito detectada, não se fez presente quanto ao significado de cada uma das atividades mencionadas. Deste modo, mesmo que provavelmente a contragosto de alguns, entendemos pela interpretação das palavras conforme o sentido apresentado em dicionário, aquele que guardar coerência com as circunstâncias.

O empreendedor decide sobre o local da obra, o projeto arquitetônico, o *mix* ideal de lojas, a decoração, o nome do *shopping*, enfim, combina uma série de fatores que, imiscuídos, constituem a atratividade do empreendimento. Isto é o mesmo que dizer que o empreendedor cria o fundo comercial do *shopping*. Vejamos:

De acordo com o Dicionário Houaiss da Língua Portuguesa:

"CRIAR v 1.t.d. conceber, tirar aparentemente do nada, dar existência a... 2.t.d. formar, gerar, dar origem a... 3.t.d. imaginar, inventar, produzir (algo ger. original, novo)... 4.t.d. inventar, elaborar (alguma coisa, ger. de cunho científico, literário)..."

Mas o que realmente interessa é que, além do fundo comercial do *shopping* propriamente dito, o empreendedor também produz, dá existência, dá origem, gera o direito de aproveitar o fundo. Poderia ter concebido o fundo e reservado para si a correspondente fruição, contudo, preferiu, sobre ele, criar um produto (o direito de uso).

Esta criação está longe de ser um ato isolado; de fato, figura como atividade constante do empreendedor que, afinal de contas, a exerce a cada nova ocupação de espaço no *shopping*, quando negocia a *res sperata*, é claro, tudo na alçada profissional. Aliás, considerando a alta rotatividade verificada nos *shopping centers*, face às condições sufocantes impostas pelos empreendedores, tem aumentado o número de novos lojistas e, conseqüentemente, de contratos relativos à *res sperata*, o que equivale à habitual criação do direito de uso do mencionado sobrefundo comercial.

Em síntese, o empreendedor desenvolve a atividade de criação de produto adquirido pelo lojista.

Porém, além de criar o direito de uso, o empreendedor cobra do lojista por ele, via *res sperata*; quer dizer, "vende", comercializa este produto. Age profissionalmente, com habitualidade? Com certeza; basta averiguar o teor dos contratos e o número de transações, freqüentes. Outrossim, a comercialização faz parte do trabalho do empreendedor, de fazer do *shopping* um paraíso encantador; ou melhor, é ponto fulcral.

Pelo exposto, o requisito referente à atividade também está cumprido, e ainda duplamente. O empreendedor cria e comercializa o direito de uso do fundo comercial do *shopping* do modo exigido. Caracteriza-se fornecedor.

Mas não só neste estágio da relação. O mesmo ocorre no contrato atípico de cessão de uso de espaço em *shopping* (suposto, para os fins deste experimento, como seguinte a *res sperata*, e não concomitante), em razão da correspondência, do produto e serviço nele identificados, a atividades no art. 3º arroladas.

Quanto ao produto, cessão de uso de espaço no *shopping* ou direito de uso da loja, as atividades correlatas são aquelas distinguidas para o direito sobre o fundo comercial, com base em razões similares. É o direito de uso da loja instituído, criado, produzido pelo próprio empreendedor, que comercializa junto aos lojistas, com profissionalismo, de primeira categoria, e habitualidade, muita habitualidade. Portanto, o empreendedor mais uma vez firma sua qualidade de fornecedor; e a reitera ao prestar o serviço de administração anteriormente especificado, mediante remuneração, indireta, mas efetiva, o qual igualmente está revestido de profissionalismo mais habitualidade; exigências, para alguns, até questionáveis, no tocante a serviços.

Por conta da indivisibilidade do contrato em questão, já exaustivamente frisada, façamos uma constatação final coesa, única, contemplativa das parciais supra-aduzidas: o empreendedor de *shopping* identifica-se com os sujeitos relacionados no art. 3º do CDC e desenvolve, pelo menos, as atividades de produção, criação e comercialização de produto, acrescidas da prestação de serviço, tudo profissionalmente e com continuidade. É fornecedor sem vacilo algum.

Agora sim, somos capazes de apresentar um resultado terminativo concreto e bem respaldado: a assunção do papel de fornecedor, pelo empreendedor, exprime a conexão dos conceitos na prática; por conseguinte, os lojistas de *shopping* são, verdadeiramente, consumidores *stricto sensu*, tuteláveis pela integra do CDC, no que lhes for pertinente.

13. Da analogia

Em virtude da conclusão no item anterior disposta, este título perde a razão de existir. Não há motivo para evocarmos a analogia ao CDC quando estamos a tratar de situação típica, já tutelada por ele. A analogia serve para os casos de lacuna da norma.

Segue a fundamentação legal, contida no art. 4º da Lei de Introdução ao Código Civil.

"Art. 4º. Quando a lei for omissa, o juiz decidirá o caso de acordo com a analogia, os costumes e os princípios gerais de direito."

Nosso trabalho, portanto, chegou ao fim, e com êxito. Respondida está a complexa interrogação sobre a aplicabilidade do CDC à relação entre logistas de *shopping center* e empreendedor, que pauta esta obra.

Todavia, queremos esgotar a totalidade de alternativas, lacrar a questão sem deixar brechas. Com esta finalidade, adotaremos a técnica comumente empregada na elaboração de pedido dirigido ao Judiciário: vamos agir supondo os mais variados pensamentos, mormente os discordes do nosso.

Imaginemos, em um equívoco, que o lojista de *shopping* é pessoa estranha ao CDC, quer dizer, que não estabelece relação de consumo com o empreendedor, tampouco se enquadra no conceito de equiparado a consumidor. Poder-se-ia a ele, a partir desta premissa (falsa), estender, por analogia, a proteção do referido microssistema?

Reunimos alguns entendimentos elucidativos. Esses, é claro, em caso de admitirem diretamente a aplicação analógica do CDC ao lojista em menção, automaticamente estarão excluindo a incidência direta do microssistema – o que contraria totalmente nossa posição; mas tal porfia já foi cansativamente abordada, não cabe ressuscitar. Portanto, mesmo que venhamos a encontrar afrontas à idéia por nós defendida, executemos o exercício imaginário proposto, deixando de lado as implicações adjacentes.

Maria Antonieta Zanardo Donato pontifica que, tratando-se de negócio no campo da atividade profissional do contratante, ainda que caracterizada a vulnerabilidade desse, é aplicável, a princípio, a legislação de direito comercial (que grifamos ter sido unificada com a de direito civil, na esfera obrigacional, pela Lei nº 10.406/2002). Somente no caso de omissão da lei comercial sobre determinada prática imposta como, por exemplo, venda casada, é que se faria correto o emprego da correspondente norma do CDC, via analogia. Prioriza, portanto, nesse tipo de negócio, o direito comum, e designa, ao CDC, função secundária, a de suprir lacuna da lei.[149]

Acontece que, por ter surgido da nova filosofia sobre relacionamentos/contratações, aquela pautada na necessidade de equilíbrio e boa-fé, o CDC é inovador em muitos dos seus objetos de regulamentação, logo, potencial supressor de lacunas para uma série de relações, tuteladas por legislação específica ou não. Destarte, parece-nos que o caráter restritivo, excepcional, que costumamos atribuir para o uso da analogia, relativamente ao CDC, não é tão excepcional assim. Certo é que o novo Código Civil – Lei nº 10.406, de 10 de janeiro de 2002, ao estabelecer disposições gerais aos contratos, finalmente atentou para a probidade e boa-fé (art. 422) – elegendo-as como princípios, e para algumas cláusulas costumeiras nos contratos de adesão, quais sejam, as ambíguas e contraditórias (art. 423) e as que estipulam renúncia a direito correspondente à natureza do negócio (art. 424), repudiando-as; evoluiu, e muito, está bem mais adequado ao que se vê no mundo dos fatos; entretanto, ainda longe do alcance e detalhamento do CDC, por muitas vezes imprescindíveis. Desta feita, apesar da Lei nº 10.406, inclusive na área de abrangência dessa, muito provavelmente o CDC continuará sendo bastante solicitado para analogia.

Ao analisar o envolvimento entre lojista de *shopping* e empreendedor, Ladislau Karpat é bastante criativo. Divide o contrato de adesão ao empreendimento em três instrumentos apartados: o Contrato de Locação, as Normas Gerais Complementares ao Contrato de Locação e o Estatuto da Associação de Lojistas. A respeito do primeiro, sequer pondera sobre a aplicabilidade do CDC, em razão de entender que é regido pela Lei do Inquilinato, de nº 8.245, com mecanismos de defesa próprios. Mas no que tange aos instrumentos restantes, constata inexistir legislação específica, fato que enseja a analogia às leis que mais próximas forem, às de maior afinidade, dentre outras, o CDC, com todas as defesas que contempla, em especial, o artigo concernente às cláusulas abusivas.[150]

Sem prejuízo de comentários antes manifestos, aqui é oportuno evidenciar dois pecados da teoria de Karpat, conforme a nossa visão. Um deles foi ter vislumbrado, de fato, a relação lojista-empreendedor em

---

[149] In *Proteção ao Consumidor: Conceito e Extensão*, p. 248.
[150] In *Shopping Centers – Manual Jurídico*, p. 87.

segmentos. Independentemente da forma escrita adotada para regulá-la, temos que é una e indivisível, o que nos leva a discordar de tutelas distintas a um contexto só. O outro, foi ter afastado, do CDC, matéria já regulada por lei própria. A incompatibilidade, aparentemente presumida, inexiste, até porque ambas as legislações citadas têm alvos distintos; junto à Lei das Locações, o CDC desempenha muito bem a função de ingrediente complementar, de acréscimo necessário, consoante apreciação constante no subitem denominado "Disposições Legislativas" relativas ao contrato entre lojista e empreendedor. Além disso, do modo como a idéia de Karpat foi estruturada, propicia sabotagem: a transferência de cláusulas, típicas das Normas Gerais, para o Contrato de Locação – a fuga perfeita da incidência do ordenamento protetor.

Cláudia Lima Marques realça julgados onde a avaliação da abusividade de cláusulas estabelecidas entre dois profissionais ocorre com base em normas do CDC, por analogia.[151]

Fábio Ulhoa Coelho, por sua vez, com fundamento no Código Civil de 1916, pois sequer havia sido publicada a Lei nº 10.406/2002, faz ampla análise focando a analogia, exposta a seguir com intromissões nossas.

Diz, o jurista, que de longa data os regimes jurídicos reguladores dos contratos, leis civis e comerciais, já não são mais satisfatórios frente às mudanças na sociedade. As relações, de individualizadas, passaram a negócios de massa, geralmente com condições e cláusulas pré-dispostas a serem aceitas ou rejeitadas, *in totum*.[152] Podemos observar que é raro nos depararmos com a chamada fase das "tratativas" contratuais; ela mais pertence ao passado.

Salienta que estas circunstâncias exigiram o decaimento do "modelo da autonomia da vontade", o qual já não era mais do que uma ficção teórica, se é que "algum dia existiu na realidade algo assim como descrito nesse modelo liberal".[153] Diante de tal conjuntura, o legislador despertou: por meio da Lei nº 8.078, reconheceu uma gama de direitos ao consumidor, dando-lhe proteção.

O problema todo é que, conforme Fábio Coelho, o despertar referido ocorreu somente no que tange a contratos de consumo; os demais, de direito civil e comercial, continuaram a deriva, com as mesmas carências de adequação à realidade.[154] Por justiça, devemos aqui ressaltar que, com o advento do novo Código Civil/2002 – que abarca também aqueles con-

---

[151] In *Contratos no Código de Defesa do Consumidor*, p. 152.

[152] In *O Empresário e os Direitos do Consumidor*, p.123 e 128.

[153] Idem, p. 38.

[154] Idem, p. 129.

tratos que conhecemos como comerciais – avanços ocorreram, conforme brevemente referimos linhas acima.

Todavia, a amenização do problema pela nova Lei em nada prejudica a sugestão de Fábio Ulhoa Coelho, qual seja, a de aplicação analógica do CDC aos vários tipos de contratos afetados pelo desequilíbrio, desigualdade e/ou abuso, desde que a finalidade seja suprir omissão da legislação civil ou comercial (civil unificada, de acordo com a Lei nº 10.406/2002) relativa aos negócios de massa e que se faça presente a vulnerabilidade a um dos contraentes, critério este indicado por Cláudia Lima Marques.

Assim justifica:

> "Se a tutela contratual dos consumidores tem por fundamento racional a vulnerabilidade do adquirente de bens ou serviços em suas relações com os empresários, em uma economia de massa, então qualquer outra pessoa que se encontre nessa mesma situação deveria receber do direito igual proteção."

Seguindo ainda Cláudia Marques, acrescenta que, considerando a presunção de os profissionais não se encontrarem sempre em posição de vulnerabilidade, esta posição deve, pelo vitimado, ser suficientemente provada, constituindo-se requisito elementar.

Em suma, sustenta que:

> "A aplicação analógica da disciplina contratual das relações de consumo aos contratos civis e comerciais, desde que inseridos estes em situações de economia de massa em que estiver vulnerável a parte aderente às condições inalteráveis propostas pela outra, é compatível com as regras de integração de lacunas do direito brasileiro. Se o legislador civil e comercial tivesse meios de antever o extraordinário desenvolvimento da economia de massa neste século, certamente teria criado mecanismos de proteção semelhantes aos do Código de Defesa do Consumidor."

Acompanhadas estão as noções de muitos dos nossos juristas do direito comparado. Nosso País não é de primeiro mundo, mas os pensamentos e angústias de sumidades, como as evidenciadas nesta obra, são.

Informa Cláudia Lima Marques que a Lei alemã (AGB-Gesetz), de 1976, regula as condições gerais tanto dos contratos de consumo como daqueles entre comerciantes/profissionais; porém, não de forma igualitária. Relativamente aos últimos, por presumir um desequilíbrio menos brusco, resume a proteção à proibição de cláusulas abusivas contrárias à boa-fé. Entretanto, ressalva a autora que a jurisprudência alemã, fixada no princípio da boa-fé, vem praticamente desconsiderando a distinção legal existente, quer dizer, anda concedendo, aos contratos entre comerciantes ou profissionais, quase que a mesma tutela dos contratos de consumo.[155]

Ao fato constatado, Cláudia reforça sua preocupação de que o nível de proteção ao consumidor *stricto sensu* seja diminuído.

Não afastamos tal possibilidade, não quista; no entanto, ela não pode servir de desculpa para se negar proteção a quem precisa. Que responsabilidade têm os vulneráveis pelo desequilíbrio em grande porção das relações? Por medo da falta de consideração dos tribunais com o conjunto de "reprimidos", bastante numeroso, se faz justo que, de antemão, determinemos os que serão sacrificados em prol da adequada proteção aos demais?

Propugnemos que restem os critérios definidos e que, a partir deles, a analogia ao CDC seja aplicada, sem preconceitos quanto ao número de casos. A situação é parecida com a de um cirurgião plástico: cada cirurgia é especial, peculiar e singular, não desmerece atenção pelo motivo de existirem várias outras a serem realizadas.

Apenas para curiosidade, o direito português, através do Dec.-Lei nº 446/85, arts. 15 e 20, tutela os contratos de consumo bem como os interempresariais, distinguindo as particularidades devidas.

Em que pesem os comentários trazidos, em maioria, não serem destinados aos lojistas de *shopping*, o que é muito natural, nos proporcionaram a formação de uma convicção. É ponto pacífico que a analogia depende de lacuna na lei, pois não há razão para se buscar, em outra morada, aquilo que se tem em casa, e, tratando-se, a outra morada, do CDC, compactuando com Fábio Coelho e Cláudia Marques, temos que a analogia depende também da vulnerabilidade, que, afinal, justifica a proteção do microssistema, devidamente comprovada. Isto posto, se a aplicação do CDC à relação entre lojista de *shopping* e empreendedor precisasse da analogia, o que de fato não se verifica, considerando: as omissões da Lei nº 8.245/91 (que superficialmente disciplina dita relação); a inexistência, em qualquer outra legislação, de dispositivos que, em tese, suficientemente combatam as práticas e cláusulas abusivas impostas aos lojistas de *shopping*, só para exemplificar; e considerando ainda a manifesta e comprovada vulnerabilidade destes lojistas junto ao empreendedor, aplicável a legislação protetora seria.

---

[155] In *Contratos no Código de Defesa do Consumidor*, p. 144.

Conclusões

Quão importante é desfazermo-nos dos preconceitos. Independentemente do texto da lei, a interpretação dessa é, muitas vezes, variável em consonância com os valores do intérprete, estabelecendo um jogo de cartas marcadas. Quem se adapta ao sentido sul, sequer concebe a hipótese de existência do norte e vice-versa.

Infelizmente não somos a exceção desta "regra". Em uma aula sobre contratos, no Curso de Pós-Graduação em Direito Empresarial da Pontifícia Universidade Católica do Rio Grande do Sul, foi rapidamente veiculada a possibilidade de aplicação do CDC à relação entre lojista e empreendedor de *shopping*. Contestamos de pronto; afinal, a noção de consumidor com a qual estávamos familiarizados destoava *in totum* da proposição mencionada. Mas ficamos intrigados; e justamente da dúvida brotou o estímulo para a feitura deste estudo, um grande desafio, de resultado previamente desconhecido. Empenhamos esforços rumo a descobertas.

Em um primeiro momento, à luz das peculiaridades relativas a *shopping*, visamos à relação entre lojista e empreendedor. Mostrou-se ela, no mínimo, original, a começar pela *res sperata,* por natureza, inédita, em razão de amparar um pagamento a título de contraprestação pelo acréscimo que representa o fundo comercial do *shopping*, pelo direito de uso deste sobrefundo. Mas as novidades não findaram neste aspecto, o contrato para uso de espaço no empreendimento também estava recheado de especificidades, tais como: o direito de auditoria sobre a receita das lojas, o dever de remuneração em dobro no último mês do ano, a obrigatoriedade de prévia aprovação do projeto da loja, a impossibilidade de mudança de ramo sem anterior concordância do empreendedor, o condicionamento a filiação à Associação de Lojistas, só para ilustrar. A partir dessas, firmaram-se as discussões, deveras acirradas. Apesar de uma forte corrente classificar dito contrato como de locação, com fundamento, inclusive, na posição do legislador, que regulou o vínculo em questão na Lei do Inquilinato, o identificamos como atípico, ou seja, o que não encontra matriz no ordenamento jurídico. Ora, somos adeptos ao posicionamento de que o conteúdo pretere estipulações e nomenclaturas, pois é da essência do instituto, imutável. Ademais, tal relação comporta qualidades particulares, novas, estranhas a dos tipos conhecidos de contratos; logo, locação não se configura.

Sem a menor intenção de desprezo às considerações acerca da natureza jurídica contratual, de suprema relevância até como indicativo de direção, evidenciamos o ponto culminante da primeira parte do nosso trabalho em um patamar mais prático, mas nem um pouco nobre: a abusividade, observada na estipulação da *res sperata*, no contrato para uso de espaço no *shopping*, em suma, na íntegra da relação entre lojista e empreendedor.

Do jardim de prazeres denominado *shopping*, na visão dos seus freqüentadores, encontramos os espinhos, causadores de ferimentos por vezes até irresistíveis: não é à toa que há alta rotatividade de lojas.

Sob grandiosos pretextos, o empreendedor literalmente impõe a sua vontade, determina, para reger a ocupação de espaço em *shopping*, cláusulas e condições que lhe são extremamente favoráveis, vantajosas, que lhe fartam de retorno financeiro. De outro lado, o lojista, frente à "ampla" liberdade de escolha entre suportar os encargos estabelecidos ou ceder seu lugar para a concorrência, submete-se.

O pior de tudo é que, por vezes, o esforço ocorre em vão. Apesar da cega fixação em continuar no empreendimento, o qual, afinal de contas, ainda deverá lhe render muitos lucros, diante de tanta carga (pagamentos, despesas, etc.) o lojista acaba sucumbindo. É quando vemos um espaço de loja vazio.

Cientes desta lamentável conjuntura, caracterizada principalmente pelo desequilíbrio e pela desigualdade – preocupações típicas do microssistema protetor do consumidor – bem como da necessidade de socorro por ela demonstrada, mais ainda nos interessou averiguar o enquadramento da relação entre lojista e empreendedor aos requisitos exigidos pelo CDC para a sua aplicabilidade. E assim procedemos.

Após demorada exposição doutrinária, apuramos as conclusões seguintes:

1 – O lojista de *shopping* é uma pessoa física ou jurídica; na sua relação com o empreendedor adquire produtos e utiliza serviço, tais como, respectivamente, "o direito de se valer do sobrefundo comercial do *shopping*", "o direito de uso de espaço no *shopping*" e a "administração do empreendimento"; a aquisição/utilização dá-se na qualidade de destinação final, pois não há intenção de repasse a terceiros; e goza da presunção de vulnerabilidade, até se prove em contrário. Ao reunir estas características, se ajusta perfeitamente ao conceito de consumidor *stricto sensu* disciplinado no art. 2º do CDC.

Entretanto, tendo em vista a obrigatoriedade, para a identificação de uma relação de consumo, da correspondência prática dos conceitos de consumidor e fornecedor, uma vez que enfatizado somente o primeiro, prosseguimos a análise com foco no empreendedor. É ele uma pessoa física ou jurídica, privada e nacional ou estrangeira, que no seu vínculo com os lojistas, tomando-se por base o conjunto formado pelos produtos e serviços atinentes, desenvolve as atividades de criar (o direito de uso do fundo de comércio do *shopping* e o direito de uso de espaço), comercializar (os mesmos itens referentes à criação) e prestar serviço (a administração do empreendimento) agindo com profissionalismo e continuidade. Isto equivale a dizer que o empreendedor do *shopping*, junto aos lojistas, de acordo com o previsto no art. 3º do CDC, é fornecedor.

Desvendamos a resposta tão esperada:

À relação entre lojista de *shopping center* (consumidor) e empreendedor (fornecedor), tipicamente de consumo, aplica-se o Código de Proteção e Defesa do Consumidor, na sua totalidade.

Que surpresa! A hipótese desacreditada, afastada das interpretações popularizadas, acabou comprovada. Eis o lado norte, agora descoberto.

Dado que a pesquisa que efetuamos foi pautada na isenção de ânimo, o resultado dela abstraído recebeu a nossa convicção; todavia, não a de todos. O conceito de consumidor atraiu controvérsias em inúmeros aspectos, mormente sobre a noção de destinatário final, seu elemento principal.

Destarte, mesmo após o alcance de uma conclusão terminativa, se fez mister o prolongamento desta obra, em homenagem àqueles que discordam da caracterização dos lojistas como consumidores ou que adotam concepções que levam à mencionada discordância. Outrossim, o julgador poderá esposar pensamento diferenciado do nosso.

2 – Fazendo de conta que o lojista de *shopping* não assume o papel de consumidor e/ou que o empreendedor não se qualifica o fornecedor correspondente, tratamos de especular outro portão do CDC que permitisse o ingresso na esfera protegedora. Deparamo-nos com o instituto da equiparação, detalhado em três dispositivos legais. No parágrafo único do art. 2º, localizamos a norma de caráter genérico pertinente, que condiciona a equiparação a uma intervenção em relação de consumo. Desde que atendida a exigência do tipo, não detectamos impedimento à aplicação do mesmo à relação entre lojista e empreendedor; contudo, não nos pareceu ser este o preceito mais apropriado ao caso. O art. 17 também não apresentou incompatibilidade para com a relação em voga; acontece que é de abrangência específica, resumida a equiparar apenas as vítimas por fato do produto ou serviço, ou seja, tal fato precisa ocorrer. E, por último, avaliamos o art. 29, que permite a incidência dos capítulos referentes à Proteção Contratual e às Práticas Comerciais a todas as pessoas que tiverem sido expostas a ditas práticas e, no nosso entender, mantiverem a presunção de vulnerabilidade.

Preenche o lojista de *shopping* ambos os requisitos?

De sobra! Realmente é ele alvo de práticas comerciais do empreendedor, além do mais, nocivas; dentre inúmeras, vale relembrar a falta de informação na fase pré-contratual e múltiplas exigências de vantagens excessivas, tipo a imposição de uma remuneração mínima (quando o insucesso do lojista pode ser de responsabilidade única do empreendedor) e a estipulação da 13º remuneração, de modo arbitrário e sobejamente prejudicial. Quanto à vulnerabilidade, além de presumida, restou demonstrada.

Aqui está, portanto, um oásis ao lojista de *shopping*, o devido alento, a liberdade das afiadas garras do empreendedor.

Certo é que o art. 29 não confere, a quem equipara, a proteção de todo o ordenamento; permite o alcance somente dos capítulos V e VI, mas já é o bastante, pois são os que têm o poder de combater a pior doença da relação em menção: a abusividade, com destaque para as cláusulas abusivas. Logo:

Por estar exposto às práticas comerciais previstas no Capítulo V do CDC, em especial, as abusivas, o lojista de *shopping center* equipara-se a consumidor *stricto sensu*, fazendo jus à aplicação das normas contidas no Capítulo das práticas comerciais e das constantes no da proteção contratual.

Contra todas as circunstâncias, contra a lei, e o que é mais grave ainda, em detrimento da defesa dos próprios consumidores e da sociedade em geral, averiguamos que persiste uma corrente restritiva da interpretação do art. 29. Sustentam, seus proponentes, que a única finalidade do dispositivo é amparar, no momento antecedente a contratação, aquele que, se celebrasse o negócio intencionado, consumidor propriamente dito seria. Afastada a tipicidade da relação e sustentada esta concepção, estaria, o lojista de *shopping* e todas as demais pessoas submetidas às práticas comerciais, excluídos da esfera do CDC.

É um inescusável equívoco.

3 – Mas decidimos participar do devaneio. Fantasiamos que o lojista de *shopping* não é consumidor, tampouco equiparado; que não encontra abrigo nas disciplinas do microssistema.

A reiteradamente argüida liberdade entre as partes contraentes pertenceu a um passado bem distante, se é que existiu. Vários contratos, civis, comerciais e de consumo, hoje, carregam a bandeira da abusividade. Contudo, até pouco tempo, somente os últimos aludidos receberam proteção legal, qual seja, o CDC; ficaram os demais na escuridão. Na há como justificar tamanha falha legislativa; nem mesmo o subterfúgio da proteção deferida guardar peculiaridades próprias das contratações por ela escolhidas, está disponível. Isto porque estamos a falar de uma proteção de caráter genérico, construída pelo bom-senso, sob os conceitos de equilíbrio e boa-fé – elementares para todos os tipos de relações.

Percebendo o pesar de sua própria inércia, o legislador elaborou a Lei nº 10.406, o novo Código Civil, publicada em 11 de janeiro de 2002. Nesta, foram reconhecidos valores fundamentais às contratações (antes do advento da nova Lei distinguidas em civis e comerciais) tais como sua função social e os princípios da probidade e da boa-fé. Embora já representem, os valores trazidos, importante progresso, não consubstanciam um sistema protetor com a minúcia e a abrangência do CDC – que, sem sombra de dúvidas, continuará, para muitas situações, sendo essencial.

Desta feita, diante da riqueza do CDC, que lhe confere um precioso potencial complementar, tal microssistema se faz aplicável a relações que não de consumo, via analogia.

Por conseguinte:

Se a relação entre lojista de shopping center e empreendedor não se tipificasse como de consumo, tampouco fosse alcançada pela equiparação, considerando a omissão da legislação que lhe é específica, a identidade de circunstâncias (desequilíbrio, abusividade, etc.) e a nítida presença da vulnerabilidade, seria de qualquer forma abrangida pelo amparo do CDC, mas analogicamente.

Isto posto, mesmo que respeitadas as controvérsias, a diversidade de teorias e as polêmicas opiniões, concluímos que, ao vínculo objeto de nossa pesquisa, é aplicável o CDC. Partimos de três suposições: a relação de consumo propriamente dita, a equiparação e a analogia sendo que, ao final, observamos as três confirmadas na situação em concreto examinada. Irrelevante se faz a justificativa escolhida, importa apenas o efeito prático derivado – a defesa ao lojista.

Portanto, reposicionem os holofotes, Senhores Juristas! O CDC tem muito mais a oferecer do que até então estávamos a perceber. Não confina sua proteção; a espalha em nome de um valor maior: a justiça. Sejamos igualmente sábios e façamos dele o uso devido.

Bibliografia

ACQUAVIVA, Marcus Cláudio. *Vademecum do Código do Consumidor – Código de Defesa do Consumidor & Legislação Complementar,* 4. ed. São Paulo: Editora Jurídica Brasileira Ltda., 1998.

ALMEIDA, Amador Paes de. *Locação comercial & ação renovatória: fundo de comércio, estabelecimento comercial, ação renovatória,* 10. ed. rev. e atual. São Paulo: Saraiva, 1999.

ALVIM, Arruda *et al. Código do Consumidor Comentado,* 2. ed. rev. e ampl. São Paulo: Editora Revista dos Tribunais, 1995.

BARROS, Francisco Carlos Rocha. *Comentários à Lei do Inquilinato.* São Paulo: Saraiva, 1995.

BESSONE, Darcy. O "Shopping" na Lei do Inquilinato, *Revista dos Tribunais.* São Paulo/SP, nº 680, 23-33, junho, 1992.

CARNEIRO, Waldir de Arruda Miranda. *Anotações à Lei do Inquilinato: lei nº 8.245, de 18 de outubro de 1991.* São Paulo: Editora Revista dos Tribunais, 2000.

CERVEIRA FILHO, Márcio. *Shopping Centers – Direito dos Lojistas.* São Paulo: Saraiva, 1999.

COELHO, Fábio Ulhoa. *O empresário e os Direitos do Consumidor: o cálculo empresarial na interpretação do Código de Defesa do Consumidor.* São Paulo: Saraiva, 1994.

—— *et al. Comentários à Lei de Locação de Imóveis Urbanos.* São Paulo: Saraiva, 1992.

DINIZ, Maria Helena. *Lei de Locações de Imóveis Urbanos Comentada,* 4. ed. São Paulo: Saraiva, 1997.

DONATO, Maria Antonieta Zanardo. *Proteção ao Consumidor – Conceito e Extensão.* São Paulo: Editora Revista dos Tribunais, 1993.

FELIPE, Jorge Franklin Alves. *O novo Código Civil anotado.* Rio de Janeiro: Forense, 2002.

FERREIRA, Pinto. *Comentários à Lei do Inquilinato.* São Paulo: Saraiva, 1992.

FONSECA, Antônio César Lima da. A "res sperata" e o "*shopping*", *Revista dos Tribunais.* São Paulo/SP, 206 – 216.

GOMES, Orlando. Traços do Perfil Jurídico de um "Shopping Center". *Revista dos Tribunais.* São Paulo/SP, nº 576, 9-26, outubro, 1983.

GOUVÊA, Marcos Maselli. O Conceito de Consumidor e a Questão da Empresa como "Destinatário Final", *Revista de Direito do Consumidor.* São Paulo/SP, nº 23/24, 187-192, julho, 1997.

GRINOVER, Ada Pellegrini *et al. Código Brasileiro de Defesa do Consumidor – comentado pelos autores do anteprojeto,* 7. ed., Rio de Janeiro: Forense Universitária, 2001.

HOUAISS, Antônio; VILLAR, Mauro Sales. *Dicionário Houaiss da Língua Portuguesa.* Rio de Janeiro: Objetiva, 2001.

KARPAT, Ladislau. *Shopping Centers – Manual Jurídico, 2. ed.,* Rio de Janeiro: Forense, 1999.

KOOGAN; HOUAISS. *Enciclopédia e Dicionário Ilustrado.* Edições Delta.

MARQUES, Claudia Lima. *Contratos no Código de Defesa do Consumidor,* 3. ed., v.1, São Paulo: Editora Revista dos Tribunais, 1999.

MARTINS, Ives Gandra da Silva. A Natureza Jurídica das Locações Comerciais dos *Shopping Centers, JTA Civ. SP – Lex.* São Paulo/SP, nº 112, 6-17, novembro e dezembro, 1988.

MONTEIRO, Whashington de Barros. *Shopping Centers, Revista dos Tribunais.* São Paulo, nº 580, 9 – 14, fevereiro, 1984.

NASCIMENTO, Tupinambá Miguel Castro do. *Comentários ao Código do Consumidor,* 3. ed. Rio de Janeiro: Aide, 1991.

NERY JÚNIOR, Nelson e Nery, Rosa Maria de Andrade. *Novo código civil e legislação extravagante anotados: atualizado até 15.03.2002.* São Paulo: Editora Revista dos Tribunais, 2002.

NOGUEIRA, Antônio de Pádua Ferraz. "Shopping Center" - Características do Contrato de "direito de reserva" da localização ("res sperata"), *Revista dos Tribunais.* São Paulo/SP, nº 648, 13 – 16, outubro, 1989.

Novo Código Civil brasileiro / Lei 10.406, de 10 de janeiro de 2002: estudo comparativo com o código civil de 1916, constituição federal, legislação codificada e extravagante / obra coletiva de autoria da Editora Revista dos Tribunais com a coordenação de Giselle de Melo Braga Tapai. São Paulo: Editora Revista dos Tribunais, 2002.

NUNES, Luiz Antonio. *Curso Prático de Direito do Consumidor.* São Paulo/SP: Editora Revista dos Tribunais, 1992.

NUNES, Luiz Antônio Rizzatto. *O Código de Defesa do Consumidor e sua Interpretação Jurisprudencial.* São Paulo: Saraiva, 1997.

PEREIRA, Caio Mario da Silva. *Shopping Centers-* Organização econômica e disciplina jurídica, *Revista dos Tribunais.* São Paulo/SP, nº 580, 15 – 26 fevereiro, 1984.

——. "Shopping Center"- Lei aplicável à locação de unidades, *Revista dos Tribunais.* São Paulo/SP, nº 596, 9 – 15, junho, 1985.

PINTO, Dinah Sonia Renault. *Shopping Center – Uma Nova Era Empresarial,* 2. ed. Rio de Janeiro: Forense, 1992.

PINTO, Roberto Wilson Renault e OLIVEIRA, Fernando A. Albino (coords.). *Shopping Centers – Questões Jurídicas: doutrina e jurisprudência.* São Paulo: Saraiva, 1991.

REQUIÃO, Rubens. Considerações Jurídicas sobre os Centros Comerciais (*Shopping Centers*) no Brasil, *Revista dos Tribunais.* São Paulo/SP, nº 571, 9 -35, maio, 1983.

SAAD, Eduardo Gabriel. *Comentários ao Código de Defesa do Consumidor – Lei nº 8.078,* de 11.9.90, 4º ed. São Paulo: LTR São Paulo, 1999.

SLAIB FILHO, Nagib. *Comentários à Nova Lei do Inquilinato,* 9. ed., Rio de Janeiro: Forense, 1998.

VERRI, Maria Elisa Gualandi. *Shopping Centers – Aspectos Jurídicos e suas Origens.* Belo Horizonte: Del Rey, 1996.

livraria DO ADVOGADO editora

O maior acervo de livros jurídicos nacionais e importados

Rua Riachuelo 1338
Fone/fax: (51) 3225-3311
90010-273 Porto Alegre RS
E-mail: livraria@doadvogado.com.br
Internet: www.doadvogado.com.br

Entre para o nosso *mailing-list*

e mantenha-se atualizado com as novidades editoriais na área jurídica

Remetendo o cupom abaixo pelo correio ou fax, periodicamente lhe será enviado gratuitamente material de divulgação das publicações jurídicas mais recentes.

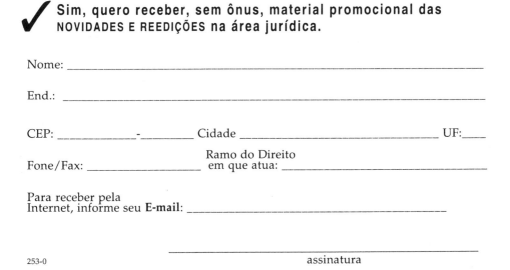

Visite nosso *site*

www.doadvogado.com.br

DR-RS
Centro de Triagem
ISR 247/81

CARTÃO RESPOSTA
NÃO É NECESSÁRIO SELAR

O SELO SERÁ PAGO POR

LIVRARIA DO ADVOGADO LTDA.

90012-999 Porto Alegre RS